실전 차트
매매 기법

실전 승부사의 데이 트레이딩 기법서

실전 차트 매매 기법

초판 1쇄 발행 2008년 12월 20일
초판 16쇄 발행 2023년 9월 25일

지은이 조 용

펴낸곳 ㈜이레미디어
전화 031-908-8516(편집부), 031-919-8511(주문 및 관리)
팩스 0303-0515-8907
주소 경기도 파주시 문예로21, 2층
홈페이지 www.iremedia.co.kr
이메일 mango@mangou.co.kr
등록 제396-2004-35호
편집 공순례
디자인 오렌지
마케팅 김하경

저작권자ⓒ조 용
이 책의 저작권은 저작권자에게 있습니다. 서면에 의한 허락없이 내용의 전부 혹은 일부를 인용하거나 발췌하는 것을 금합니다.

ISBN 978-89-91998-23-0 03320

가격은 뒤표지에 있습니다.

이 책은 투자참고용이며, 투자 손실에 대해서는 법적 책임을 지지 않습니다.

실전 승부사의 데이 트레이딩 기법서

실전 차트 매매 기법

조 용 지음

이레미디어

📖 프롤로그

전자장비 정비 분야에서 23년간의 공직생활을 마감하고 공인중개사로 일하던 중 주위에서 주식투자로 돈을 많이 번다는 말을 들었다. 몇 년 전에 사놓았던 소형 아파트가 때마침 몇 배 상승하였던 터라 이를 매도하여 현금 8천만 원을 마련했다. 그러고는 증권사에 가서 비교적 안전하다고 생각되는 은행주와 증권사 우선주 6천 주를 매수했다. 제일 높은 가격에 매수한 종목은 LG증권(우리증권) 우선주로 2만 700원(1천 주)이었고 나머지는 1만 원선이었다. 그때가 1994년이다.

주식의 주자도 모르는 상태에서 관련 서적 한 권 읽지 않은 채 투자만 하면 돈을 번다는 남들의 말만 믿고 뛰어든 것이다. 부동산에 투자한 경험을 바탕으로 부동산처럼 오래 갖고 있으면 상승할 것이라 생각하며 장기 보유 목적으로 주식을 샀다. 그런데 돈을 많이 번다던 말과는 달리 내가 사는 시점부터 주가는 계속 하락만 했다. 하락이 몇 년 동안 계속 이어져 LG증권 우선주가 1만 원까지 가면서 반 토막이 되었는데도 매도를 하지 못했다. 언젠가는 다시 오르겠지 하는 생각만 갖고 있었다.

그러다가 1997년 12월 IMF가 닥치면서 연속 열한 번의 하한가를 맞고 1천 원선까지 하락하더니 1998년 6월에는 660원짜리가 되고 말았다. 계산해보니 8천만 원이 350만 원이 된 것이다. 쌍용증권 우선주와 한화증권 우선주가 150원까지 하락하던 날 나는 증권사에 문의했다. 이렇게 떨어지다 나중에 0원이 될 수도 있느냐고. 그랬더니 10원까지 내려가더라도 0원은 안 된다는 것이다.

이렇게까지 하락했으니 상승도 하겠지 하는 막연한 기대감으로 1천만 원을 더 인출하여 증권사 우선주와 건설주를 300~500원에 3만 주를 추가 매수했다. 총 투자금액 9천만 원에 주식 수로는 3만 6천 주가 되었다. 그리고 또 끝없이 기다리는 세월이 계속되었다.

그런데 그해 10월이 되니까 상승을 시작했다. 11월 되면서 상승 속도가 더 빨라

지더니 12월이 시작되는 날부터는 계속 점상을 쳤다. 난생처음 하루에 몇천만 원씩 버는 꿈같은 일이 벌어지고 있었다. 그해에 나는 주식이라는 것은 첫째 기다릴 줄 알아야 한다는 것과 상승장이 오면 확실하게 목돈을 벌 수 있다는 것을 실감했다. 5년간 하락한 내 주식들은 단 2개월 만에 원금의 4배가 넘게 상승했다. 그렇지만 꿈같은 날들은 계속되지 않았다. 나는 1998년 12월 14일을 어제 일처럼 기억하고 있다.

그날도 사무실에 출근해서 PC를 켜니 전 종목이 상한가였다. 매수 잔량이 수백만 주씩 쌓여 있는데 매도하려는 이가 없었다. 그날 하루 불어난 돈이 4천만 원이고 계좌 잔고는 4억 원이었다. 계산기를 열심히 두드리면서 일주일만 더 점상을 치면 10억 가까이 될 터이니 그때 매도해서 월세 받을 수 있는 상가를 매수해야겠다는 생각을 했다. 그러면서 PC를 쳐다보다가 깜짝 놀라고 말았다. 갑자기 전 종목이 하한가로 직행한 것이다. 순식간에 일어난 일이라 믿기지가 않았다. 그런데 그 다음날도 전 종목이 하한가로 시작했다. 3일째 되는 날 약간의 반등이 있었는데 경험이 없는 나는 재상승인 줄 알고 절호의 매도 기회를 놓치고 말았다.

여기서부터 나의 생애 가장 혹독한 시련이 시작됐다. 그때 나는 후에 내가 여생을 편안히 살 수 있는 돈을 모두 날리게 되리라는 것뿐 아니라, 큰 부채까지 짊어지게 되고 세 번의 큰 병고를 겪으면서 생사의 기로에서 고민하게 될 줄은 몰랐다.

모든 종목들이 많이 하락하고 조금 상승하는 날들이 이어졌다. 그런데도 시장을 떠나지 못하는 이유는 1천만 원이 손해나면 2~3백만 원을 보충할 기회를 제공하기 때문에 혹시나 하는 미련이 남아서였다.

잔고가 아직 수억 원대에 있을 때 한 증권사 직원이 사무실로 찾아왔었다. 그 직원은 주식이란 상승하면 매도했다가 하락하면 매수해야 돈이 계속 늘어난다고 하면서 자신의 노하우로 돈을 많이 벌어주겠다고 했다. 그때부터 소위 단기 투자가 시작되었다. 그는 장이 안 좋다고 매도를 권유하거나 좋은 종목이라고 매수를 권유하기도 했는데 어쨌든 그가 말하는 대로 했다. 그런데 너무 자주 매매를 하니까 수수료도 무시할 수가 없었고 손실을 내는 적도 많아 현금이 빨리 없어지는 것이었다. 나중에는 신용과 미수까지 사용하라는 권유도 받았고 그렇게라도 해서 일시에 만회해보려고 했지만 더 큰 손해만 입곤 했다.

그렇게 하다 보니 2년도 되지 않아 한번 만져보지도 못하고 그 돈이 다 없어지고 말았다. 다급해진 나는 예금, 적금 해약하고 나중에는 운전자보험까지 중도해약해서 쏟아 부었다. 하지만 몇 개월 가지 못했다. 이제는 돈을 보충할 방법도 없어 소액으로 거래를 해야만 했다. 그런 상황이 되니 증권사 직원이 먼저 배신을 했다. 얼마 전까지의 친절함은 고사하고 멀리서 나를 보면 고개를 돌려버리는 것이었다. 다가가서 무엇을 물어도 귀찮다는 표정이 역력하고 대답도 시원치 않았다. 너 알아서 하라는 식이다. 그때 나는 깨달았다. 주식투자를 하면서 남에게 의존하는 것이 얼마나 어리석은 일인지를.

그날부터 이를 악물고 공부를 시작했다. 수십 권의 책을 사서 밤을 새우며 읽었고 인터넷으로 하는 증권교육방송을 반복 청취하면서 요점을 정리했다. 그리고 주말에는 강연회마다 찾아다니며 열심히 들었다. 그렇게 몇 년 동안 잠자는 시간을 아끼면서 열심히 공부했지만 성과가 없었다. 그 많은 책들도, 증권사 직원도, 증권방송도, 주말강연도 전혀 도움이 되지 않고 계좌의 잔고는 계속 줄어들었다.

나는 잃은 돈을 찾기 위해 할 수 있는 모든 방법을 동원했다. 한 달에 60만 원씩 주고 종목을 받아 매매도 해봤다. 하지만 손실만 키웠을 뿐이다. 급기야는 너무 적은 돈으로 하니까 안 되는 것 같아 부동산을 저당 잡히고 5천만 원을 빌려 채워넣었다. 하지만 그 돈마저 허공으로 사라지고 말았다. 내 계좌가 깡통이 되던 날 나는 발끝에서 머리끝까지 스트레스 덩어리로 변해버렸다. 너무나 허망하고 참담했다. 내가 무엇을 잘못하고 있는 것인가.

그 무렵 나는 누가 말을 걸어도 들리지 않았고 정신 나간 사람처럼 하루 종일 멍청하게 앉아 있기 일쑤였다. 그러다 어느 날 퇴근해서 저녁밥을 먹는데 아무리 밥을 씹어도 넘어가지를 않았다. 그러고는 머리가 앞으로 갑자기 수그러졌다. 세워도 다시 수그러졌다. 방에 가서 좀 누워보려고 일어서다가 쓰러져 그대로 응급실로 실려갔다. 몇 가지 조사를 하더니 의사가 중풍이라고 했다. 그 말을 듣는 순간 나의 인생이 여기서 끝나는구나 하는 생각에 너무나 억울했다. 주식에만 손대지 않았으면 인생을 순탄하게 보낼 수 있었는데, 돈 잃고 빚지고 이제는 병까지 얻어 마감하게 되는구나 생각하니 참으로 원망스러웠다.

생애 처음으로 병원 신세까지 지게 된 나는 너무 답답하고 힘들었다. 그러다 차츰 마음이 진정되면서 과거를 회상하는 시간이 많아졌다. 그중 스물일곱 살 때의 일이 이 책과 관련되어 있다.

당시 나는 정부기관의 선발시험에 합격하여 미 국립항공우주국(NASA) 산하 전자학교에서 공부한 적이 있다. 시험공부를 할 때부터 영어를 중점적으로 준비했지만 초반에는 수업을 받기가 여간 힘든 일이 아니었다. 더구나 전자장비 분야의 전문용어들이 생소해서 도저히 따라갈 수가 없었다. 고민 끝에 매일 다음날 배울 부분을 완전히 암기해버리는 방법을 쓰기로 했다. 그 방법의 효과가 예상보다 대단해서 무리 없이 교육을 마칠 수 있었다. 그런데 그것이 가능했던 것은 훌륭한 교재가 있었기 때문이다.

그 교재는 실전적인 핵심 내용을 요약하여 점검지침으로 정리하고, 전자장비의 고장이 잦은 사례별로 회로도를 제시하여 눈에 익히고 반복 연습할 수 있도록 구성되어 있었다. 그 교재로 공부를 하면 문제가 발생했을 경우 혼자서도 재빨리 대처할 수 있도록 실제적인 내용으로 되어 있었다. 이후에도 나는 그 책을 지침서 삼아 23년간 정비업무를 훌륭히 해냈으며 지금도 후배들이 그 책으로 일하고 있다.

당시를 떠올리던 내게 주식투자를 하는 데에는 왜 그런 책이 없을까 하는 생각이 들었다. 그러다가 밖에서 구할 수 없다면 내가 직접 만들어야겠다고 결심하고 주먹을 불끈 쥐고 PC 앞으로 다가갔다. 패턴 하나하나를 분석하고 요약 정리하면서 HTS 차트 창을 수도 없이 돌려 봤다. 가능한 한 그 교재와 윤곽을 맞추려고 노력하면서 내 나름의 매매 기법을 정리해갔다. 기술 습득의 지름길은 먼저 이론을 공부하고 반복 연습하여 실전적 경험을 쌓는 것임을 오랜 기술자 생활에서 터득한 것이다.

그렇게 하기를 5년여가 흐르는 동안 서서히 변화가 왔다. 프린트해서 옆에 쌓아둔 차트 묶음들이 너덜너덜해지고 페이지마다 메모로 빽빽해지면서 드디어 나는 수익 내는 거래만을 할 수 있게 됐다. 진입해야 할 때, 뒤도 돌아보지 말고 빠져나와야 할 때, 멀리서 관망해야 할 때를 구별하게 되었으며 그럼으로써 수익을 보존할 수 있었다.

나는 책을 쓸 생각은 해보지 못했다. 하지만 국내는 물론 외국 서적 중에서도 주식 매매를 기술 습득이라는 관점에서 다룬 책을 발견할 수 없었다. 주식투자는 그야말로 기술이다. 장세와 패턴과 추세선, 거래량 등에 맞춰 특정의 징후가 포착되면 매수 또는 매도를 하면 된다. 그러기 위해서는 수십, 수백 번의 연습으로 차트의 움직임을 파악하는 실력을 쌓아야 한다. 그런데 그 실전적 핵심 내용을 요약 정리하여 반복 연습할 수 있도록 한 책을 어디서도 발견할 수 없었던 것이다. 모든 분야에는 그 일을 하는 사람들에게 도움이 되는 지침서가 있기 마련이다. 하지만 그 좌절의 시간에 내가 그런 도움을 받지 못했던 것처럼 지금 매매에 실패해 당황하고 있는 수많은 투자자들 역시 그럴 것이다.

95%의 개인투자자들이 손해를 본다는데 이들에게 확실한 대안은 없는가. 몇 개월에 한 번 나올까 말까 한 패턴 몇 개로 300~400페이지를 포장해놓은 책은 대안이 될 수 없다. 고객의 입장보다 자신의 실적을 먼저 생각하는 증권사 직원 역시 대안이 아니다. 주말강연회에서 몇십 배 상승이 확실한 황제주라고 추천하는 전문가들도 마찬가지다. 이런 생각이 들면서 그때까지 혼자 매매에 이용해오던 자료를 책을 내기 위한 원고로 정리하기 시작했다.

이 책은 자신의 주식투자 기술을 다져가는 매매 기법 지침서다. 누구라도 혼자서 해나갈 수 있도록 기초부터 이해하기 쉽게 설명하였으며 매매에 불필요하면서 어렵기만 한 이론이나 지표에 대한 설명은 제외시켰다. 손실은 줄이고 수익을 높이기 위해 반드시 지켜야 할 원칙부터 고점까지 홀딩하는 방법을 포함하여 3대 상승 원점 매매 기법, 저점 확인과 매수 기법, 고점 확인과 매도 기법, 시초가 매매와 종가 매매 기법, 급등주 포착 기법 등을 분차트와 일간 차트로 제시하며 핵심을 짚었다.

이 책의 차트를 늘 펼쳐놓고 관심종목의 차트와 비교하는 습관을 들인다면 실력이 눈에 띄게 향상될 것이다. 그 과정에서 처음 몇 번 예상이 맞아떨어졌다 하더라도 자만하지 않고 이 책의 모든 내용이 내 것이 될 때까지 끊임없이 공부한다면 당신도 분명 성공의 반열에 오를 것이라고 확신한다. 주식투자의 실패라는 쓰라린 경험을 갖고 있는 모든 투자자들에게 이 책이 반전의 기회를 가져다주길 기대한다.

2008년 10월

조 용

📖 이 책의 활용 방법

이 책에는 복잡한 이론과 지표에 관한 설명은 제외하고 매매 기법에 꼭 필요한 기본적인 요소들만 실었다. 이동평균선과 캔들, 패턴을 비롯하여 관심종목 선정 방법과 매매에서 주의해야 할 점이 1장과 2장에 제시되어 있다. 3장에서는 추세의 진행과 차트별로 매매 시점을 포착하는 요령에 대해 설명하였으므로 되풀이 읽으면서 연습하면 누구나 훌륭한 투자자가 되리라고 생각한다.

4장에서는 실전에서 가장 자주 만날 수 있는 패턴들을 바닥과 상투, 상승과 하락, 특수한 상승 패턴으로 분류해 제시했다. 주식시장의 3대 상승 원점은 5장에 설명하였는데 각 장세별로 어떤 특징에 따라 매매해야 하는지를 실었다.

그리고 6장과 7장은 보다 실전적이고 단기 매매에 적합한 고수들의 영역이다. 6장에서는 다우 지수, 코스피 지수와 연동한 시초가 매매와 종가 매매를 다뤘다. 확신을 가지고 매매에 임한다면 가장 큰 수익을 얻을 수 있는 급등주 매매에 관해서는 7장에서 익힐 수 있다.

주식투자를 처음 시작하거나 아직 자신의 기법을 다듬지 못한 초보라면 1장부터 차근차근 읽기를 권한다. HTS 창을 열고 이 책에 제시된 차트를 찾아 제시 구간 이외의 영역에서는 어떤 흐름이 있었는지를 따져가며 마지막 장까지 공부하길 바란다. 이를 몇 번이고 되풀이해야 한다. 주식과 차트를 잘 모를수록 잘 알고 있다고 생각하기 쉬운데 그 자만심으로 투자에 임하면 백전백패한다. 자신이 충분히 실력을 갖췄는지, 제대로 이해를 했는지 판단하려면 39페이지를 참고하라.

투자 경력이 오래거나 차트에 대한 안목을 갖춘 투자자라면 2, 3, 4장을 기본으로 하고 5, 6, 7장을 눈여겨봐두길 권한다. 실제 매매에서 유사한 차트를 발견할 때 즉시 활용할 수 있도록 각 패턴들이 어느 지점에 설명되어 있는지를 기억하라.

초보이거나 고수이거나 간에 항상 시장에 대한 두려움을 갖고 확인매매해야 한다는 점을 강조하고 싶다. 한순간의 자만심이 수년간의 수익을 날려버릴 수 있다. 이 책에는 거의 대부분의 경우에 대해 설명해놓았으므로 항상 곁에 두고 참고하길 바란다.

📖 **차 례**

004_ 프롤로그
010_ 이 책의 활용 방법

1장 | 기본적 분석이 아니라 기술적 매매다: 기술적 매매의 기초

032_ 1. 이동평균선의 실전적 의미
035_ 2. 일봉을 분봉으로 보면 주가 움직임을 예측할 수 있다
039_ 3. 패턴에 대한 안목을 갖추는 것이 매매의 핵심이다
045_ 4. 주식투자에는 세 가지 시기가 있다

2장 | 수익을 높이는 매매 방법

050_ 1. 관심종목을 찾을 때는 장세, 시황, 수급을 먼저 보라
053_ 2. 매수할 때 손절가를 결정하고 기계적으로 손절하라
056_ 3. 조기 매도, 추격 매수를 극복하는 요령
    058_ • 3차 하락 끝에서는 미완의 장대음봉에 놀라 매도하지 말라
    059_ • N자 상승 초기 미완의 장대음봉에 놀라 매도하지 말라
    060_ • 완만한 횡보 중에 장대음봉 출현 시 놀라 매도하지 말라
    061_ • 급등락주는 미완의 장대음봉에 놀라 조급하게 매도하지 말라
    062_ • 3바닥 3차 저점에서 장중에 지지선을 일시 하락 돌파해도 매도하지 말라
    063_ • 초기 상승하다 횡보 중 일시적으로 20선 하락 돌파 시 매도하지 말라

064_ • 이전 장대음봉이 60선에서 지지되었으면 이번에도 60선에서 지지될 확률이 높다
065_ • 3차 상승 고점에서 재료를 동반한 장대양봉이나 갭 상승 양봉 출현 시 매수하지 말라
066_ • 20선이 하향하고 전고점이 있으면 양봉 출현 시에도 추격 매수하지 말라
067_ • 이동평균선이 내려오는데 양봉 2~3개가 출현했다 해서 추격 매수하지 말라
068_ • 시초가부터 급등 후 고점에서 장대양봉 출현 시 추격 매수하지 말라
069_ • 일간 차트에서 긴 밑꼬리 출현 시는 신속히 5분 차트로 돌려 매수 시점을 포착하라
070_ • 일간 차트에서 긴 위꼬리 출현 시는 신속히 5분 차트로 돌려 매도 시점을 포착하라
071_ • 물타기는 상승 초기 종목에서만 하라

072_ 4. 저점에서 고점까지 확실하게 홀딩하는 요령

074_ • 양봉으로 상승하는 초기에 음봉 출현 시 거래량 없고 5선 지지되면 홀딩하라
075_ • 3차 하락 뒤 쌍바닥 2차 저점에서 상승하는 초기에는 음봉이 20선 이탈해도 홀딩하라
076_ • 수직 상승주는 5선이 지지되는 한 계속 홀딩하라
077_ • N자 상승주는 20선이 지지되는 한 음봉이든 양봉이든 계속 홀딩하라
078_ • 상승장에서 하락 없는 수평 횡보 단봉은 계속 홀딩하라
079_ • 시초가부터 1~2시간 상승 후 고점에서 수평 횡보 시는 홀딩하라
080_ • 초기 상한가 친 종목이 종가까지 상한가 유지하면 오버나잇하라

3장 | 저점 매수, 고점 매도 방법

084_ 1. 추세에 순응하면 흥하고 역행하면 망한다
- **087_** • 주식에서 큰돈을 번 사람들은 폭락 시점에서 우량주를 대량 매수하여 2~3년씩 보유했던 이들이다

088_ 2. 일간 차트로 바닥에서 상승 초기 매수하고 기세 꺾이면 매도하라
- **090_** • 3차 하락 중인 종목은 끝까지 기다렸다 5, 7, 9음봉 마지막 장대음봉에 거래량이 급증할 때 매수하라
- **091_** • 3차 하락 중인 종목은 끝까지 기다렸다 5, 7, 9음봉 뒤 갭 하락 역망치 출현 시 매수하라
- **092_** • 3차 하락 중인 종목은 끝까지 기다렸다 5, 7, 9음봉 뒤 갭 하락 도지 출현 시 매수하라
- **093_** • 3차 하락 중인 종목은 끝까지 기다렸다 5, 7, 9음봉 뒤 상승반전형 출현 시 매수하라
- **094_** • 3차 하락 중인 종목은 끝까지 기다렸다 5, 7, 9음봉 뒤 거래량 급증하는 장대양봉 출현 시 매수하라
- **095_** • 3차 하락 중인 종목은 끝까지 기다렸다 긴 밑꼬리 출현 초기 매수하라
- **096_** • 저점에서 장대양봉 출현 뒤 단봉이 장대양봉 몸통의 2분의 1 이상에서 지지되면 매수하라
- **097_** • 저점에서 장대양봉 2개 출현 뒤 음봉이 직전 장대양봉 몸통의 2분의 1 이상에서 지지되면 매수하라

098_ • 저점에서 장대양봉 3개 출현 뒤 단봉이 직전 장대양봉 몸통의
2분의 1 이상에서 지지되면 매수하라
099_ • 3파동 뒤 이동평균선 수렴 시점에서 상승 첫 양봉 출현 시 매수하라
100_ • 주가가 5·10·20·60선을 동시 골든크로스시키는 첫 장대양봉 출현 시 매수하라
101_ • 2차 골든크로스 출현 초기 장대양봉 매수하라
102_ • 3차 골든크로스 출현 초기 양봉 매수하라
103_ • 저점에서 장대음봉 출현 후 그 몸통의 2분의 1 이상에서 양봉 출현 시 매수하라
104_ • 전고점을 돌파하는 갭 상승 양봉 출현 시 매수하라
105_ • 저점에서 쌍역망치가 출현하면 매수하라
106_ • 상승 초기 역망치에 이어 도지가 출현하면 매수하라
107_ • 3차 하락 끝에 전저점을 지지하면 1차 매수하고 전고점을 돌파할 때 2차 매수하라
108_ • 첫 날은 조금 하락하고 다음날 크게 하락하며 3일째 오전까지 하락하면
오후 상승 시 매수하라
109_ • 고점에서 흑삼병이 출현하면 매도하라
110_ • 3차 상승 고점에서 긴 위꼬리가 출현하면 초기에 매도하라
111_ • 상승추세선을 하락 돌파하는 첫 음봉 출현 시 매도하라
112_ • 전고점 밑에서 쌍봉이 출현하면 초기에 매도하라
113_ • 3차 상승 고점에서 갭 하락 음봉이 출현하면 매도하라
114_ • 고점에서 쌍바닥 저점을 하락 돌파하면 신속히 매도하라
115_ • 하락 후 반등하다 이동평균선의 저항으로 첫 음봉 출현 시 매도하라
116_ • 3차 상승 고점에서 1차 하락 뒤 반등 고점에서 매도하라
117_ • 2차 데드크로스 출현 시 수개월 동안 하락할 것을 예상하라

118_ 3. 5분 차트로 최저점 포착 매수하고 최고점 도달 시 매도하라

- 120_ 급등락주는 시장가로 매매하라
- 121_ 5분 차트에서 장 시작 초기 5·20선, 5·60선이 골든크로스하면 매수하여 홀딩하라
- 122_ 오전에 하락하다 2시 이후 거래량 급증하며 첫 장대양봉 출현 시 매수하라
- 123_ 일시 악재로 폭락한 종목은 악재 해소 초기 매수하라
- 124_ 악재로 수직 급락한 종목은 20선:주가 이격이 100:85 이상에서 매수하라
- 125_ 상한가 친 종목은 상한가에서 -1% 가격에 손실제한주문을 설정하라
- 126_ 수직 장대양봉 3개째에서 상승 멈추는 순간 시장가로 매도하라
- 127_ 2시 이후 고점에서 상투 징후가 보이면 초기 신속히 매도하라
- 128_ 시초가 1~2시간 상승 후 고점에서 장대음봉으로 수직 하락 시는 초기 매도하라
- 129_ 고점에서 악재가 출현하면 즉시 시장가로 매도하라
- 130_ 고점에서 긴 위꼬리 출현 시 매도하라
- 131_ 고점에서 장대음봉 출현 시 매도하라
- 132_ 고점에서 갭 음봉 출현 시 매도하라
- 133_ 고점에서 쌍봉 출현 시 매도하라
- 134_ 시초가 10% 이상 상승 출발 후 고점에서 수평 횡보 시 매도하라
- 135_ 2차 고점이 1차 고점보다 낮아질 경우 매도하라
- 136_ 고점에서 주가가 5·20·60선을 수직 데드크로스할 때는 초기에 매도하라
- 137_ 고점에서 시초가에 주가가 5·20·60선을 동시 데드크로스할 때는 매도하라
- 138_ 하락 후 반등하다 이동평균선 저항으로 첫 음봉 출현 시 매도하라
- 139_ 조금씩 하락한다고 방심하다 급락 못 피한다

4장 | 대표적 실전 패턴들

142_ 1. 실전에서 대표적인 바닥 패턴을 기억하라

143_ • 3차 하락 5음봉 중 마지막 음봉이 갭 하락 장대음봉이면 바닥이다

144_ • 3차 하락 5음봉 후 갭 하락 긴 밑꼬리 이어지면 바닥이다

145_ • 3차 하락 5음봉 중 마지막 2음봉이 갭 하락 장대음봉이면 바닥이다

146_ • 3차 하락 5음봉 후 쌍바닥이 출현하면 바닥이다

147_ • 3차 하락 7음봉 후 갭 하락 양봉 역망치 이어지면 바닥이다

148_ • 3차 하락 7음봉 후 도지가 이어지면 바닥이다

149_ • 3차 하락 9음봉 후 단봉 횡보 이어지면 바닥이다

150_ 2. 실전에서 대표적인 상승 패턴(3차 상승)을 기억하라

152_ • 전고점 돌파와 지지를 기준으로 상승 폭을 예상하라

153_ • 하락 횡보하다 상승하여 수평 횡보하면 1차 상승폭만큼 상승할 것을 예상하라

154_ • 최초 하락 지점을 상승 돌파하면 하락폭만큼 상승할 것을 예상하라

155_ • 3차 하락 바닥에서 주가와 5·20·60선 골든크로스 발생하면 상승 시작 패턴이다

156_ • 음봉 1개로 상승 1파 마무리하는 3차 상승 패턴

157_ • 음봉 2개로 상승 1파 마무리하는 3차 상승 패턴

158_ • 수직 급등하는 3차 상승 패턴

159_ • 완만하게 상승하는 대표적 3차 상승 패턴

160_ 3. 장대양봉+단봉1, 2, 3, 6+장대양봉 패턴은 크게 상승한다

　163_ • 장대양봉+단봉1+장대양봉 상승 패턴
　164_ • 장대양봉+갭 상승 장대음봉+장대양봉 상승 패턴
　165_ • 장대양봉+갭 하락 시작하는 장대양봉 상승 패턴
　166_ • 장대양봉+단봉2+장대양봉 상승 패턴
　167_ • 장대양봉+단봉2+장대양봉 상승 패턴
　168_ • 양봉 역망치+단봉1+장대양봉 상승 패턴
　169_ • 양봉 역망치+단봉2+장대양봉 상승 패턴
　170_ • 장대양봉+단봉3+장대양봉 상승 패턴
　171_ • 장대양봉+단봉6+장대양봉 상승 패턴

172_ 4. 실전에서 대표적인 상투 패턴을 기억하라

　173_ • 3차 상승 고점에서 긴 위꼬리가 출현하면 상투다
　174_ • 3차 상승 고점에서 장대음봉이 출현하면 상투다
　175_ • 3차 상승 고점에서 갭 하락 음봉이 출현하면 상투다
　176_ • 3차 상승 고점에서 쌍봉이 출현하면 상투다
　177_ • 고점에서 횡보하다 5 · 20 · 60선 동시 데드크로스하면 상투다

178_ 5. 실전에서 대표적인 하락 패턴(3차 하락)을 기억하라

　180_ • 최초 상승일로부터 17일간 상승하면 이후 17일간 하락할 것을 예상하라
　181_ • 최초 상승일로부터 조정 마무리까지 25일 소요되었으면
　　　　　상승 후 하락까지 25일간을 예상하라
　182_ • 양봉 1개로 하락 1파 마무리하는 3차 하락 패턴

183_ • 양봉 2개로 하락 1파 마무리하는 3차 하락 패턴

184_ • 수직 급락하는 3차 하락 패턴

185_ • 완만하게 하락하는 대표적 3차 하락 패턴

5장 | 3대 상승 원점 매매 기법

188_ 1. 수평횡보장세 상승 원점에서 상승 초기 매수하면 확실하게 상승한다

190_ • 5분 차트에서 시초가부터 3시간 이상 수평 횡보하는 종목은
　　　이동평균선이 수렴되는 상승 초기 매수하라

191_ • 5분 차트에서 시초가 3~5% 상승 뒤 3시간 이상 횡보하는 종목은
　　　이동평균선이 수렴되는 상승 초기 매수하라

192_ • 5분 차트에서 시초가 수직 하락 뒤 3시간 이상 횡보하는 종목은
　　　이동평균선이 수렴되는 상승 초기 매수하라

193_ • 5분 차트에서 시초가부터 3시간 이상 횡보하는 종목은
　　　저항선을 돌파하는 양봉 출현 시 매수하라

194_ • 5분 차트에서 시초가 갭 상승 뒤 이동평균선에 부딪쳐 하락할 때는
　　　예상매매하지 말라

195_ • 일간 차트에서 3개월 이상 수평 횡보하는 종목은 이동평균선이 수렴하고
　　　양봉 밀집 시 매수하여 홀딩하라

196_ • 일간 차트에서 3개월 이상 수평 횡보하는 종목은 이동평균선이 수렴하고
　　　상승반전형 출현 시 매수하라

197_ • 일간 차트에서 3개월 이상 수평 횡보하는 종목은 이동평균선이 수렴하고
양음양 출현 시 매수하라

198_ • 일간 차트에서 3개월 이상 횡보하는 종목은 이동평균선이 수렴하고
1차 예비상승 고점을 돌파할 때 매수하라

199_ • 일간 차트에서 3개월 이상 횡보 중 1~2차 예비상승한 종목은
그 고점을 돌파하는 첫 장대양봉 출현 시 매수하라

200_ • 저점에서 단기 횡보하다 상승 돌파하는 장대양봉 출현 시 매수하라

201_ • 20, 60선이 횡보하고 박스권에서 등락을 반복하는 종목은
주가가 20선과의 상승이격을 확대하는 초기 매수하라

202_ • 장기 수평 횡보 종목은 이동평균선 수렴 시점에서 상승 초기 매수하라

203_ 2. 하락장세(바닥) 상승 원점에서 상승 초기 매수하면 확실하게 상승한다

205_ • 3차 하락 후 쌍바닥 2차 저점이 20선 지지를 받고, 이후 양봉 출현 시
진바닥이므로 매수하라

206_ • 3차 하락 후 쌍바닥 2차 저점이 60선 지지를 받고, 이후 양봉 출현 시
진바닥이므로 매수하라

207_ • 3차 하락 후 쌍바닥 2차 저점이 120선 지지를 받고, 이후 양봉 출현 시 매수하라

208_ • 3차 하락 후 5·20선 골든크로스 시점에서 첫 장대양봉 출현 시 매수하라

209_ • 오전부터 계속 하향하다 종가 무렵 5·20선 골든크로스 발생 시 매수하라

210_ • 시초가 장대음봉으로 급락 후 횡보하다 이동평균선 수렴되면서
장대양봉 출현 시 매수하라

211_ • 3차 하락 끝에 이전 음봉보다 3~4배 큰 장대음봉이 거래량 급증하면서 출현하면,
이후 첫 양봉에서 매수하라

212_ • 3차 하락 후 하락추세선을 돌파하는 첫 양봉 출현 시 매수하라
213_ • 3차 하락 후 쌍바닥 2차 저점이 1차 저점 위에 형성된 후
  골든크로스 시점에서 양봉 출현 시 매수하라
214_ • 3차 하락 저점에서 갭 하락 역망치 출현 시 매수하라
215_ • 3차 하락 단계에서 긴 밑꼬리가 출현하면서 거래량 급증 시 매수하라
216_ • 3바닥이 출현하면 상승 초기이므로 매수하라
217_ • 3차 상승 뒤 하락, ABC 조정받으면 다시 상승 초기이므로 매수하라
218_ • 중기 하락세는 일간 차트에서 20선이 하향하면서 시작되고 3차까지 진행된다
219_ • 대세 하락세는 월간 차트에서 주가·20선 데드크로스되면서 시작하고
  20선이 하향하면서 1~3차까지 진행된다

220_ 3. N자 상승장세 상승 원점에서 상승 초기 매수하면 확실하게 상승한다

222_ • 주가가 기준선을 골든크로스하면 매수하고 지지되는 한 홀딩하며
  데드크로스되면 매도하라
223_ • 5분 차트에서 시초가부터 단봉으로 모든 이동평균선이 수렴한 후 횡보하다
  N자 패턴 나오면 매수하라
224_ • 주가가 상향하는 20선과 상승이격을 확대하는 초기에 매수하라
225_ • 주가가 처음부터 20선과 일정한 상승이격을 유지하면서 상승하면 계속 홀딩하라
226_ • 수직 급등주는 전고점 돌파 시 매수하라
227_ • N자 상승하다 음봉 2~5개로 조정받을 때 이동평균선 수렴하고
  역망치 후 20선에 지지받는 첫 양봉 출현 시 매수하라
228_ • N자 상승하다 음봉 2~5개로 조정받을 때 이동평균선 수렴하고
  도지 후 20선에 지지받는 첫 양봉 출현 시 매수하라

229_ • N자 상승하다 음봉 2~5개로 조정받을 때 이동평균선 수렴하고
긴 밑꼬리 후 20선에 지지받는 첫 양봉 출현 시 매수하라

230_ • N자 상승하다 음봉 2~5개로 조정받을 때 장대양봉이 출현하면
다음날 갭 상승 예상하라

231_ • N자 상승하다 조정 시 이전 상승폭의 2분의 1 지점에서 지지받고
거래량 급증하며 재상승할 때 매수하라

232_ • 거래량 급증한 장대양봉으로 1차 고점을 돌파할 때 1차 매수하고,
1차 고점에서 지지되는 양봉 출현 시 2차 매수하라

233_ • 장기 N자 상승주는 20주선 지지되는 한 계속 홀딩하라

6장 | 시초가·종가 매매 기법

236_ **1. 시초가 매매 1 : 다우 1% 이상, 코스피 2% 이상 갭 하락 시**
〈코스피 갭 하락 후 급반등 시〉

238_ • 코스피 급반등 시 시초가 5% 이상 갭 하락한 종목 중에서
거래량이 급증하며 장대양봉이 출현하면 주저 말고 매수하라

239_ • 코스피 급반등 시 시초가 5% 이상 갭 하락한 종목 중에서
거래량이 급증하며 밑꼬리가 출현할 때는 주저 말고 매수하라

240_ • 코스피 급반등 시 시초가 5% 이상 갭 하락한 종목 중에서
도지가 출현하면 주저 말고 매수하라

241_ • 코스피 급반등 시 시초가 5% 이상 갭 하락한 종목 중에서
거래량이 급증하며 역망치가 출현하면 주저 말고 매수하라

242_ • 코스피 급반등 시 시초가 5% 이상 갭 하락한 종목 중에서
거래량이 급증하며 상승반전형이 출현하면 주저 말고 매수하라
243_ • 코스피 급반등 시 시초가 5% 이상 갭 하락한 종목 중에서
쌍바닥이 출현하면 주저 말고 매수하라

〈코스피 갭 하락 후 횡보나 하향 시〉
244_ • 시초가 갭 하락 후 단봉으로 횡보하면 그날 반등 기대하지 말고 매매하지 말라
245_ • 시초가 갭 하락 후 단봉으로 횡보하거나 하향 초기에는 매수하지 말라
246_ • 시초가에 장대음봉이 출현하면서 하락이 시작되면 3차 하락 시까지 매수하지 말라
247_ • 시초가에 음봉이 출현하고 그 종가에서 이어 또 음봉이 출현할 때는
하락 예상하고 매수하지 말라
248_ • 시초가에 장대음봉으로 갭 하락한 뒤 단봉이 연속되면서 하락하면 매수하지 말라
249_ • 시초가 갭 하락 후 음봉이 연속되면서 이동평균선이 역배열되고
하락이격을 확대하면 매수하지 말라
250_ • 시초가부터 폭락하는 종목은 주가와 20선의 이격이 최대일 때 시장가로 매수하라

251_ 2. 시초가 매매 2 : 다우 1% 이상, 코스피 2% 이상 갭 상승 시
〈코스피 갭 상승 후 상승 지속 시〉
252_ • 코스피 갭 상승 후 상향하는 이동평균선의 지지를 받을 때는 초기에 매수하라
253_ • 장 시작 전에 호재가 나올 때는 업종 내 1등주를 동시호가에 매수하라
254_ • 갭 상승 후 수평 횡보하다 주가가 20선과의 상승이격을 확대하는 초기 매수하라
255_ • 시초가 1차 상승 시 매수하여 3차 상승 시까지 홀딩하라
256_ • 갭 상승 단봉+도지 이후 장대양봉이 출현하면서 상향하는 5선이 지지할 때 매수하라

⟨코스피 갭 상승 후 횡보나 하향 시⟩

257_ • 코스피 지수가 30포인트 이상 갭 상승한 후 단봉으로 횡보하면
동시호가나 시초가 매수하지 말라

258_ • 코스피 지수가 30포인트 이상 갭 상승한 고점에서 상투 징후 출현하면
보유주를 신속히 매도하고 매수하지 말라

259_ • 시초가 5% 이상 갭 상승한 종목은 고점에서 장대음봉 출현 초기 매도하고
매수하지 말라

260_ • 시초가 5% 이상 갭 상승한 종목은 고점에서 긴 위꼬리 출현 시 매도하고
매수하지 말라

261_ • 시초가 5% 이상 갭 상승한 종목은 고점에서 단봉 횡보나 하향 시 매도하고
매수하지 말라

262_ • 시초가 5% 이상 갭 상승한 종목은 고점에서 양봉 1~2개가 출현해도
추격 매수하지 말고 매도하라

263_ • 갭 상승한 후 고점에서 긴 위꼬리와 장대음봉이 출현하고 이동평균선이
데드크로스되면 초기에 매도하라

264_ • 시초가부터 장대음봉이 연속되어 매물벽이 형성되면 보유 물량 매도하고
매수하지 말라

265_ • 갭 상승한 후 장대음봉이 연속되면서 이동평균선이 역배열되면 매도하고
매수하지 말라

266_ • 갭 상승한 후 장대음봉이 출현하고 횡보할 때는 하락할 것을 예상하고 매수하지 말라

267_ • 갭 상승한 후 단봉으로 횡보하거나 하향할 때는 매수하지 말라

268_ 3. 시초가 매매 3 : 다우 ±50포인트, 코스피 ±10포인트로 보합 시

269_ • 정배열 상태에서 20선이 상향하고 보합에서 2~9음봉+밑꼬리 후
첫 양봉 출현 시 매수하라

270_ • 정배열 상태에서 20선이 상향하고 갭 상승 고점에서 2~9음봉+밑꼬리 후
첫 양봉 출현 시 매수하라

271_ • 정배열 상태에서 20선이 상향하고 갭 하락 저점에서 2~9음봉+밑꼬리 후
첫 양봉 출현 시 매수하라

272_ • 정배열 상태에서 20선이 상향하고 갭 상승 고점에서 양봉+2~9음봉+밑꼬리 후
첫 양봉 출현 시 매수하라

273_ • 정배열 상태에서 20선이 상향하고 보합에서 상향 5선의 지지를 받는
첫 양봉 출현 시 매수하라

274_ • 정배열 상태에서 20선이 상향하고 갭 하락 저점에서 양봉이 연속되다
상향 5선의 지지를 받는 첫 양봉 출현 시 매수하라

275_ • 정배열 상태에서 20선이 상향하고 고점에서 양봉이 연속되면 5선의 지지를 받는
첫 양봉 출현 시 매수하라

276_ • 역배열 상태에서 20선이 하향하고 보합에서 2~9음봉+밑꼬리
또는 쌍바닥 출현 시 매수하라

277_ • 역배열 상태에서 20선이 하향하고 갭 하락 저점에서 2~9음봉+밑꼬리
또는 쌍바닥 출현 시 매수하라

278_ • 역배열 상태에서 20선이 하향하고 갭 상승 고점에서 2~9음봉+밑꼬리
또는 쌍바닥 출현 시 매수하라

279_ • 시초가 보합에서 음봉이 연속 출현하면서 이동평균선이 역배열되고
하락이격이 확대되는 초기에는 매수하지 말라

280_ • 시초가 보합에서 단봉으로 횡보하거나 하향하기 시작하면 매수하지 말라

281_ 4. 종가 매매 : 다음날 코스피 상승 예상 시
283_ • 2시 이후 쌍바닥 2차 저점에서 갭 하락 역망치가 출현하면 종가에 매수하라
284_ • 2시 이후 음봉이 연속되다가 긴 밑꼬리가 출현하면 종가에 매수하라
285_ • 2시 이후 단봉 6개가 출현하는 종목을 종가에 매수하라

7장 | 급등주 포착 매매 기법

288_ 1. 급등주는 이런 종목에서 출현한다
290_ 2. 장기 수평 횡보 후 급등 패턴 포착, 매수하여 홀딩하라
292_ • 1차 예비상승하고 그 고점을 상승 돌파하는 양봉 출현 시 매수하여 홀딩하라
293_ • 1-2차 예비상승하고 그 고점을 상승 돌파하는 양봉 출현 시 매수하여 홀딩하라
294_ • 1-2-3차 예비상승하고 그 고점을 상승 돌파하는 양봉 출현 시 매수하여 홀딩하라
295_ • 3파동 출현 뒤 이동평균선 수렴 시점에 장대양봉 출현 시 매수하여 홀딩하라
296_ • 쌍봉 출현 뒤 쌍봉을 상승 돌파하는 장대양봉 출현 시 매수하여 홀딩하라
297_ • 첫 상승갭 출현 시 매수하여 홀딩하라
298_ • 양음양 출현하면 매수하여 홀딩하라
299_ • 음봉 밀집 패턴 뒤 첫 양봉 출현 시 매수하여 홀딩하라
300_ • 양봉 밀집 패턴 출현 시 매수하여 홀딩하라
301_ • 장대양봉과 단봉이 반복 출현하면 매수하여 홀딩하라

302_ 3. 3차 하락 후 급등 패턴 포착, 매수하여 홀딩하라

304_ • 하락추세선 상승 돌파하는 첫 양봉 출현 시 매수하여 홀딩하라

305_ • 주간 차트에서 5 · 20선 골든크로스시키는 첫 양봉 출현 시 매수하여 홀딩하라

306_ • 3바닥 출현 뒤 5 · 20 · 60선 골든크로스시키는 첫 양봉 출현 시 매수하여 홀딩하라

307_ • 주간 차트에서 전고점 지지받고 상승하는 첫 양봉 출현 시 매수하여 홀딩하라

308_ • 단봉 횡보 중 첫 장대양봉 출현 시 초기에 매수하여 홀딩하라

309_ • 갭 하락 긴 밑꼬리 출현 시 초기에 매수하여 홀딩하라

310_ • 갭 하락 역망치 출현 시 초기에 매수하여 홀딩하라

311_ • 갭 하락 도지 출현 시 초기에 매수하여 홀딩하라

312_ • 갭 하락 장대양봉 출현 시 초기에 매수하여 홀딩하라

313_ • 갭 하락 장대음봉+도지 출현 시 매수하여 홀딩하라

314_ 4. 20선 상향 중 급등 패턴 포착, 매수하여 홀딩하라

316_ • 수렴된 모든 이동평균선을 일시 돌파하는 역망치 출현 시 매수하여 홀딩하라

317_ • 저점에서 상승 초기 양음양이 반복 출현하면 초기에 매수하여 홀딩하라

318_ • 20, 60선의 지지를 받는 장대양봉 뒤에 6단봉 출현 시
거래량 적은 단봉에서 매수하여 홀딩하라

319_ • 재료를 수반한 급등주는 급등 초기 매수하여 홀딩하라

320_ • 20, 60선 지지받는 장대양봉에 이어 그 몸통의 2분의 1 이상에서 지지받는
단봉 출현 시 매수하여 홀딩하라

321_ • 20, 60선 지지받는 2개의 장대양봉 뒤에 직전 장대양봉 몸통의
2분의 1 이상에서 지지되는 음봉 매수하여 홀딩하라

322_ • 2차 골든크로스시키는 장대양봉 출현 시 매수하여 홀딩하라

323_ • 저점에서 상승 초기 미사일 패턴 출현 시 매수하여 홀딩하라

324_ • 거래량이 수개월 동안 급증하면서 상승하기 시작하면 매수하여 홀딩하라

325_ • 저점에서 상승 초기 첫 장대양봉 출현 시 매수하여 홀딩하라

326_ 5. 급등주는 분차트로 매매 시점 포착하라

〈시초가 갭 상승 후 하락하는 경우〉

328_ • 위꼬리 출현 후 음봉이 연속되며 하락할 때는 주시하다가 양봉 밑꼬리 출현 시 매수하라

329_ • 양봉 위꼬리 출현하면 기다렸다가 음봉에서 밑꼬리가 20선 지지받을 때 매수하라

330_ • 단봉이 연속되다가 20선 지지되는 첫 장대양봉 출현 시 매수하라

331_ • 장대음봉 출현 후 음봉이 연속되며 하락할 때는 주시하다 60선에 지지되는 장대양봉 출현 시 매수하라

332_ • 양봉 위꼬리 출현 후에는 120, 60선 지지되면 매수하라

〈시초가 약간 갭 상승 후 20선 상향하며 연속 상승하는 경우〉

333_ • 음봉 출현 후 보합에서 양봉이 연속되면서 상향 5분선 지지받으면 매수하라

334_ • 양봉에 이어 이전 봉의 종가에서 양봉이 연속되고 상향 5분선 지지받으면 매수하라

335_ • 도지 출현 후 수직 상향하는 5분선의 지지를 받는 양봉 출현 시 매수하라

336_ • 장대양봉 직후 단봉 2개가 이어지며 수직 상향 5분선에 지지되면 매수하라

337_ • 단양봉 출현 시 상향 5분선의 지지를 받으면 매수하라

〈시초가 보합에서 20선 상향하며 연속 상승하는 경우〉

338_ • 모든 이동평균선이 상향 시작하고 여기에 지지를 받으며 장대양봉이 출현하면 매수하라

339_ • 음봉과 밑꼬리 출현 뒤 상향 5분선의 지지를 받으며 장대양봉이 출현하면 매수하라

340_ • 도지와 단양봉 출현 뒤 상향 5분선의 지지를 받으며 장대양봉이 출현하면 매수하라

⟨시초가 5% 이상 갭 하락 후 반등하는 경우⟩

341_ • 시초가 크게 갭 하락 후 장대양봉이 출현하면 주저 말고 매수하라

342_ • 시초가 크게 갭 하락 후 역망치가 출현하면 주저 말고 매수하라

343_ • 시초가 크게 갭 하락 후 도지가 출현하면 주저 말고 매수하라

344_ • 시초가 크게 갭 하락 후 긴 밑꼬리가 출현하면 주저 말고 매수하라

345_ • 시초가 크게 갭 하락 후 쌍바닥이 출현하면 주저 말고 매수하라

346_ • 시초가 크게 갭 하락 후 상승반전형이 출현하면 주저 말고 매수하라

347_ • 시초가 크게 갭 하락 후 단봉 횡보하다 장대양봉이 출현하면 주저 말고 매수하라

⟨오전에 횡보하거나 하락하다 오후에 상승하는 경우⟩

348_ • 3시간 이상 수평 횡보 중 1차로 예비상승하고 그 고점을 상승 돌파하는 장대양봉 출현 시 매수하라

349_ • 3시간 이상 수평 횡보 중 1-2차 예비상승하고 그 고점을 상승 돌파하는 장대양봉 출현 시 매수하라

350_ • 시초가 갭 하락 후 반등한 상태로 3시간 이상 수평 횡보 중 장대양봉 출현 시 매수하라

351_ • 시초가부터 하향하다 5·20선, 5·60선 골든크로스 발생하면 매수하라

352_ • 시초가에 수직 하락한 후 3시간 이상 횡보하다 이동평균선 수렴 시점에서 장대양봉이 출현하면 매수하라

353_ • 시초가 갭 상승 위꼬리 뒤 3~4시간 동안 3차 하락한 후 첫 장대양봉 출현 시 매수하라

354_ • 시초가부터 횡보하다 120선까지 이동평균선이 수렴하고 첫 장대양봉 출현 시 매수하라

1장 • 기본적 분석이 아니라 기술적 매매다: 기술적 매매의 기초

1. 이동평균선의 실전적 의미
2. 일봉을 분봉으로 보면 주가 움직임을 예측할 수 있다
3. 패턴에 대한 안목을 갖추는 것이 매매의 핵심이다
4. 주식투자에는 세 가지 시기가 있다

1-1 이동평균선의 실전적 의미

일간 차트에서 5일선은 5일간의 종가를 합하여 5로 나눈 값이다. 20일선은 20일간의 종가를 합하여 20으로 나눈 값이며 60, 120, 240일선 또한 마찬가지다. 그 평균값을 선으로 표시한 것이 이동평균선이다. 분차트나 주간, 월간, 연간 차트도 마찬가지 방식으로 설명할 수 있다. 이를테면 월간 차트에서 5월선은 5개월간 각 월봉의 종가를 합하여 5로 나눈 값이며 이를 선으로 표시한 것이 이동평균선이다.

일간 차트에서 각각의 이동평균선은 다음과 같은 의미를 갖는다.

① 5일선은 주가의 방향을 알려주는 방향선이다. 기간이 짧은 만큼 움직임이 가장 빠르다.

② 20일선은 주가의 상승, 하락, 횡보를 알려주는 추세선이라 한다.

③ 60일선은 기업의 실적발표 주기에 따라 기관과 외국인의 투자 여부가 결정되는 데에서 수급과 관련 있다 하여 수급선이라 한다.

④ 120일선은 기업들의 반기 결산 사이클과 관련 있는데 이에 따라 경기 상황을 예상할 수 있다 하여 경기선이라 한다.

⑤ 240일선은 주가의 대세가 하락이냐 상승이냐를 장기적으로 나타내주는 선으로 대세선이라 한다.

5선이 제일 위에 위치하고 20, 60, 120, 240선 순서로 진행된다면 정배열이라고 하며 이 종목에서는 매수자들이 대부분 수익을 내고 있다고 볼 수 있다. 반면 5선이 제일 밑에 위치하고 20, 60, 120, 240선 순서로 높아진다면 역배열이라고 하며 이 종목의 매수자들은 대부분 손실을 보고 있다고 할 수 있다.

이동평균선은 한번 방향을 잡으면 그 방향으로 계속 가려는 성질이 있다. 처음에는 천천히 단봉으로 가다가 마지막에는 가속도가 붙어 봉이 커지면서 급등락하게 된다. 또 이동평균선은 상승하면 하락하고 하락하면 상승하는 원상복구의 힘이 있다.

이동평균선 중 단기 이동평균선인 5선이 가장 빨리 움직이고 중기 이동평균선인 20선이나 60선은 그보다 속도가 늦다. 그러므로 그 선들은 서로 교차하게 되는데 5선이 20선이나 60선을 상승 관통하면 골든크로스, 하락 관통하면 데드크로스라고 한다. 골든크로스 출현 시는 상승 가능성이 높아지고 데드크로스 출현 시는 하락 가능성이 높아진다.

제반 이동평균선이 각각의 성격을 갖지만 그중에서도 가장 중요한 것은 20선이다. 20선의 방향과 20선 : 주가 이격을 보면 매수·매도 시점을 포착할 수 있다.

20선은 앞서도 말했듯이 추세선으로 상승추세와 하락추세, 횡보추세를 진행한다. 분차트, 일간 차트, 주간 차트, 월간 차트에서도 똑같이 추세를 결정하여준다. 20선이 상향으로 돌아선 초기에 매수하고, 상향 중에는 홀딩하며 하향으로 돌아서면 매도한다. 이처럼 20선은 매매에 중요한 기준이 된다.

20선에 대해 기억해야 할 것들을 요약하면 다음과 같다.

상승과 매수 시점
① 주가와 20선 골든크로스 후 20선이 상향하면 상승한다.
② 20선과 60선이 골든크로스되면 상승에 가속도가 붙는다.
③ 20선 상향 초기 쌍바닥(2차 바닥이 20선에 지지될 때)은 진바닥이다.
④ 20선이 상향하면서 1차 눌림목을 상승 돌파하면 3차까지 상승한다.
⑤ 5분 차트에서 20선이 상향하기 시작하면 2시간 이상 상승한다.

⑥ 일간 차트에서 20선이 상향하기 시작하면 1개월 이상 상승한다.
⑦ 주간 차트에서 20선이 상향하기 시작하면 6개월 이상 지속된다.
⑧ 월간 차트에서 20선이 상향하기 시작하면 1년 이상 지속된다.
⑨ 20선이 상향하는 상승장에서는 매수 후 보유하라.
⑩ 주가가 상향하는 20선을 상승 돌파하면 매수하라.
⑪ 20선의 하향세가 완만해지면서 쌍바닥 출현 시 매수하라.
⑫ 20선 : 주가 하락이격이 100 : 85 이상이면 매수하라.
⑬ 시초가에 주가가 20선과의 상승이격을 확대하기 시작할 때 매수하라.

하락과 매도 시점
① 주가와 20선 데드크로스 후 20선이 하향하면 하락한다.
② 20선과 60선이 데드크로스되면 급락한다.
③ 20선 하향 시 쌍바닥(2차 바닥이 더 낮을 때)은 가짜 바닥이다.
④ 20선 하향 시 1차 반등에서 하락하면 3차까지 하락한다.
⑤ 5분 차트에서 20선이 하향하기 시작하면 2시간 이상 하락한다.
⑥ 일간 차트에서 20선이 하향하기 시작하면 1개월 이상 하락한다.
⑦ 주간 차트에서 20선이 하향하기 시작하면 6개월 이상 지속된다.
⑧ 월간 차트에서 20선이 하향하기 시작하면 1년 이상 지속된다.
⑨ 20선이 하향하는 하락장에서는 단기 매매를 하라.
⑩ 주가가 하향하는 20선을 하락 돌파 시 매도하라.
⑪ 20선의 상승 고점에서 쌍봉 출현 시 매도하라.
⑫ 20선 : 주가 상승이격이 100 : 115 이상이면 매도하라.
⑬ 시초가에 주가가 20선과의 하락이격을 확대하기 시작할 때 매도하라.

1-2 일봉을 분봉으로 보면 주가 움직임을 예측할 수 있다

캔들에는 음봉, 양봉, 도지가 있다. 시초가보다 종가가 높으면 양봉, 낮으면 음봉이 되고, 시초가와 종가가 같으면 도지가 된다. 하나의 캔들은 해당 기간 동안의 주가 움직임을 나타낸 것으로 양봉이라 해도 반드시 전 기간보다 상승한 것은 아니다. 캔들 중 일간 차트의 일봉을 예로 든다면, 오늘 시초가가 갭 하락하여 출발했는데 종가가 어제의 종가에는 미치지 못했을지라도 시초가보다 높으면 양봉이 된다. 음봉 역시 마찬가지다. 도지는 하루 중 주가가 위나 아래 어느 방향으로 움직였든 간에 종가가 시초가에서 형성될 때 만들어진다.

캔들의 모양은 양봉 7가지, 음봉 7가지로 구분할 수 있다. 일봉은 하루 동안의 주가 움직임 중 시가와 종가, 고가, 저가만을 취해 나타낸 것으로 같은 모양의 캔들일지라도 행보는 다를 수 있다. 일봉의 움직임을 추적해보면 다음과 같다.

양봉

양봉 팽이
양봉은 시가보다 종가가 높다는 의미이며 위꼬리는 매도세를 아래꼬리는 매수세를 나타낸다.

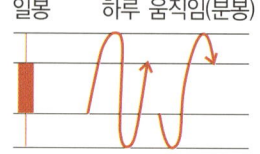

교수형
시가에서 크게 밀렸다가 회복하여 상승한 상태에서 마감했다. 매수세의 강력한 힘으로 긴 밑꼬리가 출현했고 5분봉으로 보면 V자 반등이나 쌍바닥이 출현했음을 알 수 있다.

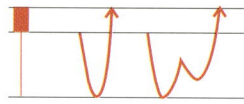

망치형
시가에서 밀렸다가 회복한 후 상승으로 마감했다. 저가의 물량을 거둬들이면서 상승하는 패턴으로 저점에서 출현 시 상승반전형으로 본다.

장대양봉
시가나 고가에서 밀리지 않고 장 시작부터 마감까지 크게 상승했다. 5분봉으로 볼 때 수직 상승해 상한가에 도달했거나 1~3차 상승하면서 상한가에 이르렀다면 세력의 힘이라 할 수 있다. 세력이 강력하게 물량을 확보하면서 출현하는 패턴으로 가격이 점점 높아져도 계속 매수한다.

도지
매도세와 매수세가 힘의 균형을 이룬 상태로 세력이 쉬어가는 패턴이다. 어느 한쪽에서 조금만 밀어붙여도 크게 상승, 하락할 수 있다.

역망치

시가에서 상승하다 고가에서 밀린 형태다. 위꼬리 부분은 급매물을 소화시키면서 출현한 것으로 볼 수 있으며 저점에서 출현 시 상승 가능성이 높다. 위꼬리가 몸통보다 길지 않은 것이 이상적이다.

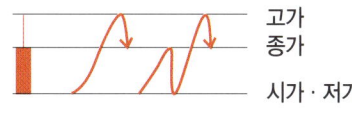

비석형

시가는 깨지 않았으나 고가에서 크게 밀린 형태로 긴 위꼬리는 매도세가 강력하다는 의미다. 고점에서 출현 시 하락을 예상할 수 있으며 다음날 장대음봉이 출현하면 크게 하락한다.

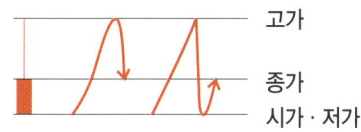

음봉

음봉팽이

위꼬리는 매도세, 아래꼬리는 매수세를 나타내는데 음봉이므로 시가보다 종가가 낮다는 뜻이다.

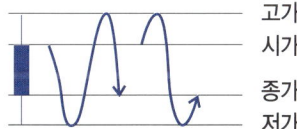

교수형

시가를 회복하지는 못했지만 저가에서 크게 반등한 형태다. 일간 차트에서 긴 밑꼬리 출현 시는 분봉으로 매매 시점을 잡아라. 세력의 물량 확보 패턴으로 장대음봉을 출현시켜 개인의 매물을 받아간 자국이다.

망치형

시가를 회복하지는 못했지만 저가에서 매수세가 유입돼 밑꼬리가 만들어졌다. 저점에서 출현 시 매수세가 살아나면서 상승 가능한 패턴이다.

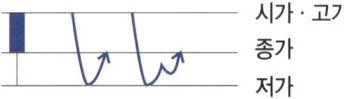

장대음봉

하루 종일 크게 하락한 형태로 5분봉으로 보면 3차 하락이 진행되었음을 알 수 있다. 고점이라면 세력이 물량을 처분한다고 볼 수 있으며 상승 도중이라면 의도적으로 하락시켜 물량을 확보하려는 패턴이다. 가격이 점점 낮아져도 계속 매도한다.

도지

시가와 종가가 같다는 것은 매수세와 매도세의 힘이 비슷하다는 의미다. 즉, 이전에 지속되던 힘이 소진됨을 뜻하며 고점에서 출현 시 상승이 멈춘 것이고 저점에서 출현 시 하락이 멈춘 것을 나타낸다. 특히 고점에서 거래량이 급증하면서 출현하면 하락 가능성이 높아진다.

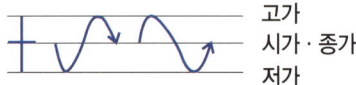

역망치

시가보다 상승하다가 고가에서 밀려 시가 아래로 하락한 형태다. 위꼬리가 길수록 매도세가 강력함을 나타내며 다음날 장대음봉이 나타나면 하락이 급하게 지속된다. 특히 고점에서 거래량이 급증하면서 출현하면 급락한다.

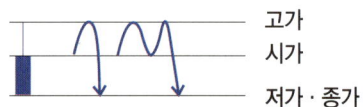

비석형

고점에서 출현하면서 다음날 장대음봉이나 갭 음봉이 나타나면 급락한다. 수직 하락이 계속되므로 출현 초기 매도해야 한다.

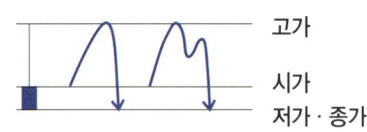

1-3 패턴에 대한 안목을 갖추는 것이 매매의 핵심이다

매매 기법의 핵심은 무엇보다도 패턴을 볼 수 있는 안목을 갖추는 것이다. 그러기 위한 가장 좋은 방법은 HTS에서 1초에 1봉씩 보여주는 기능을 충분히 활용하는 것이 좋다. 코스피 지수부터 업종 지수, 종목 차트를 처음부터 끝까지 돌려 보면서 상승추세에서 출현하는 패턴과 횡보추세, 하락추세에서의 패턴을 눈여겨본다. 하루에 2~3시간씩 몇 개월 반복하면 조금씩 보이기 시작한다. 과거 IMF 때나 9·11테러 등 외적인 요인들이 시장에 어떤 충격을 주었는지, 그 충격은 어느 정도의 기간 만에 어떤 형식으로 진정되었는지를 살펴보라. 또한 각 종목별 차트에서도 20선이나 60선의 지지를 받고 출현하는 장대양봉 다음에 단봉이 오는 경우, 갭 하락 장대양봉이 오는 경우 등 패턴 형성에 따라 이후 주가 움직임이 어떻게 되는지를 예상해보라. 그 예상이 70% 이상 적중될 때까지 반복해서 연습하는 것이 패턴 분별력을 키우는 최고의 방법이다.

다음은 차트 시뮬레이션을 할 때 특히 눈여겨보아야 할 패턴들이다. 다음과 같이 조합되는 캔들을 발견하면 이후 주가가 어떻게 되는지 잘 관찰하라.

양봉과 음봉
시가에서 매수세가 강하면 양봉이 출현하고 매도세가 강하면 음봉이 출현한다.

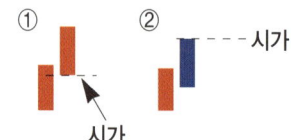

갭 하락과 갭 상승
①은 갭 하락으로 시작했지만 매수세가 강해 양봉이 출현했고 ②는 갭 상승으로 시작했지만 매도세가 강해 음봉이 출현했다.

상승 장악형
단음봉을 장대양봉이 감싸는 형태로 저점에서 출현 시 상승한다.

상승 관통형
음봉 몸통의 2분의 1 이상을 양봉이 상승 돌파하면 다음날 상승을 예상할 수 있다.

샛별형
장대음봉 뒤 갭 하락 양봉 도지는 다음날 장대양봉을 예고한다. 저점에서 출현 시 상승 가능성이 높다.

하락 장악형
단양봉을 장대음봉이 감싸는 형태로 고점에서 출현 시 하락한다.

먹구름형
음봉이 양봉 몸통의 2분의 1 이하까지 밀고 내려오는 형태로 고점에서 출현 시 하락한다.

석별형

장대양봉 뒤 갭 상승 도지는 다음날 장대음봉을 예고하며 고점에서 출현 시 하락한다.

쌍역망치

역망치는 세력의 물량 확보 패턴인데 쌍역망치가 나타난 경우라면 두 번째가 더 크고 높은 가격대일 때 상승 가능성이 더 높다.

양음양

양봉과 음봉, 양봉이 번갈아 나타나는 형태로 세력의 물량 확보 패턴이다. 다음과 같은 조건을 갖추는 것이 이상적이다. ① 첫 번째 장대양봉은 20선의 지지를 받고 위꼬리가 없으며 거래량이 증가하면서 출현한다. ② 2일째 음봉은 거래량이 감소하고 밑꼬리가 만들어진다. ③ 3일째는 거래량이 급증하면서 장대양봉이 출현한다.

상승반전형

전일 위꼬리 부분의 매물을 흡수하면서 상승을 지속하는 패턴이다. 저점에서 출현 시 상승 가능성이 높다.

저항선과 지지선

저항선과 지지선은 한번 돌파되면 성격이 바뀐다. 박스권을 횡보하다 상향 돌파하면 이제까지의 저항선이 지지선이 된다. 박스권을 넘어섰다가 다시 하락할 때 전고점에 이르면 매수 대기자들이 매수에 가담하기 때문이다. 반대의 경우도 마찬가지다. 박스권을 하락 돌파하면 이제까지의 지지선이 저항선이 되는데 이는 전저점에 매도하려는 물량이 많이 쌓여 있기 때문이다.

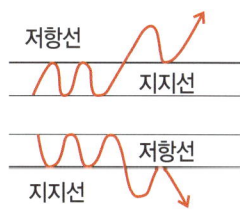

상승이격

이동평균선은 주가와의 거리가 멀어지면 회귀하려는 성질이 있다. 이를 이용해 하락 중인 차트에서는 20선:주가가 100:85 이하가 되면 방향을 바꿀 것으로 예상한다. 즉, 20선이 1만 원이면 주가가 8,500원까지 하락 시 매수하라. 중형주 이상에 적용할 수 있고 개별 소형주는 잘 맞지 않는다.

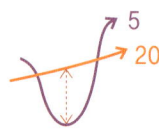

하락이격

상승하는 주가 역시 회귀하려는 성질이 있으므로 20선:주가가 100:115 이상이면 방향을 바꿀 것으로 예상한다. 즉, 20선이 1만 원인데 주가가 1만 1,500원까지 상승했다면 매도한다. 중형주 이상에서 적용한다.

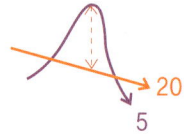

반등파

큰 폭으로 하락하는 도중에 소폭 상승하는 경우다. 세력이 고점에서 처분하지 못한 잔여 물량을 고가에 처분하기 위해 상승시키는 것이므로 매도 기회로 삼아야 하며 매수하면 안 된다.

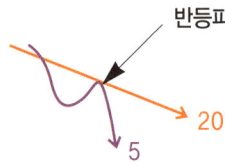

눌림목

저점에서 1차 상승 후 수익을 실현하려는 투자자들에 의해 만들어진다. N자 상승 패턴의 1차 매수 시점인 골든크로스 발생 시 매수하지 못했으면 2차 매수 기회인 눌림목을 기다려야 한다.

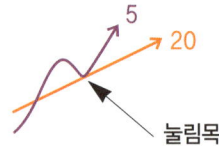

쌍봉

상승 시도가 이전 고점에서 무산되어 실망 매물이 쏟아지는 경우다. 전고점을 돌파하지 못하고 하락할 때가 1차 매도 시점이고 전저점을 하락 돌파할 때가 2차 매도 시점이다. 쌍봉이 완성되면 큰 폭의 하락을 예상한다.

쌍바닥

저점에서 반등 후 하락했으나 전저점 또는 그 위의 가격대에서 다시 상승으로 방향을 잡은 경우다. 전저점의 지지를 받을 때가 1차 매수 시점이고 전고점을 돌파할 때가 2차 매수 시점이다. 쌍바닥이 완성되면 큰 폭의 상승을 예상한다.

갭

저점에서 첫 상승갭 출현 시 매수한다. 상승갭은 세력의 강한 매수세로 볼 수 있으며 2~3일 이내 메워지지 않으면 이후 크게 상승한다. 세 번째 상승갭이 출현한 뒤 첫 번째 하락갭이 나오면 매도해야 한다. 상승갭은 지지선 역할을 하므로 돌파시 하락하고 하락갭은 저항선 역할을 하므로 돌파 시 상승한다.

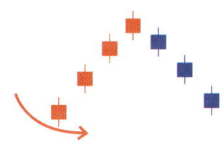

골든크로스

아래쪽에 있던 단기 이동평균선이 위에 있는 중기 이동평균선을 상승 돌파할 때를 말하며 상승 초기 증상으로 본다.

2차 골든크로스

1차 골든크로스 이후 짧게 데드크로스되었다가 거래량을 동반한 장대양봉 출현으로 재차 골든크로스가 발생하는 것을 말한다. 이후 상승을 예상할 수 있는 매수 시점이다.

5 · 20 · 60선 동시 골든크로스

단기, 중기, 장기 이동평균선이 한 지점에서 골든크로스되는 현상으로 이후 크게 상승한다.

5 · 20선 데드크로스

위에 있던 단기 이동평균선이 밑에 있는 중기 이동평균선을 하락 돌파할 때를 말하며 하락 초기 증상으로 본다.

5 · 20선 2차 데드크로스

1차 데드크로스 이후 곧바로 골든크로스되었다가 2차 데드크로스되면 크게 하락한다.

5 · 20 · 60선 동시 데드크로스

단기, 중기, 장기 이동평균선이 한 지점에서 데드크로스되는 현상으로 이후 크게 하락한다.

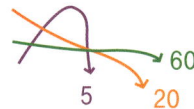

1-4 주식투자에는 세 가지 시기가 있다

주식투자에서 가장 큰 기술은 사야 할 시기, 팔아야 할 시기, 쉬어야 할 시기를 아는 것이다. 그리고 성공한 투자자란 이를 실천한 사람이다. 일본에서 거래의 신으로 추앙받는 혼마 무네히사도 사께다 전법에서 '3법'을 얘기했다. 저가에 사서 홀딩하다 고점에 도달하면 팔고 가격 조정과 기간 조정 시는 관망한다는 의미다. 주식시장에서 이 세 가지 시기는 어떤 모습인지 정리해본다.

팔아야 할 시기

사람들이 모이는 곳마다 주식이 화제가 된다. 상승 초기에 선도주를 매수했던 사람들은 몇십 배를 벌었다더라는 이야기가 심심찮게 들려온다. 이러한 소문이 퍼지면 사람들은 예금, 적금 해약하고 은행에서 대출을 받아 주식시장으로 온다. 주식을 사기만 하면 떼돈을 벌 것이라는 환상을 품고 너도나도 사들인다.

이 호황기는 1개월에서 길어야 3개월이면 끝난다. 상승 선도주와 코스피 지수가 신고가 갱신에 번번이 실패하고 서서히 상투 징후가 나타나기 시작한다. 눈치 빠른 기관과 큰손들은 물량을 개인들에게 떠넘긴다. 그 물량을 개인들은 일확천금의 꿈에 부풀어 덥석덥석 받아 물지만 이때는 진정으로 팔아야 할 시기다.

쉬어야 할 시기

    파도만 치고 고기가 잡히지 않는 것처럼 매매를 해도 이익이 나지 않는 장은 쉬어야 하는 시기다. 바닷물이 차면 이내 썰물이 시작되어 바다 깊숙이 빠져나가고 고기들은 그보다 먼저 도망친다. 세력과 큰손들은 자금을 회수하기 바쁘고 장세는 기울어가는데도 개인들은 미련이 남아 계속 물타기를 한다. 좀전까지의 상승장세에서 하락하면 다시 상승하던 추세에 익숙해져 곧 상승하리라고 철석같이 믿고 있다. 상승장에서는 적게 하락하고 크게 상승하며 하락장에서는 적게 상승하고 크게 하락하기를 반복한다는 것도 모르고 싸다는 이유만으로 계속 매수한다.

    그 와중에도 바닷물은 큰 파도, 작은 파도를 만들면서 바다 깊숙이 밀려간다. 그 파도에 집착하면서 계속 따라가다 개인들은 어느 날 너무 깊숙이 들어온 자신을 발견하고 놀라게 된다. 하지만 이미 그때는 반의반에서 또 반 토막이 된 주식에 절망밖에 남은 게 없다. 그제야 공포에 사로잡힌 이들은 내다 팔기 위해 혈안이 되는데 공포심의 전염성 때문에 주가는 폭포처럼 떨어진다.

    정신을 차리고 보니 계좌는 텅 비고 산더미 같은 부채만 남아 언제 무슨 수로 갚을지 막막하고 처량한 신세다. 가정은 파탄하고 자살하는 사람까지 있다. 사람들은 주식의 주자만 들어도 고개를 흔들고 주식시장 역시 썰렁하여 거래량이 한산한 상태가 한동안 계속된다.

사야 할 시기

    그런 상황이 이어지면 주가는 힘없이 쪼그라든다. 고점에 비하면 20분의 1짜리도 있고 30분의 1짜리도 있다. 한때 시장을 호령하며 승승장구하던 선도주, 우량주도 반 토막 훨씬 못 미치기는 마찬가지다. 그렇지만 사람들은 비싸다고 생각한다. 공포와 절망에 질려 하락밖에 생각할 수 없기 때문이다.

    그러나 시간이 지나면 바닷물은 반드시 해안으로 다시 밀려든다. 이는 만고불변의 섭리다. 주식시장도 마찬가지다. 2~3년간의 침체기가 지나면 세력과 큰손이 등장하여 서서히 주식을 사 모으기 시작한다. 지천에 널린 우량주들을 싼값에 사들이는 것이다. 그와 함께 서서히 거래대금과 거래량이 증가하기 시작하고 횡보하던 코스피 지수와 업종 대표주 차트의 이동평균선이 상향하기 시작한다.

하락이 진정되고 거래도 한산했다가 조금씩 거래량이 증가하기 시작하는 시점, 이때가 진정으로 주식을 매수할 시기다. 주식에서 인생역전의 기회를 잡고 소수의 고소득 대열에 동참한 사람들은 이 시기에 매수하여 2~3년 기다렸다 상투에서 매도한 사람들이다.

2장 · 수익을 높이는 매매 방법

1. 관심종목을 찾을 때는 장세, 시황, 수급을 먼저 보라
2. 매수할 때 손절가를 결정하고 기계적으로 손절하라
3. 조기 매도, 추격 매수를 극복하는 요령
4. 저점에서 고점까지 확실하게 홀딩하는 요령

2-1 관심종목을 찾을 때는 장세, 시황, 수급을 먼저 보라

Key Point

관심종목 선택 과정

01. **1단계 : 월 1회, 전 종목을 대상으로 300~400개 선택**
    - 거래량 10만 주 이상 종목
    - 주가 5천 원 이상 종목
    - 기관, 외국인이 5% 이상 보유하고 있는 종목(저가주에 한해)
    - 6개월 이내 고점 폭발주, 몇 개월 계속 하향 중인 종목 제외

02. **2단계 : 주 1회, 1단계의 300~400개를 30~40개로 압축**
    - 3개월 이상 횡보 뒤 상승 패턴 출현 종목
    - 3차 하락 끝에 바닥 패턴 출현 종목
    - 5·20선 골든크로스가 처음 출현한 N자 상승 초기 종목
    - 매수 주체가 있고 관리되는 종목, 새로운 주도주 우선

03. **3단계 : 매매 전날, 2단계의 30~40개 중 5~10개 선택**
    - 3개월 이상 횡보 뒤 상승 패턴 출현하면서 주가와 20선 이격이 확대되는 종목
    - 3차 하락 뒤 바닥 패턴으로 쌍바닥이나 주가와 20선 골든크로스 출현 종목
    - 3차 하락 뒤 갭 하락 역망치나 긴 밑꼬리, 도지, 장대양봉 출현 종목

- N자 1차 상승 후 눌림목에서 거래량 동반한 장대양봉 출현 종목

04. **4단계 : 당일, 3단계의 5~10개를 대상으로 매매**
    - 시초가 보합에서 20선 상향하며 양봉 출현 시 매수
    - 시초가 약간 갭 상승 후 상향하는 5분선의 지지를 받고 양봉 연속 출현 시 매수
    - 시초가 갭 상승 후 위꼬리나 장대음봉이 출현하는 종목은 음봉이 연속되길 기다렸다가 밑꼬리가 20, 60, 120분선에 지지되거나 쌍바닥 출현 시 매수
    - 시초가 5% 이상 갭 하락 종목은 장대양봉, 역망치, 도지, 긴 밑꼬리 출현 시 매수
    - 시초가 상승 업종 중에서 대부분 1% 이내 상승할 때 2% 이상 상승하는 주도주 매수

실전에 임하기 전 무엇보다 중요한 것은 HTS를 완전히 장악하는 것이다. HTS야말로 가장 직접적인 매매 도구이며 그 안에는 무궁무진한 정보들이 들어 있다. 찾고자 노력하기만 한다면 주식투자에 관해 궁금했던 웬만한 문제들에 대한 답을 발견할 수 있다.

HTS 창은 사용자가 편집할 수 있도록 되어 있다. 주문 창과 종목 시세 창 등 자신의 종목 관련해서만 띄워놓을 것이 아니라 코스피와 업종, 세계 증시 지수의 변동을 확인할 수 있도록 편집하는 것이 좋다. 거기에 관심종목 창을 띄우고, 당장 매매를 하지 않을지라도 관심을 갖고 있는 종목들이 어떤 움직임을 보이는지 살펴본다면 매매 시점에 이르렀을 때 판단에 도움이 된다.

여기서는 종목 선택에 대해서 살펴보기로 한다. 관심종목을 선택할 때는 일간과 주간 차트를 보고 매매 시점은 분차트로 잡는다.

가장 우선적으로 신경 써야 할 부분은 리스크 관리다. 매년 적자를 내는 기업, 감자·증자를 빈번하게 하는 기업, 자본 잠식 상태여서 언제 파산할지 알 수 없는 종목은 쳐다도 봐서는 안 된다. 코스피 종목 중 고가 우량주를 선택하되 너무 상승해서 신고가 갱신에 번번이 실패하는 종목도 제외한다. 이전 6개월 이내 고점에서 폭락하여 20선이 하향하는 종목 역시 대상이 아니며 거래량이 너무 적은 종목도 제외시킨다.

그리고 새롭게 주도주로 부상하는 종목을 찾는다. 3대 상승 원점에서 20선이 상

향 초기에 있는 종목을 눈여겨봐야 한다. 코스피 주봉이 상향하는 상승장에서 일간 차트로 상승 업종을 파악하여 그중에서 선도주를 관심종목에 편입한다.

그리고 테마주로 부상하는 종목과 세계 최초의 상품을 개발했거나 히트상품을 만들어낸 기업도 초기에 붙잡아야 한다. 특히 신재생에너지 테마는 계속해서 시장을 주도해갈 수 있다고 예상되므로 관심종목에 등록하고 계속 주시한다.

또한 기관과 외국인이 5% 이상 보유하고 매수를 지속하고 있는 종목을 찾아야 한다. 기본적 분석을 그때그때 하기가 쉽지 않다면 이러한 종목을 선택하고 기술적 분석만으로 매수 시점을 잡아도 무관하다. 기관, 외국인이 보유하고 있는 종목은 그들이 기본적 분석을 끝냈다고 볼 수 있다.

2-2 매수할 때 손절가를 결정하고 기계적으로 손절하라

Key Point
01. 매수 뒤 하락할 경우 판단 오류를 인정하고 과감하게 매도하라.
02. 매수 시 손절 가격을 결정해 손실제한주문을 활용하라.
03. 3차 상승 고점에 도달한 종목은 상투 징후 출현 즉시 시장가로 매도하라.
04. 하락장에서 최선책은 처음부터 매매를 하지 않는 것이다.
05. 하락장에서 차선책은 매매를 아주 소액으로 하는 것이다.

주식시장에는 '손절매를 잘하는 사람이 주식투자 9단이다'라는 말이 있다. 전설적인 투자자의 하나인 제시 리버모어도 '투자자는 손실이 더 커지기 전에 주식을 매도함으로써 자신을 보호해야만 한다'고 했다. 아무리 투자 판단을 잘하는 고수라도 매번 예상이 맞아떨어질 수는 없다. 더우이 주시시장은 누구도 예측하지 못했던 외부적인 악재에 직격탄을 맞기도 하는 곳이다. 예상과 다른 주가 움직임이 나타나거나 뜻밖의 악재로 주가가 내리꽂힐 때 투자자는 냉철하게 대응해야 한다.

손절매 문제에서 가장 중요한 것은 무엇보다 손절할 필요가 없는 종목을 매수하는 것이다. 매수 시점에 다음과 같은 사항을 반드시 염두에 두도록 한다.

① 시초가에 외국인과 기관이 매도를 시작한 종목은 매수 금지
② 시초가에 쌍봉 출현으로 매물벽이 발생한 종목은 매수 금지
③ 시초가 갭 상승 후 긴 위꼬리를 만들면서 장대음봉이 출현한 종목은 매수 금지
④ 시초가에 장대음봉과 갭 하락 음봉이 출현한 종목은 매수 금지
⑤ 시초가 갭 상승했으나 양봉 1~2개 출현 후 음봉으로 하락하는 종목은 매수 금지
⑥ 시초가 갭 상승 후 이동평균선 저항받고 음봉으로 하락 시 매수 금지
⑦ 시초가에 하락했으나 반등하다 이동평균선 저항받고 음봉으로 하락 시 매수 금지
⑧ 시초가부터 단봉으로 횡보하거나 하향 시 매수 금지
⑨ 시초가에 역배열되면서 하락이격 확대 시 매수 금지

매수할 때 손절 가격을 정해놓고 그 가격이 오면 망설이지 말고 매도해야 한다. 단기 투자자에게만 해당하는 얘기가 아니라 장기 투자자도 마찬가지다. 하지만 대부분이 그렇게 하지 못한다. 일단 보유주에서 손실이 나게 되면 차트를 볼 때 기대치로 보게 된다. 일시적인 하락일 뿐 다시 상승하리라는 기대, 어느 정도까지는 반등해주리라는 기대 등. 하지만 기대만으로 주가는 움직이지 않는다.

다음은 하락이 이어질 것으로 예상되므로 반드시 손절해야 하는 하락 초기 증상들이다.

① 시초가 수직 장대양봉 3개째에서 상승이 멈추는 순간 손절하라.
② 장 시작 1~2시간 후 고점 찍고 코스피와 같이 하락할 때 손절하라.
③ 시초가 갭 상승했으나 주가와 5·20·60선 동시 데드크로스 발생 시 손절하라.
④ 시초가 갭 상승 양봉 뒤 연속 음봉 출현 시 손절하라.
⑤ 시초가 갭 상승했으나 고점이 낮아지면서 1차 하락 진행될 때 손절하라.
⑥ 시초가 갭 상승했으나 하락, 반등하다 이동평균선 저항받고 2차 하락 진행될 때 손절하라.
⑦ 시초가 갭 상승했으나 큰 폭 하락, 반등하다 이동평균선 저항받고 폭락 진행될 때 손절하라.
⑧ 시초가부터 급등락하는 종목은 절대 추격 매수하지 말고 하락장에서는 절대 잦은

매매를 하지 말라.

기계적으로 손절매를 할 수 있을 만큼 단련되어 있지 않다면 손실제한주문을 활용하는 것이 좋다. 손실제한주문은 주가가 하락하여 그 가격대를 건드리는 순간 내 주문이 시장가 매도로 바뀌도록 되어 있다. 그 지점까지 하락했을 때 팔아야 할지 말지를 다시 고민할 필요가 없는 방법이다. 하지만 매수가와 너무 가까운 곳에 손실제한주문을 설정해두면 너무 쉽게 매도되어버리므로 어떤 기준을 마련하는 것이 좋다. 예를 들면 반드시 지켜야 하는 가격대라거나 지지선을 설정하고 그 바로 아래에 두는 방법이 있다.

2-3 조기 매도, 추격 매수를 극복하는 요령

Key Point

01. 세력주의 상승 초기 미완의 장대음봉에 놀라 조급하게 매도하지 말라. 긴 밑꼬리를 만들며 상승하므로 장대음봉이 아니라 교수형으로 완성될 확률이 높다.
02. 전고점을 올라서지 못하거나 주가와 20선이 데드크로스되는 종목, 이동평균선이 하향하는 종목은 장대양봉이 출현하더라도 추격 매수하지 말라.
03. 3차 하락 끝에서는 장대음봉이나 긴 밑꼬리에 추격 매수하라.
04. 상승 초기에는 흔들 때(장대음봉, 갭 하락 음봉) 매수하여 3차 상승 고점까지 홀딩하라.

'내가 팔면 꼭 오르더라'라고 느껴본 투자자가 많을 것이다. 어떤 종목을 매수했는데 장대음봉이 출현하고 지지선을 하락 돌파한다면 누구나 매도할 생각부터 하게 된다. 그런데 장대음봉에 지지선까지 무너뜨렸던 그 종목이 내 물량을 받아가자마자 긴 밑꼬리를 만들며 반등하기 시작한다. 공포감과 억울함을 달래는 사이 그 종목은 숨 쉴 틈도 주지 않고 상한가까지 오르기도 한다.

이런 패턴들은 세력이 연출하는 것으로 개미들을 탈락시키고 홀로 상승하고자 하는 것이다. 그러므로 세력의 의중을 파악하여 대처할 수 있는 안목을 갖춰야 한다.

때로는 내가 세력이라면 어떻게 하겠는가 하는 역지사지의 발상이 필요하다. 개미들을 모두 끌고 간다면 세력의 목표가만큼 도달할 수도 없을뿐더러 애초에 그런 의도를 갖고 있는 세력이란 존재하지 않는다. 생각한 대로 주가를 관리하면서 종국에 가서 물량을 떠넘기려면 상승 초반에는 개미털이를 해야 한다. 이러한 사실을 생각한다면 세력의 존재를 감지했을 때 죽기 살기로 따라붙는 방법밖에 없다. 특히 상승 초기에는 놀라서 너무 일찍 매도해버리지 말고 끝까지 붙잡고 있어야 그들이 목표로 하는 고점까지 동행할 수 있다. 너무 패턴에만 의지하지 말고 좀 더 넓게 멀리 봐야 이긴다.

세력은 때로 얄밉기도 하지만 어차피 그들이 없는 종목은 상승도 있을 수 없다. 세력이 주가를 관리하는 종목이라야 크게 상승할 수 있고 그들에게 동참해야 큰 이익이 나온다. 때문에 개인들은 세력을 따라다녀야 한다.

하지만 3차까지 상승한 이후 고점에 이르면 세력은 완전히 적이 된다. 물량을 확보한 세력은 그들의 목표가 이상으로 상승시킨 다음에는 이익실현을 위해 지금까지와는 정반대의 작전을 쓴다. 물량을 넘기기 위해 개미를 유인하는 것이다. 고점에서의 징후를 잘 살펴 추격 매수를 하지 않도록 주의해야 할 시점이다. 이때는 아무리 차트가 환상적이어도 매수할 게 아니라 세력이 행동하기 전에 바로 매도하고 떠나는 것이 최선이다.

수익을 높이는 주식 매매의 핵심은 첫째 세력이 매집하는 종목을 초기 매수하여 고점에 이를 때까지 몇 시간(데이 트레이딩의 경우)에서 몇 개월(일반 트레이딩의 경우) 동안 기다릴 수 있어야 하고, 둘째로는 고점에서 세력보다 먼저 매도할 수 있어야 한다는 것이다. 그리고 셋째로는 바닥을 칠 때까지 몇 시간(데이 트레이딩의 경우)에서 몇 개월(일반 트레이딩의 경우) 동안 매매를 쉴 수 있어야 한다는 것이다.

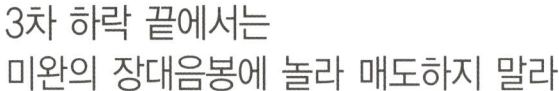
3차 하락 끝에서는
미완의 장대음봉에 놀라 매도하지 말라

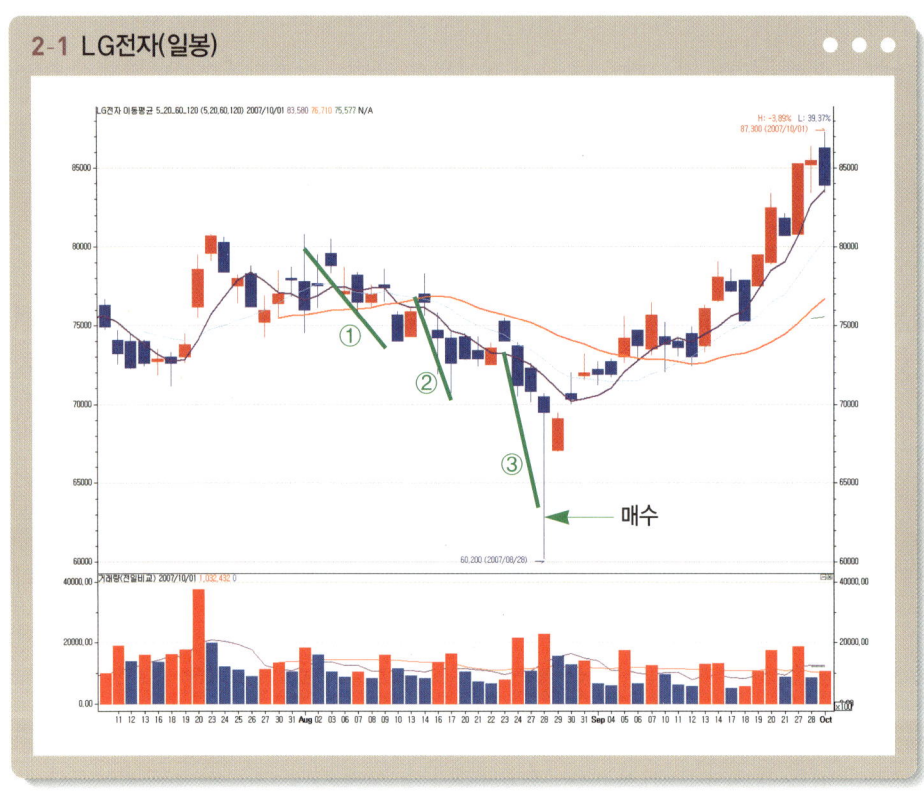

① 3차 하락이 마무리되는 때는 매수 시점이지 매도 시점이 아니다.
② 3차 하락 끝에서 상승 직전 마지막 개미털이에 속지 말라.
3차까지 하락했을 때는 시장가로 매수 시점을 포착해야 한다. 장대음봉이 출현하려는 기미가 보이면 신속히 매수한다. 3차 하락은 주가가 바닥에 와 있다는 것이므로 곧 상승하겠다고 예상할 수 있다. 마지막 장대음봉 출현 시 견디지 못하고 보유 물량을 매도해서는 안 된다.

N자 상승 초기
미완의 장대음봉에 놀라 매도하지 말라

2-2 현대제철(5분봉)

① 상승 초기에 장대음봉 출현 시 분봉이 완성될 때까지 기다렸다가 5분선이 지지되면 홀딩하라.
② 하락 없이 수평 횡보만 이어질 때는 홀딩하면 다시 상승한다.

N자 상승장은 세력(기관, 외국인, 큰손)이 상승시키는 종목이므로 초기에 흔들리지 않고 홀딩하면 상승한다. 오히려 흔들면 장대음봉이나 갭 하락 음봉 출현 시 매수 기회로 삼는다. 5분선 또는 10분선이 지지되는 한 음봉이든 양봉이든 홀딩한다.

완만한 횡보 중에 장대음봉 출현 시 놀라 매도하지 말라

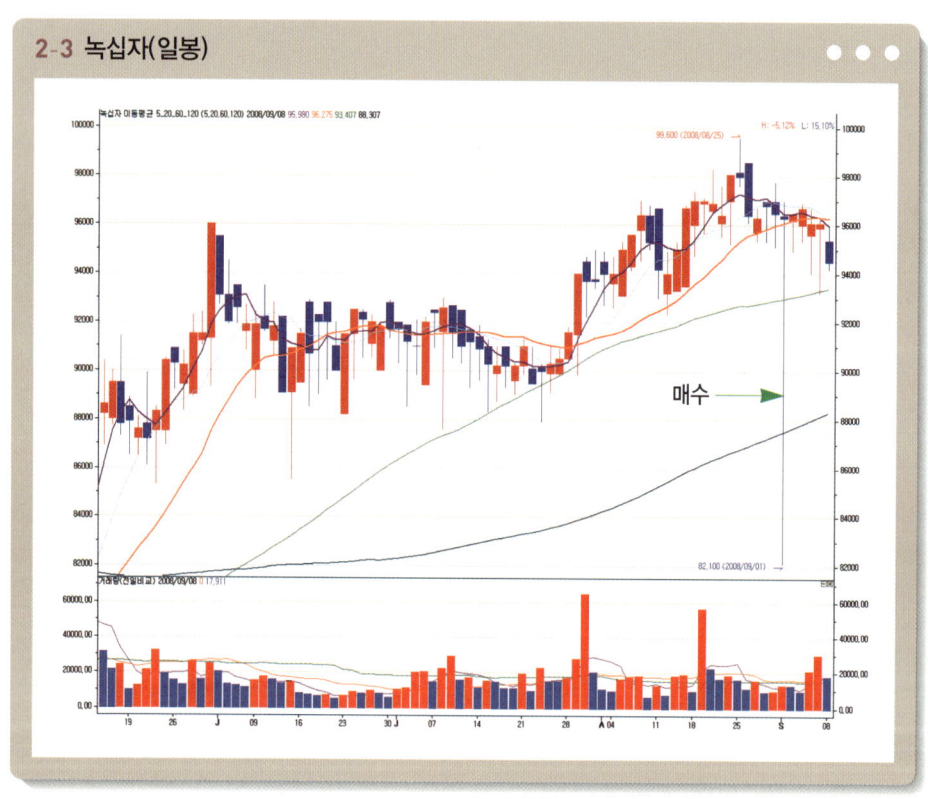

① 장대음봉이 갑자기 출현할 경우 추격 매도하지 말라.
　다음에 양봉이 출현하면 상승한다.
② 장대음봉 출현 뒤 연속 음봉 출현 시는 매도하라.
세력의 장난이다. 갑자기 장대음봉이 출현할 경우 놀라 시장가 매도를 하는 경우가 많은데 그렇게 하면 큰 손해만 본다. 도리어 매수 기회로 삼아야 한다.

급등락주는 미완의 장대음봉에 놀라 조급하게 매도하지 말라

① 장대음봉으로 급락할 때 추격 매도하면 완전 바닥에서 매도하는 것이다.
② 장대음봉으로 급락할 때는 분봉이 완성되길 기다렸다가
   5분선이 하향하면 매도하라.

상승 중이던 종목에서 장대음봉이 나타날 때 조급하게 시장가 매도를 하면 완전 바닥에서 매도하는 셈이 된다. 매도 후 긴 밑꼬리를 만들면서 5분선까지 반등할 확률이 높다. 단, 상승 고점에서 양봉이 연속되지 않고 횡보할 때는 하락을 예상해야 한다. 이때는 5분선이 하향하면서 20선과 데드크로스되면 신속히 매도한다.

 ## 3바닥 3차 저점에서
장중에 지지선을 일시 하락 돌파해도 매도하지 말라

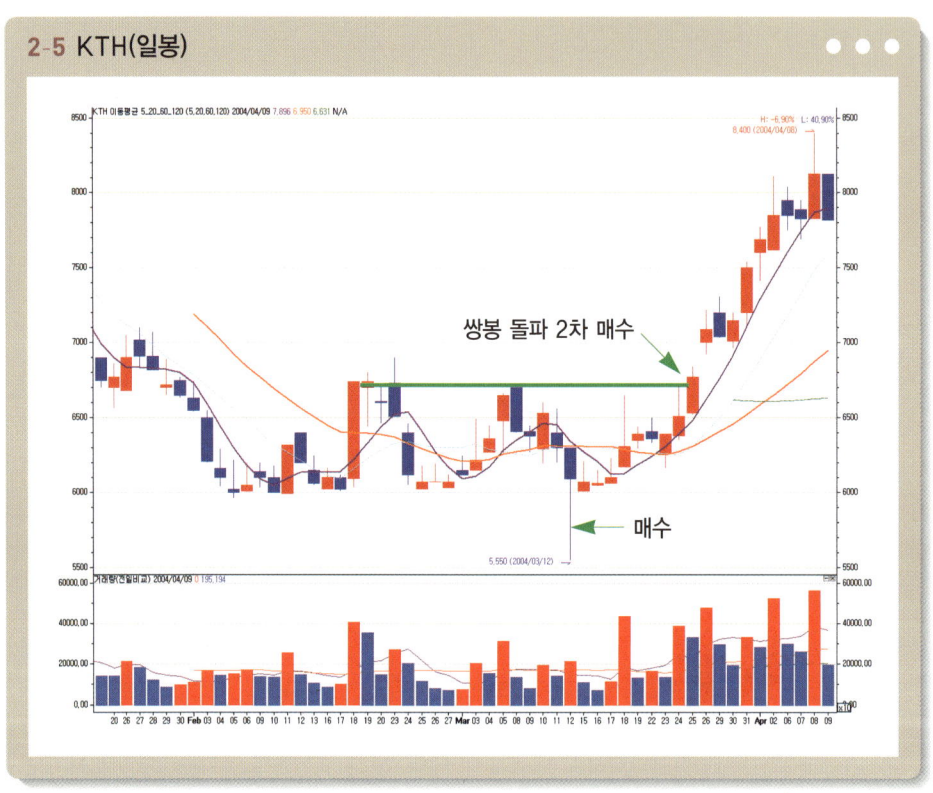

① 완성된 일봉이 전저점 이상에서 지지되면 홀딩하라.
② 전저점보다 같거나 높은 위치에서 지지되면 상승한다.
3바닥 3차 저점이 1차 저점보다 높은 위치에서 지지되거나 20, 60선의 지지를 받고 상승하면 진바닥이므로 매수하여 홀딩한다. 간혹 1차 저점보다 낮게 출현한 뒤 상승하는 경우도 있다. 쌍바닥에서도 마찬가지다.

초기 상승하다 횡보 중
일시적으로 20선 하락 돌파 시 매도하지 말라

① 20선 지지가 깨지면 다음 지지선이 될 60선이 어디 있는지 확인하라.
② 60선이 바로 밑에 있으면 홀딩하라.

차트를 주시할 때 코스피와 업종 지수를 같이 보면 상황 판단에 도움이 된다. 보유주에서 일시적으로 지지선을 이탈했더라도 코스피와 업종 지수가 흔들리지 않고 상향이나 수평을 유지한다면 홀딩한다.

 이전 장대음봉이 60선에서 지지되었으면
이번에도 60선에서 지지될 확률이 높다

① 20, 60선 상향 시 1차 장대음봉이 60선에서 지지되었으면
 이후에도 음봉이 연속적으로 60선 지지를 받을 것을 예상하라.
② 지지선을 하락 돌파하며 장대음봉이 출현해도 완성된 분봉을 확인하라.
양봉으로 연속 상승하다 긴 위꼬리와 장대음봉이 출현하면 하락인 줄 착각하기 쉽다. 그래서 20선 하락 돌파 시 조급하게 매도하는 경우가 많은데 밑에 60선이 있고 이전에 60선의 지지를 받은 적이 있었다면 이번에도 지지될 것으로 예상해야 한다. 이전에 20선에서 지지되었으면 이번에도 20선에서 지지될 것이다.

3차 상승 고점에서 재료를 동반한 장대양봉이나 갭 상승 양봉 출현 시 매수하지 말라

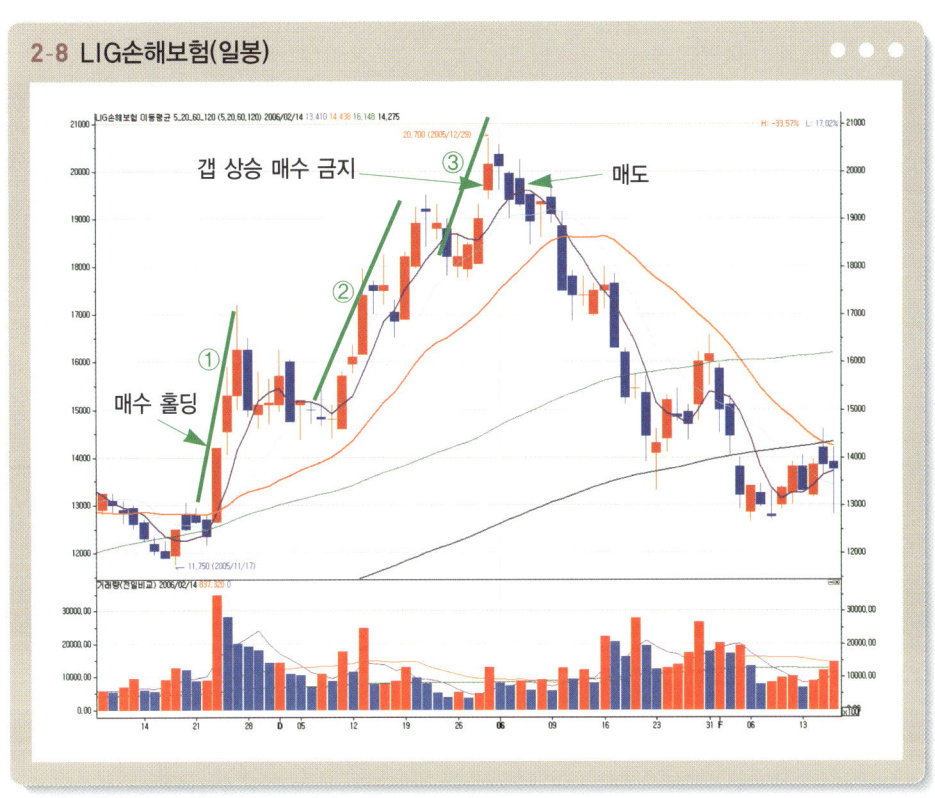

① 3차 상승 고점에 도달한 종목은 특히 손실제한주문을 설정하라.
② 3차 상승 고점에서 재료가 나오면서 장대양봉 출현 시는 매도하라.
3차 상승 고점에서 재료가 나온다는 것은 이제 세력이 팔 작정을 했다는 의미로 받아들여야 한다. 상승이 정지되고 음봉 출현 시에도 신속히 매도해야 한다. 3차까지 상승한 종목은 3차까지 하락이 진행된다.

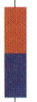

20선이 하향하고 전고점이 있으면 양봉 출현 시에도 추격 매수하지 말라

2-9 특수건설(5분봉)

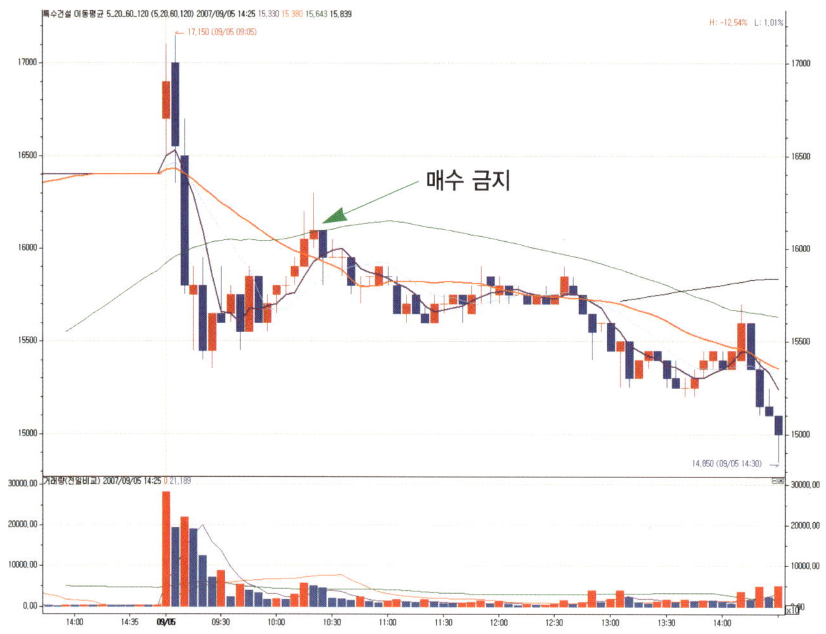

① 20선이 하향하고 전고점이 있으면 저점에서 반등 양봉이 출현해도 매수 시점이 아니라 매도 시점이다.

② 반등하다 이동평균선의 저항에 부딪쳐 첫 음봉이 출현하면 반드시 매도하라.

전고점의 물량이 흘러나오고 20선이 하향하는 종목은 상승할 수가 없다. 일시적으로 양봉이 출현하면서 반등하지만 이동평균선에 부딪쳐 하락한다. 이후 하락이 계속된다고 볼 수 있으므로 완전한 지지 패턴이 출현하고 상승 시 매수해야 한다.

이동평균선이 내려오는데 양봉 2~3개가 출현했다 해서 추격 매수하지 말라

① 횡보 중에는 제반 이동평균선이 수렴하고 이를 돌파하는 양봉 출현 시 매수하라.
② 거래량이 급증하면서 장대양봉이 출현해도 이동평균선 돌파 전에는 매수하지 말라.
위에서 이동평균선이 하향하고 있거나 여러 개의 이동평균선이 있는 경우는 일시적으로 돌파했다 해도 다시 하락한다. 이동평균선이 완전히 수렴될 때까지, 그리고 20선과 이격이 확대되면서 상승 시작할 때까지 매수하지 말라.

시초가부터 급등 후 고점에서 장대양봉 출현 시 추격 매수하지 말라

2-11 삼성물산(5분봉)

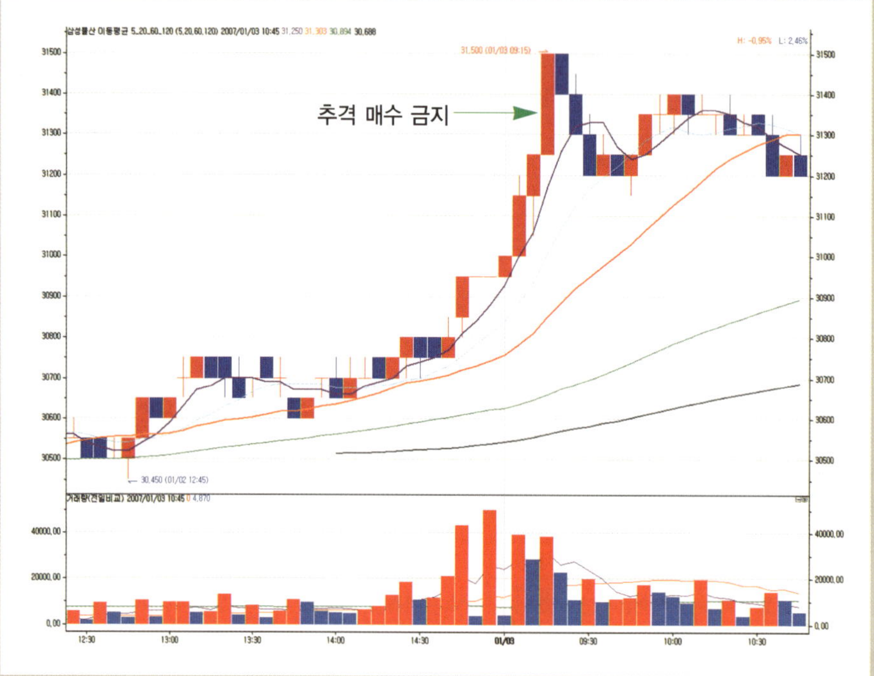

① 매수는 초기에 단봉에서 하고 세 번째 장대양봉 출현 시는 추격 매수하지 말라.

② 첫 음봉 출현 시 매도하라.

시초가부터 급등하다가 음봉이 출현하면 즉시 매도해야 한다. 고점에서는 매도 물량이 쏟아지면서 하락하므로 초기에 반드시 매도한다. 특히 일간 차트에서 장대양봉 1~2개가 출현한 다음날 시초가 급등 시에는 추격 매수해서는 안 된다. 장대양봉 2~3개 다음에는 음봉이 출현하므로 급등세가 꺾이면 즉시 매도한다.

일간 차트에서 긴 밑꼬리 출현 시는 신속히 5분 차트로 돌려 매수 시점을 포착하라

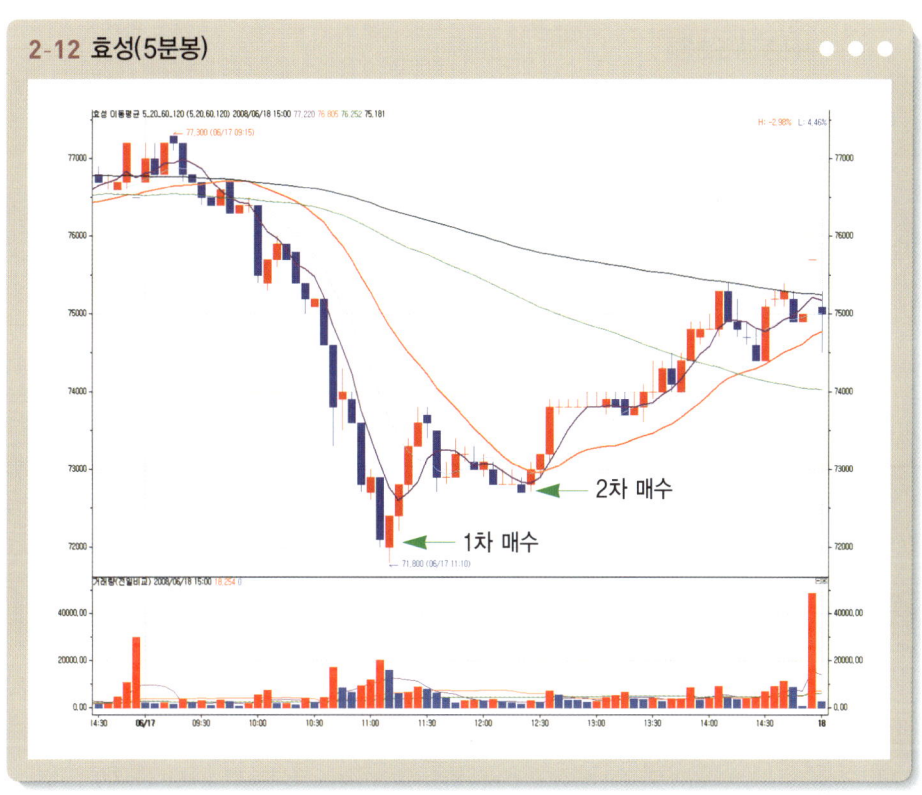

① 5분 차트에서 음봉이 연속되면서 하락할 때는 쌍바닥을 기다려라.
② 5분 차트에서 쌍바닥이 출현한 뒤 2차 저점에서
    주가와 20선 골든크로스가 발생하면 매수하라.
일간 차트의 긴 밑꼬리는 분차트에서 V자 상승이나 쌍바닥이 출현했을 때 나타난다. 긴 밑꼬리는 매수세가 강하다는 의미이므로 신속히 5분 차트로 돌려서 매수 시점을 포착한다.

일간 차트에서 긴 위꼬리 출현 시는 신속히 5분 차트로 돌려 매도 시점을 포착하라

2-13 대신증권(5분봉)

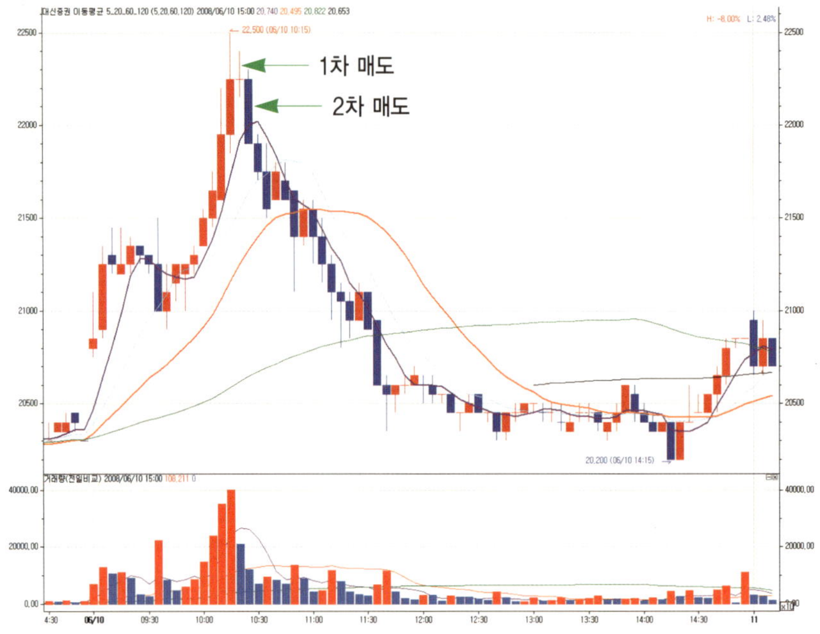

① 상승 고점에서 긴 위꼬리에 이어 도지 출현 시 매도하라.

② 상승 고점에서 도지에 이어 장대음봉 출현 시 매도하라.

5분 차트상 양봉이 연속되며 상승해온 고점에서 위꼬리가 출현하는 것은 매수세가 매도세에 밀린다는 의미다. 또 도지 출현은 매수세의 종말을 나타내는 것으로 이후 매도세의 물량이 쏟아지면서 장대음봉이 출현하기 시작한다.

물타기는 상승 초기 종목에서만 하라

① 상승하는 종목에서 물타기하면 이익이 배가 된다.
② 하락하는 종목에서 싸다고 물타기하면 손실이 배가 된다.

보유주 중에서 하나는 하락하고 하나는 상승하고 있다면 하락하는 종목을 매도해서 상승하는 종목을 추가 매수해야 한다. 그러면 상승 시 이익이 늘어난다. 만약 상승하는 종목을 매도해서 싸다는 이유로 하락하는 종목을 매수하면 하락 시 손실이 더 커진다. 물타기는 상승 초기 종목에서만 할 수 있는 것이다.

2-4 저점에서 고점까지 확실하게 홀딩하는 요령

Key Point

01. 수직 상승주는 5선이 지지되는 한 음봉이든 양봉이든 계속 홀딩하라.
02. N자 상승주는 20선이 지지되는 한 음봉이든 양봉이든 계속 홀딩하라.
03. 일간 차트에서 장기 횡보 중이거나 장기 음봉 하락 후 첫 양봉은 매수하여 끝까지 홀딩하라.
04. 저점 매수는 바닥을 칠 때까지 끈기 있게 기다릴 줄 아는 사람의 몫이다.
05. 고점 매도는 천정에 도착할 때까지 끈기 있게 기다릴 줄 아는 사람의 몫이다.

바닥을 정확하게 볼 수 있고 언제 상투에 도달할 것인가를 예측할 수 있는 능력을 갖추는 것이 주식시장에서 성공하는 길이다. 바닥에 접근한 종목을 매수하려면 더 이상 하락이 진행되지 않고 분명한 바닥 징후를 보이는 패턴이 출현할 때까지 기다릴 수 있어야 한다. 바닥을 보는 눈이 있고 그 종목을 매수했다 하더라도 중요한 것은 매도 시점을 포착하는 것이다. 보유한 주식의 이익을 충분히 누리기 위해서는 고점에 도달하여 상투 징후가 분명할 때까지 흔들리지 않아야 한다. 상승 초기부터 비바람이 불고 번개와 벼락이 치면서 탈락시키기 위해 온갖 술수가 동원되지만 끝까지 견디는 사람에게만 눈부신 태양이 비춘다는 사실을 알아야 한다.

가장 중요한 홀딩 방법은 상승 초기 세력의 개미털이를 견디는 것이다. 다음에 제시하는 각 차트들을 보면 흔들기가 어떻게 진행되는지 알 수 있을 것이다. 그것이 흔들기인지 주가 하락인지를 판단하기 위해서는 차트와 함께 제시된 설명 부분을 잘 읽기 바란다.

홀딩을 잘 해야 큰 수익을 얻을 수 있다. 조금만 상승해도 하락할 것 같은 조급함에 매도주문을 내는데 그 종목이 상한가까지 가는 걸 보노라면 자신이 얼마나 무능한가 자책하게 된다. 상승 초기에는 세력이 순식간에 장대음봉을 출현시키거나 단음봉을 연속시켜 개미들을 떨어져 나가게 만든다. 그러나 꼭 기억해야 할 것은 세력이 매집한 종목은 결국 목표한 고점에 도착한다는 사실이다.

고점에 도달했을 때에도 주의할 점이 있다. 고점 징후가 나타나면 냉정하게 매도할 수 있어야 한다. 조금만 더 하면서 욕심을 부리다가는 꼭 후회하게 된다. 또 앞으로 전개될 패턴을 예상하면서 미리 대책을 세워야 한다. 예를 들어 상한가에 진입한 종목에 대해 손실제한주문을 걸어두지 않고 기분 좋게 바라만 보고 있다가는 순식간에 급락을 맞을 수도 있다.

양봉으로 상승하는 초기에 음봉 출현 시 거래량 없고 5선 지지되면 홀딩하라

2-15 영창실업(5분봉)

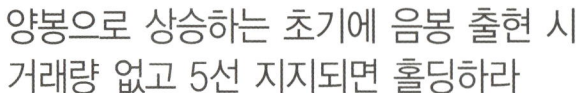

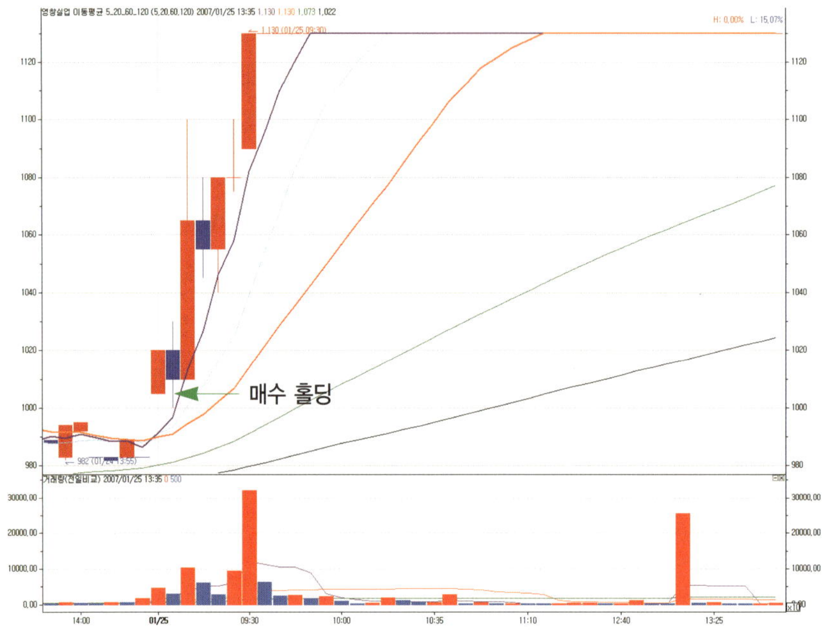

① 상승 초기에는 음봉 출현 시에도 홀딩하라.

② 상향인 5, 20, 60선에 의해 주가가 지지되면 계속 홀딩하라.

상승 초기 양봉이 몇 개 출현하다 장대음봉이 나올 것처럼 아래로 주가가 흐르면 놀라서 매도하는 경우가 많은데 완성된 분봉을 보면 긴 밑꼬리를 단 교수형일 확률이 높다. 주가는 반등하여 5분선 위로 안착하고 상승이 지속된다. 그러므로 상승 초기에는 연속 음봉으로 하락하는 때를 제외하고 홀딩한다.

3차 하락 뒤 쌍바닥 2차 저점에서 상승하는 초기에는 음봉이 20선 이탈해도 홀딩하라

① 3차 하락 뒤 쌍바닥 출현은 강력한 상승세이므로 이후 상승한다고 생각하라.
② 3차 하락 뒤 쌍바닥 2차 저점으로부터 상승을 시작했다가
　　일시적으로 20선을 이탈하는 음봉이 출현해도 홀딩하라.
미완의 음봉에 급하게 매도하지 말라. 긴 밑꼬리를 만들며 밀어올릴 확률이 높다.
3차 하락 뒤 쌍바닥 출현은 매도세가 소진되고 새로운 매수세가 등장했다는 의미다.
일시적으로 지지선이 깨져도 홀딩하면 다시 상승한다.

수직 상승주는 5선이 지지되는 한
계속 홀딩하라

2-17 오양수산(일봉)

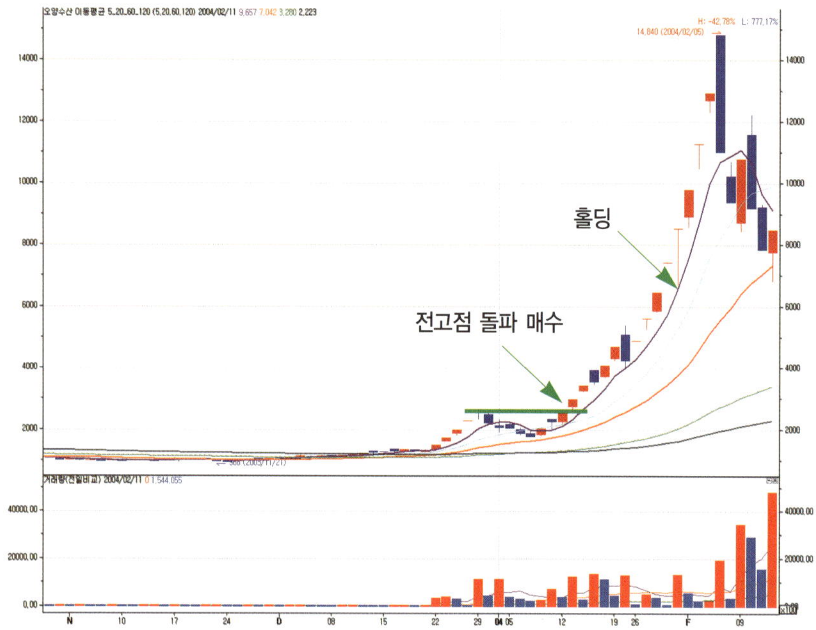

① 장기 수평 횡보하던 종목에서 장대양봉이 출현하면서 전고점 돌파 시 매수하라.
② 상승 초기 미완의 장대음봉에 놀라 매도하지 말 것이며,
    20선이 상향인 때에는 지지선을 일시 하락해도 홀딩하라.
작전주의 특징은 3개월 이상 장기 횡보시키면서 개미들이 지루함을 참지 못하고 떨어져 나가게 만든다는 것이다. 그리고 상승 초기 급등락을 반복시켜 또 한 번의 개미털이를 한다. 이런 때에는 5선이 지지되는 한 홀딩해야 한다.

N자 상승주는 20선이 지지되는 한 음봉이든 양봉이든 계속 홀딩하라

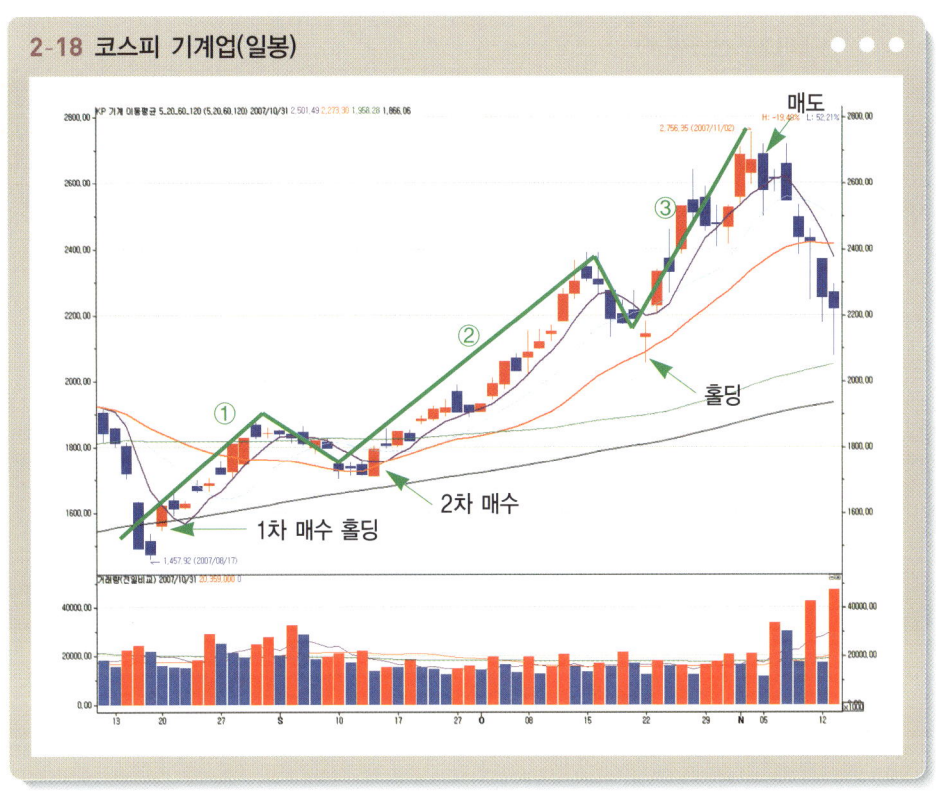

① 3차 상승으로 고점에 도달했을 때는 계속 주시하면서 매도 시점을 포착하라.
② 3차 상승 고점에서의 장대양봉은 세력이 매도하기 위한 것이므로 추격 매수하지 말라.

N자 상승주는 상승과 조정을 반복하면서 20선을 지지선으로 하여 상승한다. 주가가 일시적으로 20선을 이탈하더라도 완성된 분봉으로 판단하라. 진행 중인 음봉의 크기에 놀라 매도했다가는 긴 밑꼬리가 달린 분봉이 완성되는 것을 보게 될 것이다. 3차 상승 고점에서는 장대음봉 출현 초기에 매도해야 한다. 장대음봉이 연속될 확률이 높다.

상승장에서 하락 없는 수평 횡보 단봉은 계속 홀딩하라

2-19 현대미포조선(5분봉)

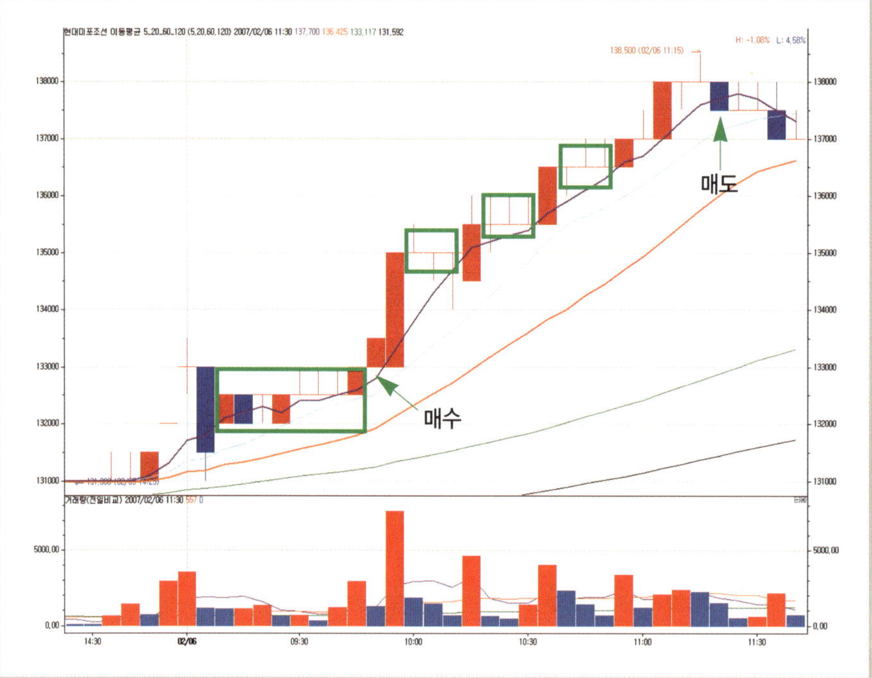

① 상승주가 수평 횡보를 하더라도 지지선을 깨지 않으면 계속 홀딩하라.

② 20선이 상향 중이라면 다시 상승한다.

시초가에서 하락하여 횡보를 계속할 때는 하락 가능성이 있으므로 지지선이 깨지면 바로 매도해야 한다. 하지만 시초가 상승 후 하락 없이 횡보할 때는 홀딩한다. 몇 시간이고 횡보하면 지루함을 참지 못하고 매도하는 경우가 많은데 2시 이후에는 상승한다. 박스권을 유지할 때는 거래량이 적고 이동평균선이 지지되는지 확인한다. 이때는 차트창에서 박스권 아래 선을 그어놓고 주시하면서 전저점을 깨지 않으면 계속 홀딩한다.

시초가부터 1~2시간 상승 후 고점에서 수평 횡보 시는 홀딩하라

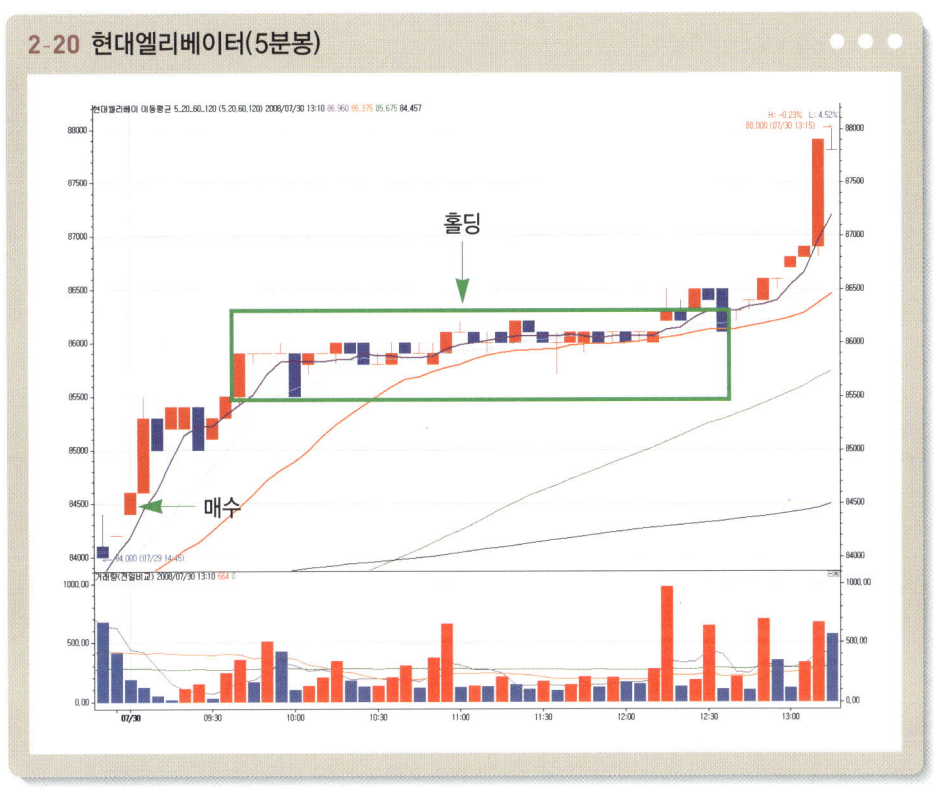

① 장 시작부터 1~2시간 상승 후 수평 횡보 시 계속 홀딩하면 다시 상승한다.
② 횡보 중 전저점을 깨지 않으면 계속 홀딩하라.
오전에 3~5% 상승하다 횡보하는 종목은 코스피 지수와 업종 지수를 참고한다. 두 지수 역시 횡보 중이라면 종목을 홀딩한다. 그러나 코스피 지수와 업종 지수가 하락하면서 매수한 종목도 하락을 시작하면 즉시 매도해야 한다.

초기 상한가 친 종목이 종가까지 상한가 유지하면 오버나잇하라

2-21 케이씨오에너지(5분봉)

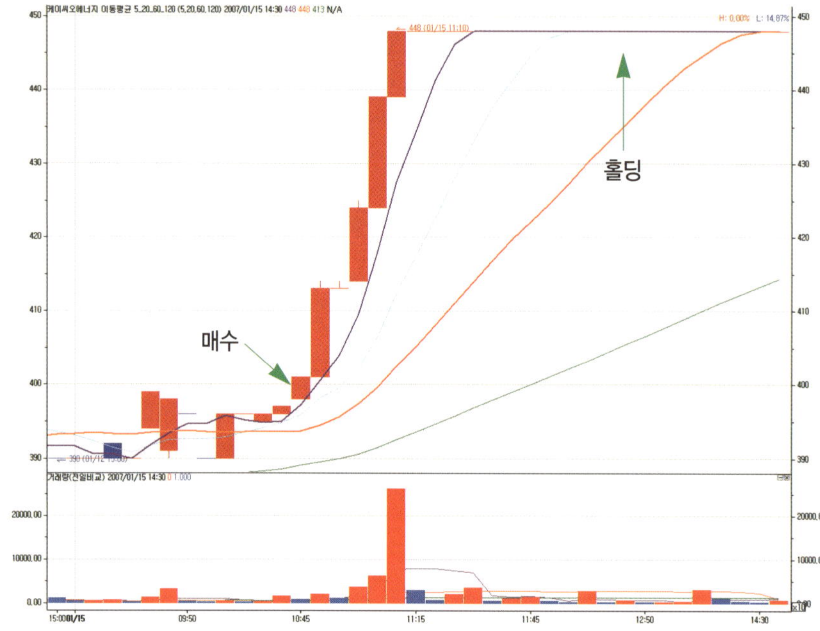

① 만약의 경우를 대비해 -1% 정도에서 손실제한주문을 설정해두라.
② 상한가 매수 잔량이 급속하게 감소하거나 상한가가 풀리면 매도하라.
초기에 상한가 안착한 종목에 매수 대기 물량이 대량으로 쌓여 있고 장 마감까지 상한가가 유지되면 다음날 점상 또는 큰 폭 상승을 예상할 수 있다. 다음날 갭 상승 음봉이 출현한 경우에는 신속히 매도하고, 갭 하락으로 시작하거나 시초가 갭 상승에 양봉이 이어지면 홀딩한다.

3장 • 저점 매수, 고점 매도 방법

1. 추세에 순응하면 흥하고 역행하면 망한다
2. 일간 차트로 바닥에서 상승 초기 매수하고 기세 꺾이면 매도하라
3. 5분 차트로 최저점 포착 매수하고 최고점 도달 시 매도하라

3-1 추세에 순응하면 흥하고 역행하면 망한다

 Key Point

추세는 세 번에 끝난다(three+end=trend). 주식투자에서는 '3'이라는 숫자가 큰 의미를 갖는다. 이는 사람들의 심리가 크게 작용하기 때문인데 다음과 같은 경우를 보면 알 수 있다.

01. 1차에서 3차까지 상승하면 고점에 도달하고 1차에서 3차까지 하락하면 바닥에 도달한다.
02. 수직 장대양봉 3번째가 상투이고 수직 장대음봉 3번째가 바닥이다.
03. 고점에서 흑삼병(장대음봉 3개)이 출현하면 하락이 시작되고 저점에서 적삼병(장대양봉 3개)이 출현하면 상승이 시작된다.
04. 상승갭이 3번 출현하면 하락갭이 출현하면서 하락하고 하락갭이 3번 출현하면 바닥에 도착, 상승한다.
05. 3봉이 출현하면 수직 급락하고 3바닥이 출현하면 수직 상승이 시작된다.

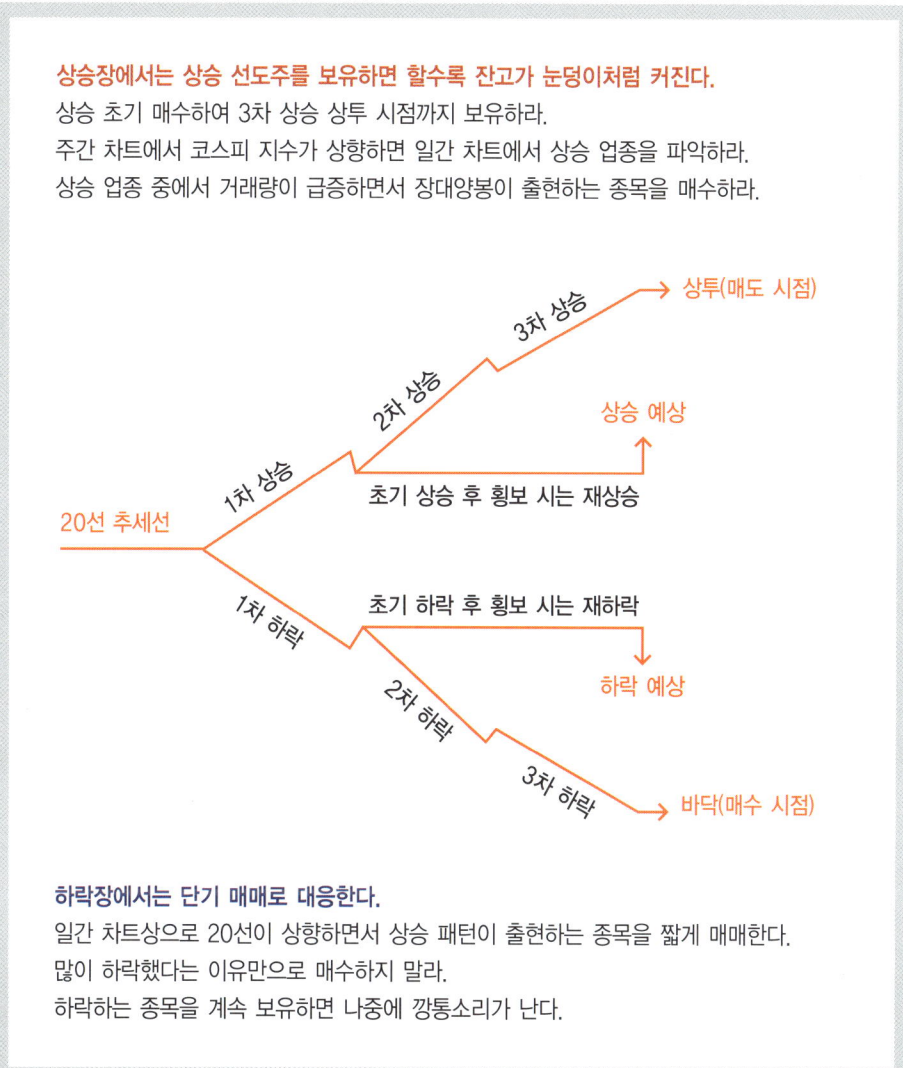

월봉과 주봉이 상향하는 상승장세에서는 매수 후 보유 작전이 제일 알맞은 매매 기법이다. 그러기 위해 가장 중요한 점은 주도 업종과 종목을 파악하는 것이다. 상승장세라 하더라도 모든 업종, 모든 종목이 상승하는 것이 아니기 때문이다.

예를 들어 1997년 IMF 대폭락을 지나 1998년 대폭등이 왔을 때 증권, 은행, 건설의 소위 트로이카 업종은 수십 배씩 상승했다. 2001년 9·11 테러를 계기로 대폭락을 겪은 이후에는 정부의 내수부양책에 힘입어 섬유, 의복, 자동차 등이 상승했고, 2003년 외국인의 26조 매수세로 상승하던 때에는 외국인이 매수하는 IT 종목이 급등했다. 또한 2007년 상승장세에서는 중국 관련주라고 하는 조선, 기계, 철강 종목이 수십 배 상승했다. 이에 반해 그 외 업종과 종목은 다른 길을 걸었다. 예를 들어 중국 관련주가 수십 배씩 상승하는 동안 금융이나 IT 종목을 보유했던 사람들은 반토막 아래까지 떨어지는 주가 때문에 엄청난 마음고생을 해야 하는 기막힌 장세가 연출되었던 것이다.

20선의 추세를 정확하게 볼 수 있는 안목을 가진 사람은 급등 종목을 매수 후 보유할 수 있다. 월간 차트와 주간 차트의 20선이 상향하기 시작하면 제일 먼저 업종지수를 점검하는 것이 필수다. 일간 차트에서 20선이 제일 빨리 상향하는 업종을 선택하고 그중 선도주를 찾는다. 장대양봉이 출현하고 거래량이 급증하는 업종에서 선도주를 신속히 매수하여 상승장이 끝날 때까지, 즉 20선이 하향으로 돌아설 때까지 잔파도에 흔들리지 말고 끝까지 보유한다. 단, 매수가 조금 늦더라도 확실한 상승세임을 확인한 후 매수해야 한다.

그러나 월봉과 주봉이 하향하는 하락장세에서는 매수 후 보유하면 할수록 손해가 눈덩이처럼 커져간다. 20월선과 20주선이 하향하는 하락장세라고 해서 계속 하락만 하는 것은 아니다. 1~2개월의 짧은 상승 기간에 일간 차트상으로 매수 기회를 찾을 수 있다. 하지만 이 기간에도 장기 보유는 생각도 하지 말고 짧게 매매해야 한다. 하락장세에서는 소액으로 단기 매매를 하는 것이 적당하다. 상승추세에서는 매수 후 보유, 하락추세에서는 단기 매매를 꼭 기억하라.

주식에서 큰돈을 번 사람들은 폭락 시점에서 우량주를 대량 매수하여 2~3년씩 보유했던 이들이다

① 3~4년의 대세 하락 과정에서 우량주도 고점 대비 20~30분의 1로 폭락한다.
② 대세 하락이 진정되고 단봉으로 횡보할 때 먼저 상승을 시작하는 종목을 매수하라. 하락이 진정되고 단봉으로 횡보하기 시작하는 낙폭과대 우량주를 조금씩 매수해간다. 그리고 상승이 시작되는 초기에는 본격 매수한다. 주도 업종이 출현하면 그 주도주를 매수해야 한다. 현대미포조선의 경우 2004년 2만 원대였지만 3년 후 407,500원까지 폭등했다. 장기 횡보 뒤 거래량이 급증하는 시점에서 주가가 20선과의 상승 이격을 확대하기 시작하면 매수하여 20주선이 지지되는 동안은 계속 홀딩하라.

3-2 일간 차트로 바닥에서 상승 초기 매수하고 기세 꺾이면 매도하라

Key Point

01. 세력이 매수하면서 관리하는 종목(N자 상승 초기 종목, 상한가 출현 종목, 양음양 출현 종목)을 찾아라.
02. 3차 하락 끝에서 바닥 패턴이 다져지고 상승 패턴 출현 초기 종목을 찾아라.
03. 저점에서 20, 60선이 상향하면서 주가를 지지하고 장대양봉이 출현하거나 상한가 치는 종목을 찾아라.
04. 세력이 매집한 종목에서 매집 평균단가 이하로 일시 하락하는 시점에서 매수하라.
05. 3차 하락 저점에서 단봉으로 횡보하다 첫 장대양봉 출현 시 매수하라.
06. 상승 후 개미에게 물량을 넘긴 종목은 3차 하락 끝에 급락시키면서 물량을 다시 뺏는다.

종목 선택은 일간 차트나 주간 차트로 하고 매수 시점은 3분 차트나 5분 차트로 잡는다. 매수 주체가 있고 관리가 되고 있는 종목을 선택하는 것이 제일 중요하다. 기관이나 외국인이 꾸준히 매수하고 있고 점차 매수량을 늘려가는 종목이어야 상승한다. 특히 투신이나 연금이 매수하는 종목이 상승하며, 기관과 외국인이 동시에 매수를 증가시키는 종목은 가파르게 상승한다. HTS에 기관과 외국인 매수량을 항상 체크할 수 있도록 띄워놓는다.

기관과 외국인은 고가 우량주로서 시가총액이 1조 이상 되는 종목을 주로 매매한다. 기관과 외국인 보유율이 3% 이하인 종목은 대상에서 제외하라. 특히 저가 부실주는 아무리 급등하더라도 매수하지 말라. 또 아무리 좋은 가치주나 실적주라도 거래량이 적은 종목 역시 제외시켜라. 매도할 때 예상 가격에 체결되지 않아 낮은 가격에 매도할 수밖에 없는 경우가 발생한다. 상승의 첫째 조건은 수급임을 기억하라.

또한 하락추세에 있는 종목은 3 : 1로 음봉이 양봉보다 많이 출현하므로 그만큼 수익을 낼 가능성이 적다. 20선이 하향하고 있는 종목도 분석 대상에서 제외시켜라. 일간 차트와 주간 차트에서 20선이 상향 중이고, 5분 차트에서 20선이 상향하면서 모든 이동평균선이 정배열되는 종목을 대상으로 하라.

매도할 때도 역시 상승인지 하락인지의 패턴 확인은 일간 차트로 하고 시점은 분 차트로 잡는다. 보유주가 3차 상승 후 고점에 도달하면 언제 상투 징후가 나타나는지 촉각을 곤두세우고 있어야 한다.

고점에 도달하면 세력들은 물량 털기 작전을 시작한다. 연속적으로 장대양봉을 출현시키면서 호재까지 터트리면 한없이 상승할 것 같은 착각에 빠져 개미들이 구름처럼 모여든다. 그 기세로 갭 상승 양봉이 출현한다. 수백만 개미들의 매수 대기 물량이 겹겹이 쌓이는 시점에서 야멸찬 세력은 물량을 한꺼번에 처분하고 떠나버리기도 한다. 그러면 개미들은 매수가 되자마자 급락하는 주가에 놀라고 당황한다. 이때 서로 먼저 매도하려고 하기 때문에 폭락이 시작된다. 이 고점에서의 물량이 다 소화되려면 수개월이 소요된다. 그렇기 때문에 앞에 시세를 분출한 고점이 있는 종목은 6개월 이상 접근하면 안 된다는 얘기다.

3차 하락 중인 종목은 끝까지 기다렸다 5, 7, 9음봉 마지막 장대음봉에 거래량이 급증할 때 매수하라

3-2 KTB투자증권(일봉)

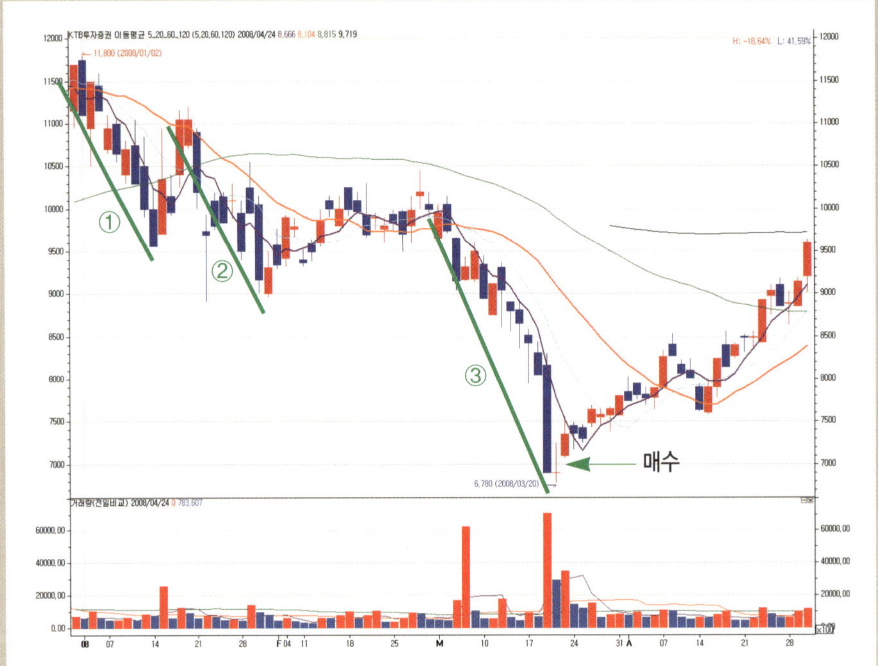

① 3차 하락 5, 7, 9음봉의 마지막 음봉이 2~3배 크게 출현하면서 거래량 급증 시 매수하라.

② 3차 하락 마지막 음봉 뒤 도지에 이어 첫 양봉 출현 시 매수하라.

약세장에서는 3차 하락 단계의 마지막 음봉이 거래량 급증하면서 전 음봉보다 2~3배 크거나 긴 밑꼬리를 달 때 매수해야 한다. 긴 밑꼬리와 양봉은 매수세의 힘이 더 강할 때 만들어지는 캔들이다.

3차 하락 중인 종목은 끝까지 기다렸다 5, 7, 9음봉 뒤 갭 하락 역망치 출현 시 매수하라

① 3차 하락 마지막 5음봉에서 이전보다 3~4배 큰 장대음봉 출현 시 매수하라.
② 갭 하락 역망치 뒤 첫 양봉 도지 출현 시 매수하라.

시초가에 이동평균선이 역배열되면서 하락이격이 확대되며 끈기 있게 기다렸다가 하락이 완료되는 3차 하락 끝에서 매수 시점을 노려야 한다. 코스피가 하락하면 개인 매수는 증가하고 외국인과 기관은 매도하는데 이에 맞춰 외국인, 기관이 매집한 고가 우량주를 우선적으로 매도하라.

3차 하락 중인 종목은 끝까지 기다렸다 5, 7, 9음봉 뒤 갭 하락 도지 출현 시 매수하라

3-4 부산은행(일봉)

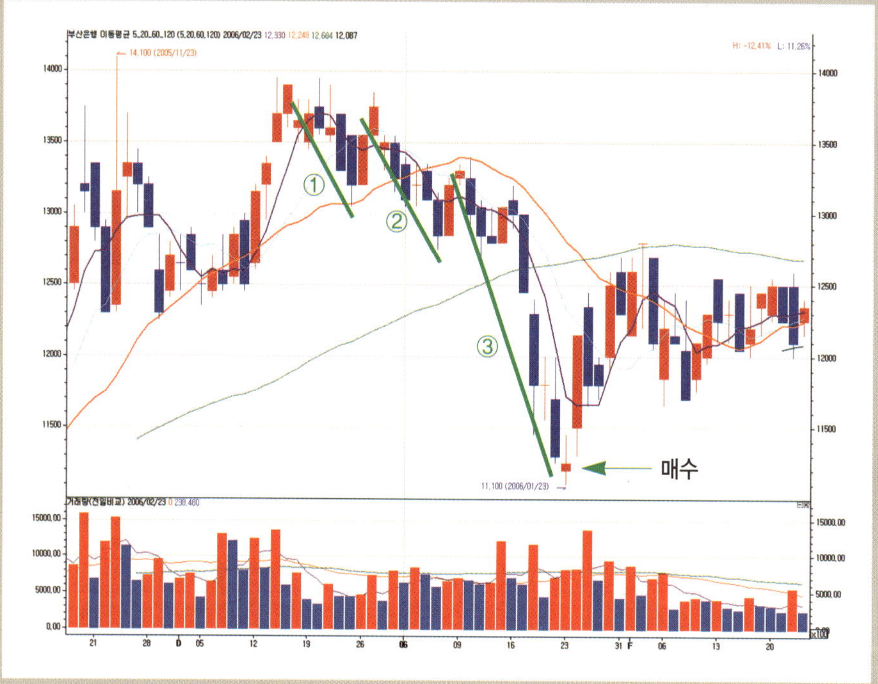

① 3차 하락 후 도지 출현은 바닥임을 나타낸다. 그 다음 장대양봉을 매수하라.

② 장대양봉은 다음날 시초가에 갭 상승할 확률이 높다.
갭 상승 후 밀리면 음봉 초기에 매도하라.

샛별형이라고 잘 알려져 있는 패턴이다. 3차 하락 5음봉 끝에 갭 하락 도지가 나타나면 다음날 장대양봉이 필연적으로 출현한다. 5, 7, 9음봉 뒤 갭 하락하면 바닥이라고 할 수 있다.

3차 하락 중인 종목은 끝까지 기다렸다 5, 7, 9 음봉 뒤 상승반전형 출현 시 매수하라

① 3차 하락 저점에서 역망치 출현 시 매수하라.
② 역망치 다음에 출현하는 망치 밑꼬리에서 매수하라.

매물 소화가 끝난 시점에 역망치가 출현하는 것은 세력이 매수를 시작했다는 뜻이다. 그리고 역망치 위꼬리 부분의 급매물을 거둬들이면서 물량을 확보하는 패턴이 망치다. 역망치 다음 망치가 출현하는 것은 대표적인 상승반전형이다.

3차 하락 중인 종목은 끝까지 기다렸다 5, 7, 9음봉 뒤 거래량 급증하는 장대양봉 출현 시 매수하라

3-6 서울반도체(일봉)

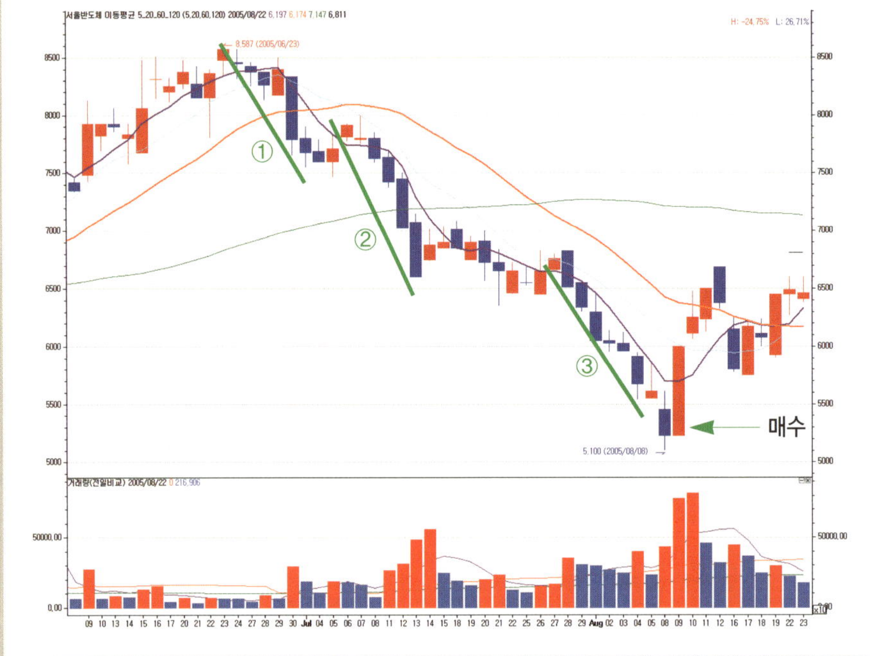

①3차 하락 끝에 보합에서 출현하는 장대양봉 초기 매수하라.

②3차 하락 끝에 갭 하락에서 출현하는 장대양봉 초기 매수하라.

③3차 하락 끝에 갭 상승에서 출현하는 장대양봉 초기 매수하라.

3차 하락 끝에 매도세의 물량이 다 소진되면 지나치게 하락한 가격에 의해 반발 매수세가 유입된다. 대량 매수세로 장대양봉이 출현하는데 갭 하락이거나 갭 상승, 보합 어느 위치든 상관없지만 거래량이 급증해야 상승이 지속된다.

3차 하락 중인 종목은 끝까지 기다렸다
긴 밑꼬리 출현 초기 매수하라

① 3차 하락 5, 7, 9음봉 끝에 긴 밑꼬리가 나타나면 신속히 5분 차트로 돌려 밑꼬리 출현 초기 매수하라.
② 미완의 장대음봉으로 판단하여 추격 매도하지 말고 완성된 일간 차트로 판단하라.

하락이 마무리되면서 매도세가 물러가고 매수세가 등장함을 나타내는 가장 상징적인 패턴이 긴 밑꼬리다. 매수세의 등장은 상승을 예고한다. 긴 밑꼬리와 쌍바닥은 상승의 초기 단계이며 매수 시점이다.

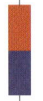

저점에서 장대양봉 출현 뒤 단봉이 장대양봉 몸통의 2분의 1 이상에서 지지되면 매수하라

3-8 산성피앤씨(일봉)

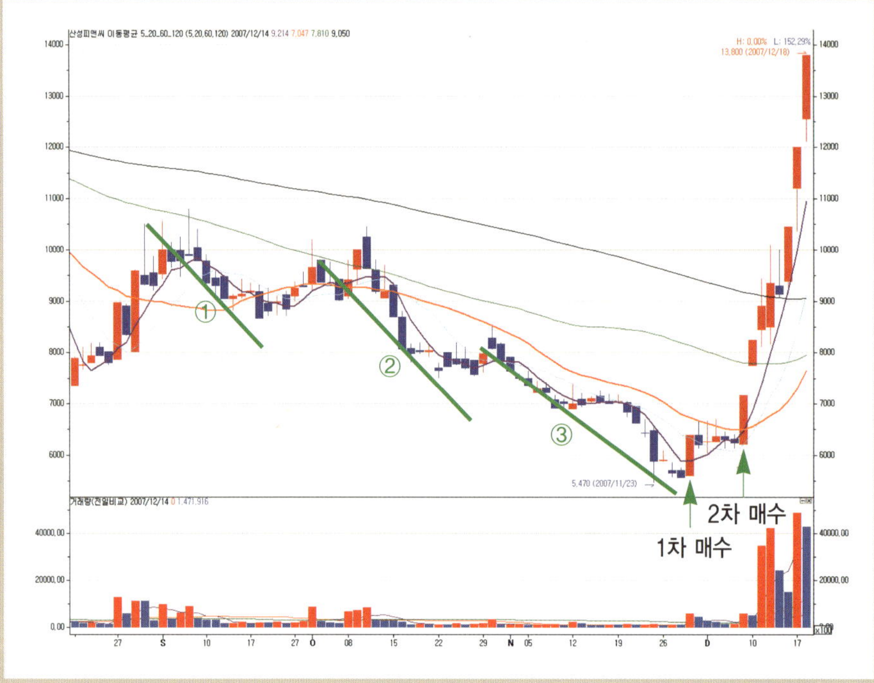

① 장기 하락이나 3차 하락 뒤 첫 장대양봉 출현 시 매수하라.

② 장대양봉에 이은 단봉에서 거래량이 감소하면 다음날 장대양봉이 출현한다.

세력이 계속 하락시키면서 개미들을 털어내 거의 90% 이상 떨어져 나간 시점이 되면 세력은 다시 장대양봉을 만들면서 상승시킨다. 이때는 두 번째 장대양봉 출현 시가 매수 시점이 되며 전고점을 돌파할 때가 두 번째 매수 시점이다. 급등주의 급등 초기 장대양봉이 1~3개 나타난 뒤 음봉이 출현할 때 이전 장대양봉 몸통의 2분의 1 이상에서 지지되면 상승한다.

저점에서 장대양봉 2개 출현 뒤 음봉이 직전 장대양봉 몸통의 2분의 1 이상에서 지지되면 매수하라

① 저점에서 20, 60선의 지지를 받는 장대양봉 출현 시 매수하라.
② 두 번째 장대양봉 몸통의 2분의 1 이상에서 음봉이 지지되면
　 다음날 양봉이 출현하므로 초기에 매수하라.

주가가 많이 하락한 시점에서 상승 초기 20선이나 60선의 지지를 받고 출현하는 장대양봉은 이후 상승을 예고한다. 이동평균선이 한 개일 때보다 여러 이동평균선의 지지를 받는 경우라면 더욱 강력하게 상승한다. 이때 20선이나 60선이 상향해야 상승이 지속된다.

저점에서 장대양봉 3개 출현 뒤 단봉이 직전 장대양봉 몸통의 2분의 1 이상에서 지지되면 매수하라

3-10 동부제철(일봉)

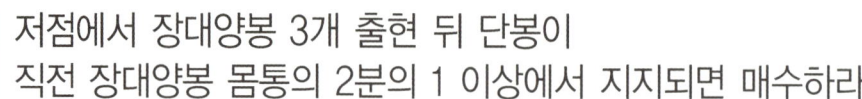

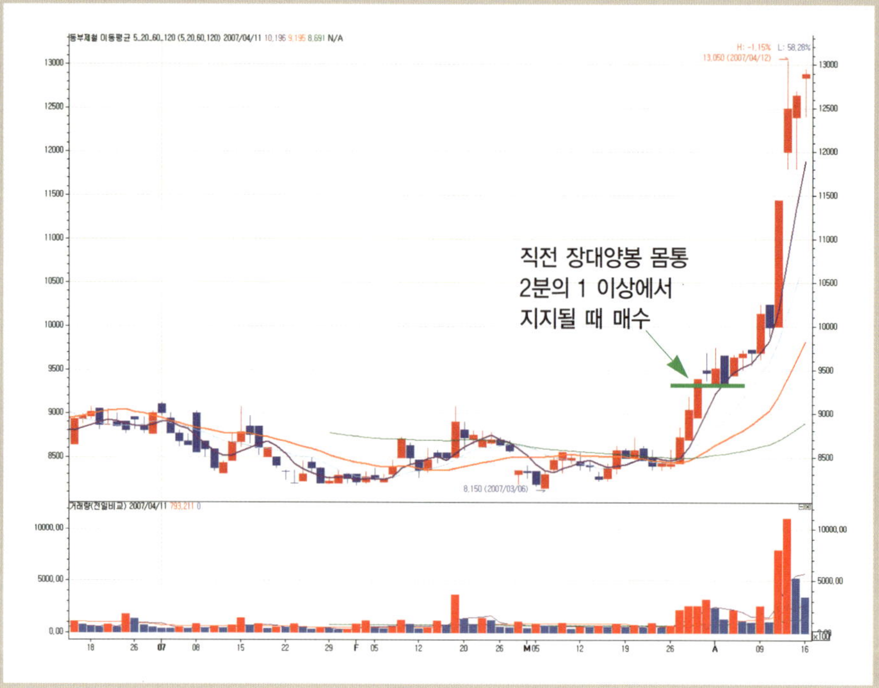

① 장기 횡보 뒤 이동평균선이 수렴하는 시점에서 첫 장대양봉 출현 시 매수하라.

② 전고점 돌파하는 장대양봉 출현 시 매수하라.

장기 횡보 뒤 지루함을 참지 못하고 개인투자자들이 다 떨어져 나가면 그때 세력의 흔적이 나타나는데 역망치는 전형적인 매집형 캔들이다. 저점에서 상승 초기 역망치가 출현하면 매수한다. 그리고 세 번째 장대양봉 이후 출현한 단봉이 직전 장대양봉 몸통의 2분의 1 이상에서 지지되고 거래량도 적을 경우 다음날 장대양봉이 출현하면서 상승한다.

3파동 뒤 이동평균선 수렴 시점에서 상승 첫 양봉 출현 시 매수하라

① 고점이 차차 낮아지고 저점이 조금씩 높아지면서 이동평균선이 수렴되는 시점에서 20, 60선의 지지를 받는 첫 장대양봉 출현 시 매수하라.
② 첫 장대양봉 다음날 음봉 출현 시 매수하라.

세 번의 파동이 있은 뒤 이동평균선이 한곳에 모이면 힘을 발산하게 되는데 이때 매수세가 강하면 양봉이 출현한다. 모든 이동평균선이 한곳에 수렴하고 그 이동평균선을 지지받으면서 양봉이 출현해야 이후 상승한다. 이때 갭 상승 양봉이 출현한다면 개인들이 따라붙지 못하게 급등시키는 것이다.

주가가 5 · 10 · 20 · 60선을 동시 골든크로스시키는 첫 장대양봉 출현 시 매수하라

3-12 대신증권(일봉)

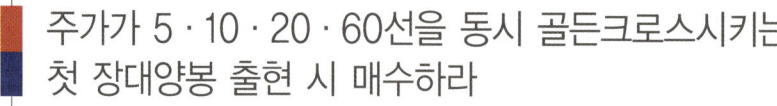

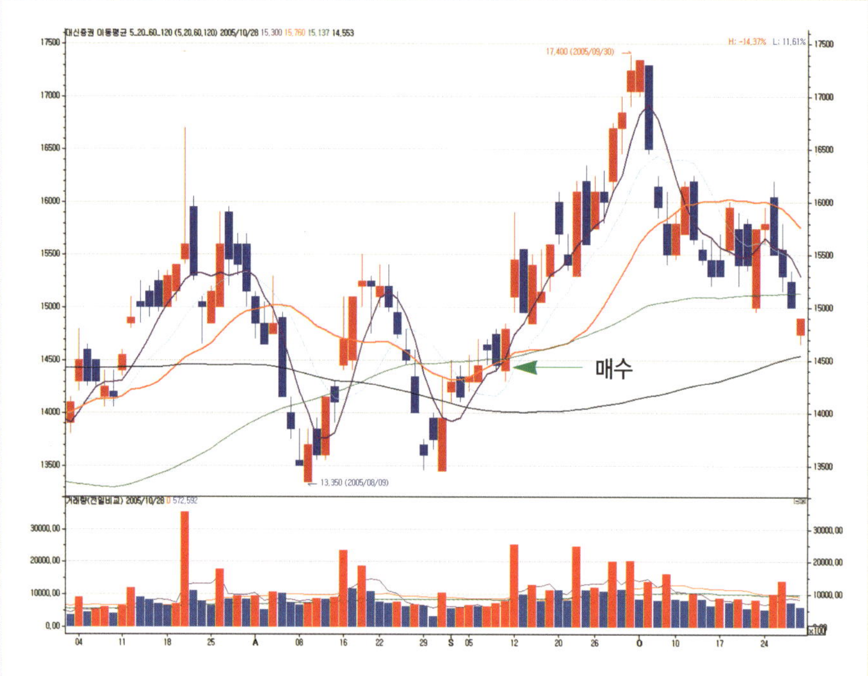

① 쌍바닥 출현 시 2차 저점에서 역망치 출현 시 매수하라.

② 역망치 뒤에 갭 상승 양봉 출현 시 매수하라.

쌍바닥 뒤에 5, 10, 20, 60선이 한곳에 모이는 시점에 장대양봉이 출현하면서 주가가 이들을 일시에 골든크로스시키면 한동안 상승이 지속된다. 5, 10, 20, 60선이 모두 상향하다 수렴된 경우라면 힘이 뭉쳐서 더 크게 상승한다.

2차 골든크로스 출현 초기 장대양봉 매수하라

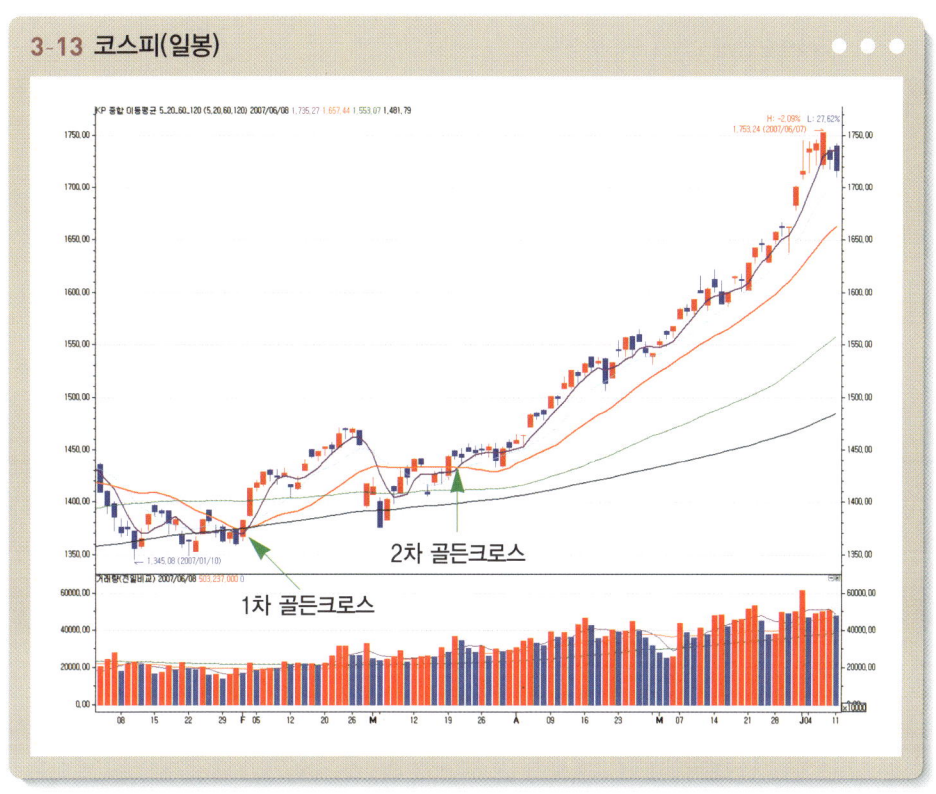

① 1차 골든크로스에서 짧게 반락했다가 2차 골든크로스 지점에서 장대양봉 출현 시 매수하라.
② 2차 골든크로스가 강력한 장대양봉으로 실현되면 상승이 지속된다.

일간 차트에서 2차 골든크로스 출현 시 수개월 상승을 예상할 수 있으므로 상승 초기 매수하여 홀딩한다. 이후로는 20선을 기준선으로 삼아 20선이 지지되는 한 홀딩하다 주가가 20선을 데드크로스하면 매도한다.

3차 골든크로스 출현 초기 양봉 매수하라

3-14 KTH(일봉)

① 3차 저점이 1~2차 저점에서 지지되면서 양봉 출현 시 매수하라.
② 3차 골든크로스 시 5·20선과 골든크로스되는 양봉 출현 시 매수하라.
1~2차 골든크로스 이후 상승하지 못하고 바로 데드크로스되었다가 3차 골든크로스 시점에 거래량이 급증한 장대양봉이 출현하면 신속히 매수한다. 1~2차 골든크로스 시의 두 고점을 돌파한다면 지속적으로 상승한다.

저점에서 장대음봉 출현 후 그 몸통의 2분의 1 이상에서 양봉 출현 시 매수하라

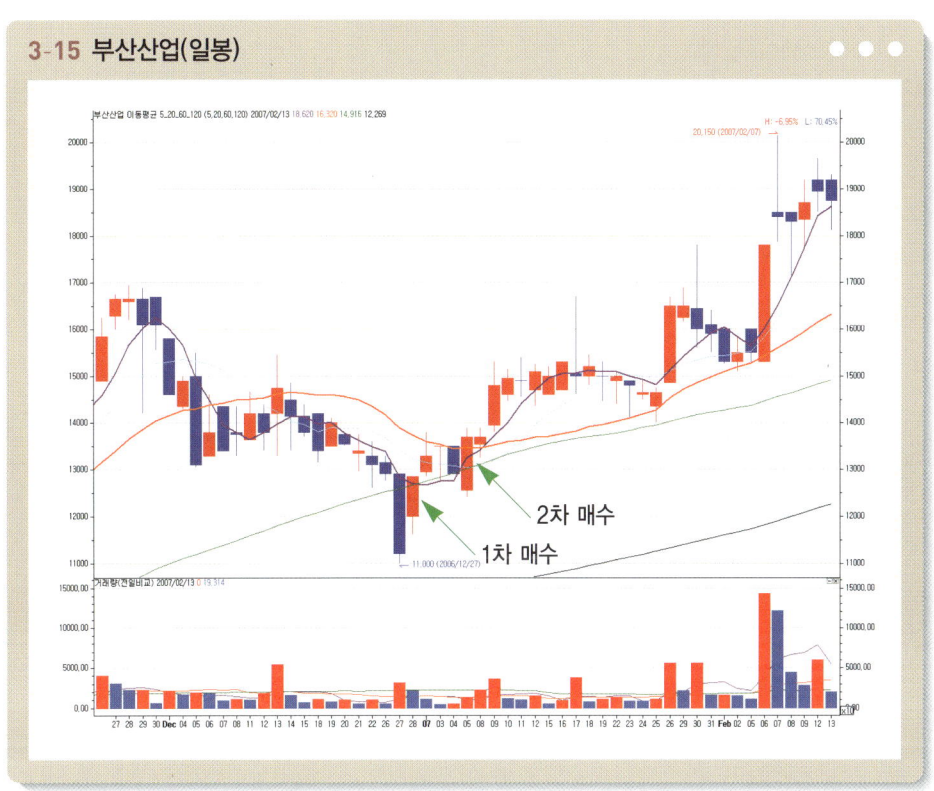

① 60선의 지지를 받는 양봉 도지 출현 시 매수하라.
② 20, 60선의 동시 지지를 받는 장대양봉 출현 시 매수하라.

저전에서 장대음봉이 만들어진 이후 그 음봉 몸통의 2분의 1 이상에서 지지되는 양봉이 출현할 경우, 그리고 음봉을 감싸는 장대양봉 출현 시 상승을 예상할 수 있다. 또 5, 10, 20선이 상향으로 방향을 잡으면 상당 기간 상승한다.

전고점을 돌파하는
갭 상승 양봉 출현 시 매수하라

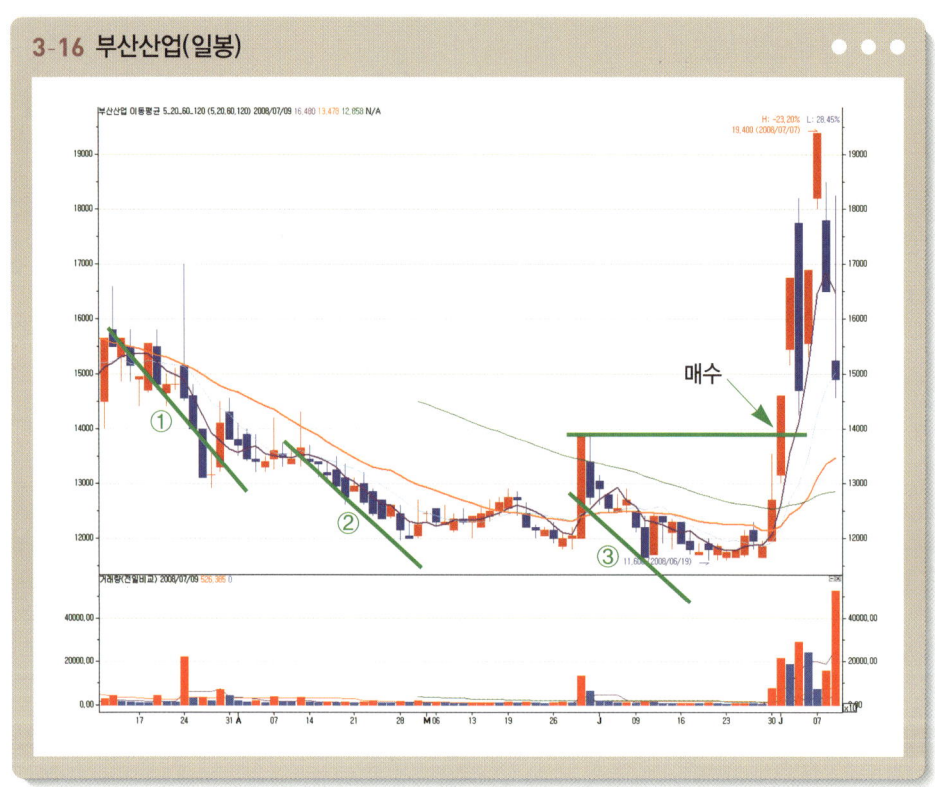

① 저점에서 20선이 상향하고 20선의 지지를 받는
   갭 상승 장대양봉 출현 시 매수하라.
② 연속적으로 갭 상승할 동안은 홀딩하라.
20선이 상향으로 돌아서면서 20선의 지지를 받고 장대양봉이 출현하면 다음날 갭 상승으로 시작하는 경우가 많다. 첫 상승갭이 3~4일 이내에 메워지지 않으면 갭이 지지선 역할을 하면서 상승한다.

저점에서 쌍역망치가 출현하면 매수하라

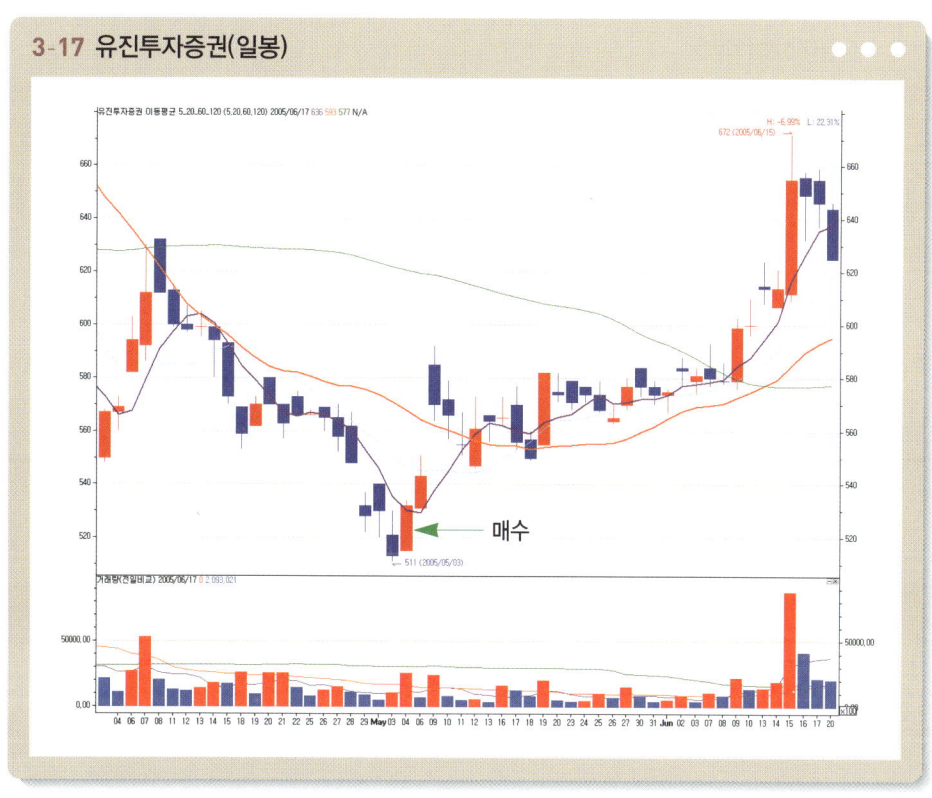

① 두 번째 역망치가 첫 역망치보다 높으면 초기에 매수하라.
② 역망치에서는 위꼬리 출현 시점에서 2차 매수하라.

음봉이 연속되다가 보합이나 갭 하락으로 역망치가 만들어지면 바닥이다. 이후부터는 상승이 시작된다. 역망치는 장대양봉이 급한 매물을 소화시키는 과정에서 만들어지므로 위꼬리 출현 시점에서 매수하면 다음날 상승한다. 또한 역망치 이후 갭 상승이 나타날 때 그 갭이 3~4일 이내에 메워지지 않으면 지지선 역할을 한다.

상승 초기 역망치에 이어
도지가 출현하면 매수하라

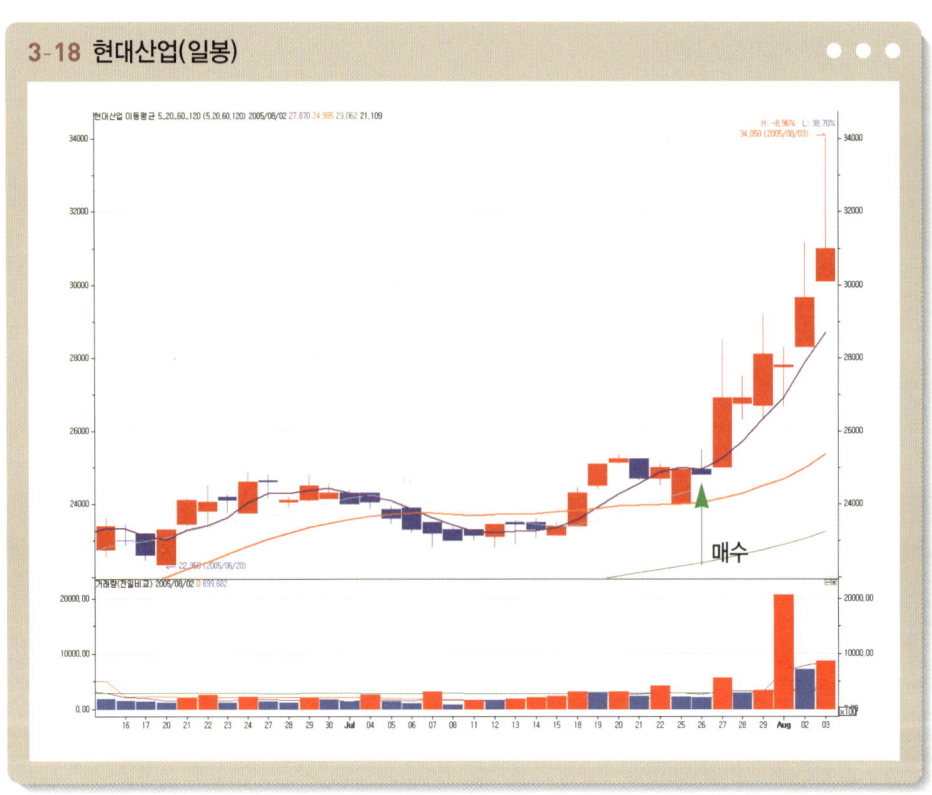

① 역망치와 도지가 반복해서 출현하면 매수하라.
② 급등 패턴이므로 초기 매수하여 홀딩하라.

역망치는 누군가 물량을 확보하는 과정에서 출현하며 역망치 다음에 이어지는 도지는 상승을 앞두고 잠깐 쉰다는 의미로 해석한다. 특히 역망치 위꼬리 부분에서 지지되는 도지(쌍도지 포함)라면 다음날 상승 확률이 더 높다. 역망치 위꼬리 부분의 매도 물량을 모두 소화시켰다는 증거가 된다.

3차 하락 끝에 전저점을 지지하면 1차 매수하고 전고점을 돌파할 때 2차 매수하라

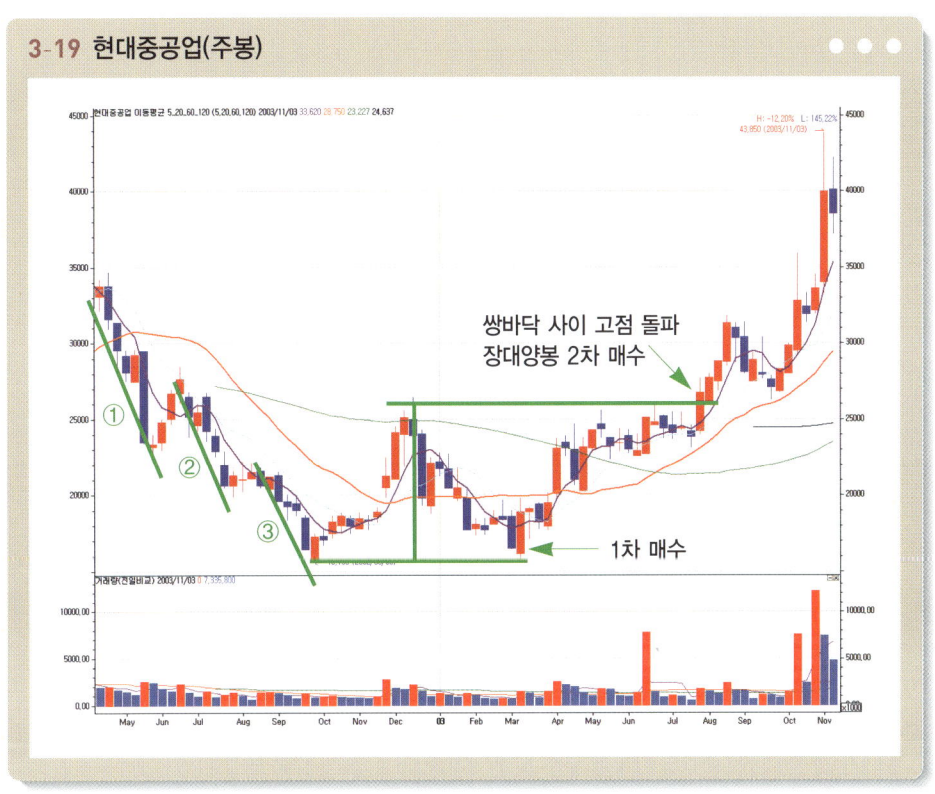

① 전저점이나 그 이상 위치에서 지지되어 쌍바닥이 출현하면 매수하라.
② 쌍바닥 2차 저점에서 상향하는 5선에 지지되는 첫 양봉 출현 시 매수하라.
주가 하락은 코스피가 시초가부터 하락할 때, 코스피가 크게 갭 상승했다가 반락할 때, 갑자기 악재가 출현하는 경우 등에 가속화된다. 하지만 개별 종목에서 반락하던 주가가 이전 저점보다 위에서 방향을 바꾸면 매수세가 유입됐다는 의미로 상승을 예상할 수 있다.

첫 날은 조금 하락하고 다음날 크게 하락하며 3일째 오전까지 하락하면 오후 상승 시 매수하라

3-20 카프로(일봉)

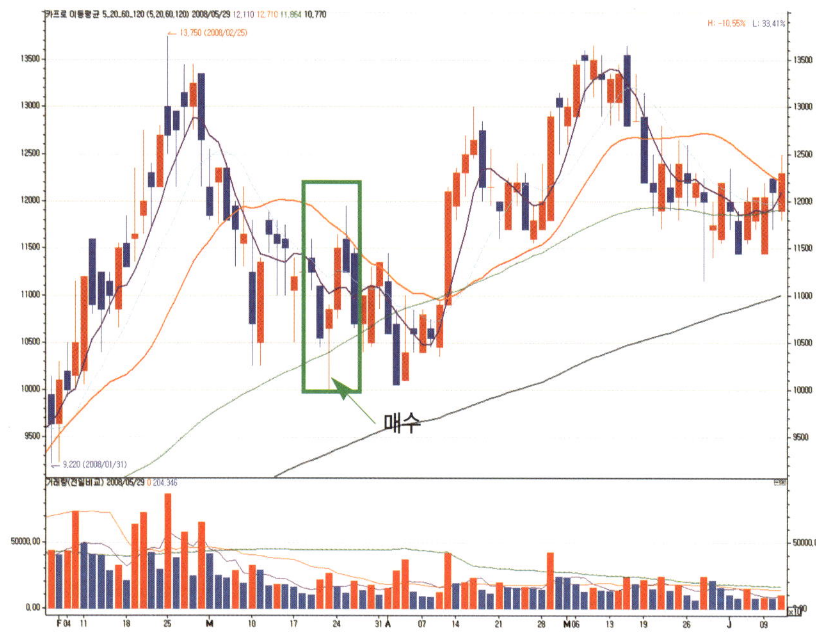

① 2일째 장대음봉이 20선에 지지되어도 매수하지 말라.

② 3일째 되는 날 오전에 하락한 후 오후 들어 밑꼬리가 출현하면 초기에 매수하라.

첫째 날 단음봉이 출현하고 둘째 날 장대음봉이 출현하면서 크게 하락하고, 3일째에는 오전에 하락하여 장대음봉이 만들어지다가 긴 밑꼬리를 만들면서 반등하기 시작하면 매수하여 홀딩한다. 다음날 장대양봉이 출현하면 그 다음날에는 시초가에 갭 상승한다.

고점에서 흑삼병이 출현하면 매도하라

① 3차 상승 고점에서 첫 장대음봉이 출현하면서 투매가 진행되면 신속히 매도하라.
② 3차 상승 고점에서 장대음봉이 3개 연속 출현하면 반드시 매도하라.

3차 상승 고점에 도달한 종목은 세력들이 물량 정리에 착수하기 때문에 신속히 매도해야 한다. 3차 상승 뒤에는 필연적으로 3차 하락이 진행된다. 일시적인 양봉에 현혹되지 말고 기계적으로 매도해야 하며 보유하면 할수록 손해만 커진다. 고점에서 첫 투매가 나올 때 동참하는 것이 리스크를 최소화하는 길이다.

3차 상승 고점에서 긴 위꼬리가 출현하면 초기에 매도하라

3-22 동원(일봉)

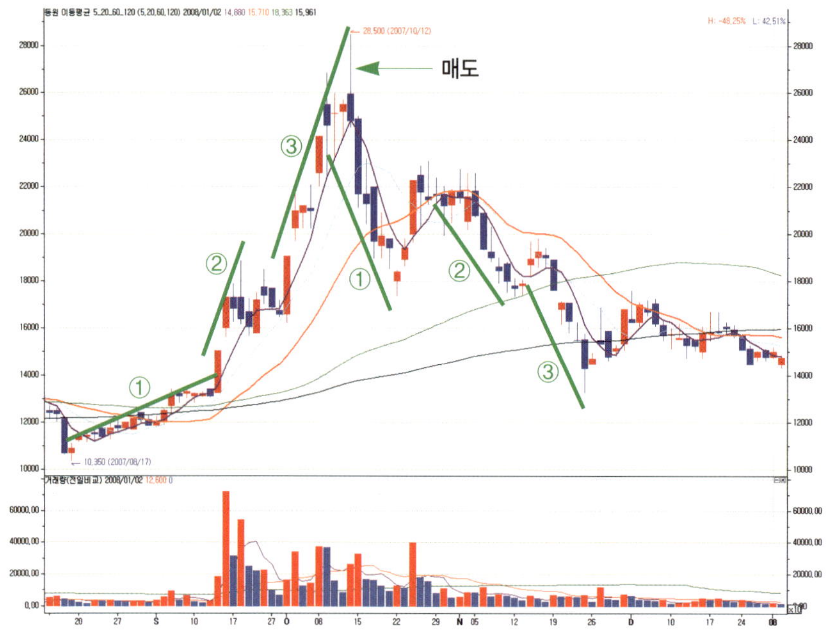

① 3차 상승 고점에서 출현하는 긴 위꼬리는 전형적인 상투 징후다.

② 3차 상승 고점에서 긴 위꼬리 뒤 음봉 출현 시는 반드시 매도하라.

3차 상승 고점에 도달한 종목은 세력이 매집을 하면서 상승시킨 종목이다. 3차까지 상승한 후에는 이익을 실현하는 단계이므로 먼저 매도해야 한다. 유사시를 대비하여 손실제한주문을 현재가에 바짝 붙여 설정해둔다.

상승추세선을 하락 돌파하는 첫 음봉 출현 시 매도하라

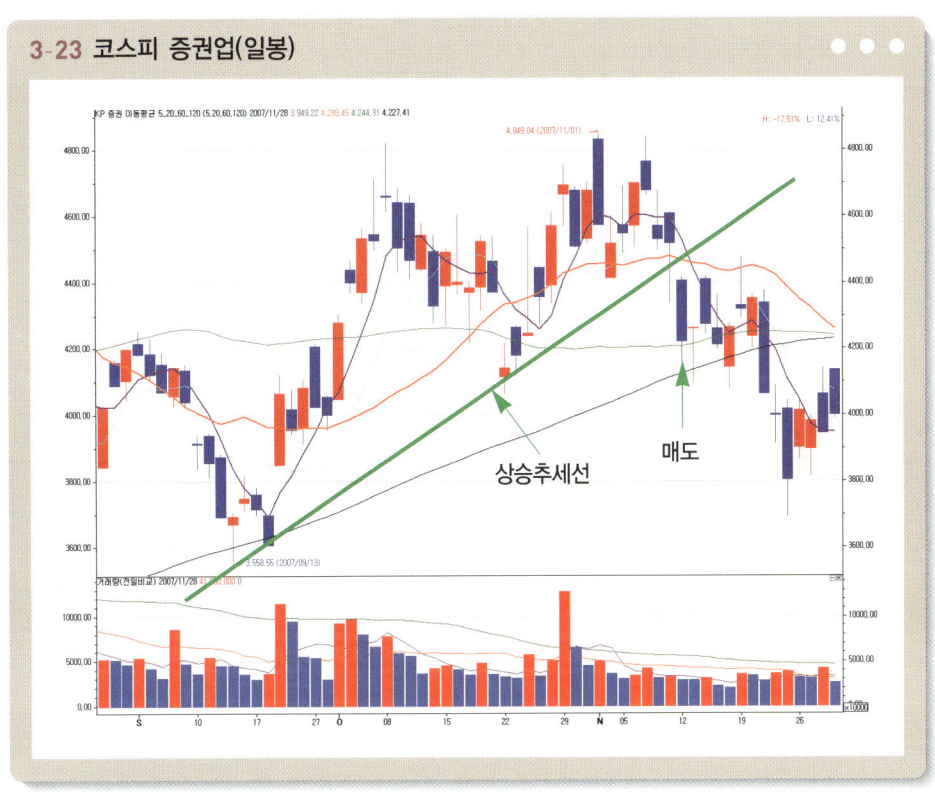

3-23 코스피 증권업(일봉)

① 저점과 저점을 연결한 상승추세선을 하락 돌파하는 음봉 출현 시 매도하라.
② 주가가 3차 상승 고점에서 등락하다 직전 저점을 깨고 내려올 때는
   반드시 매도하라.

추세가 무너지면 어디까지 하락할지 모르는 상태이므로 미리 매도한다. 특히 3차 상승 고점에 도달한 종목에서 하락이 시작되면 초기에 매도해야 한다. 주가가 상승할 때는 끝도 없이 오를 것 같지만 3차까지 상승하면 에너지가 소진되고 하락하기 시작한다.

전고점 밑에서 쌍봉이 출현하면 초기에 매도하라

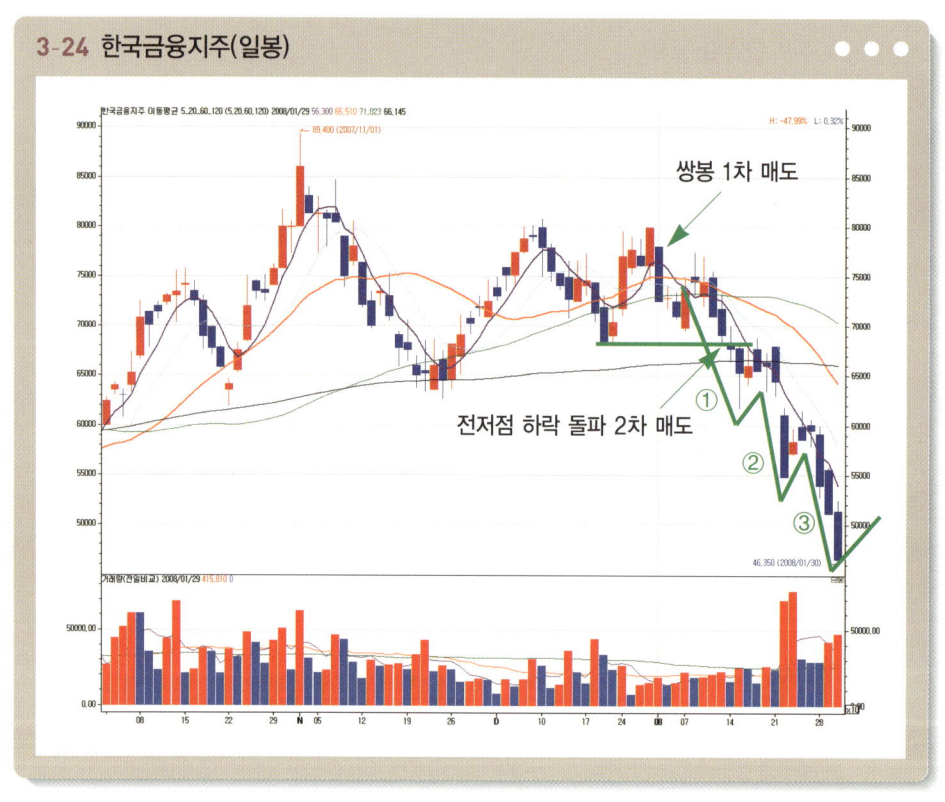

① 3차 상승 고점에서 등락하다 고점이 전고점보다 낮아지면 초기에 매도하라.
② 전고점 아래에서 쌍봉이 출현하면 급락이 시작되므로 초기에 매도하라.
③ 전저점을 하락 돌파하면 신속히 매도하라.
고점에서 하락하다 다시 상승할 때 거래량이 증가한 장대양봉이 출현하면서 전고점을 돌파한다면 매수한다. 그러나 전고점 매물을 이기지 못하고 하락하면 매도세가 강해져 급락한다.

3차 상승 고점에서 갭 하락 음봉이 출현하면 매도하라

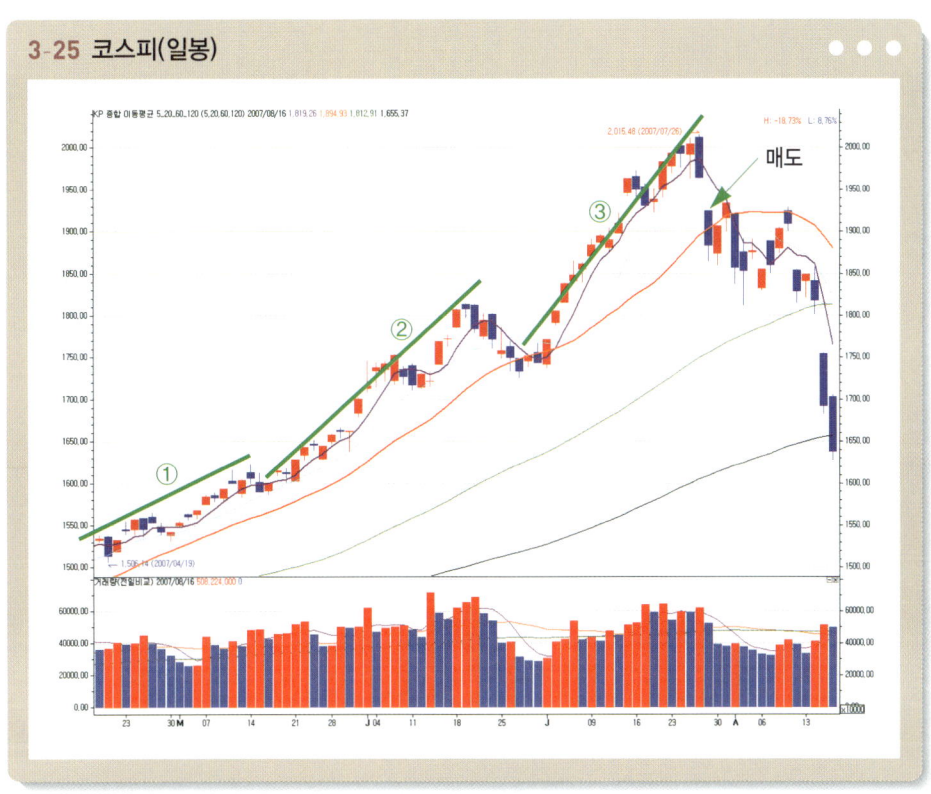

① 3차 상승 고점에서 첫 장대음봉 출현 시 매도하라.
② 갭 하락 시는 3차까지 하락갭이 출현할 것을 예상하고 첫 하락갭에서 매도하라.
3차 상승 고점에서 장대음봉에 이어 갭 하락 음봉이 출현하면 하락장세가 시작된다고 본다. 하락갭은 가격에 상관없이 시장가로 매도하겠다는 물량 때문에 출현한다. 이후 반등 시도가 있을 때에도 이 하락갭이 저항선이 되어 상승을 저지하는데 이 갭을 돌파해야 새로운 상승이 시작된다.

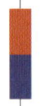

고점에서 쌍바닥 저점을 하락 돌파하면 신속히 매도하라

3-26 현대오토넷(일봉)

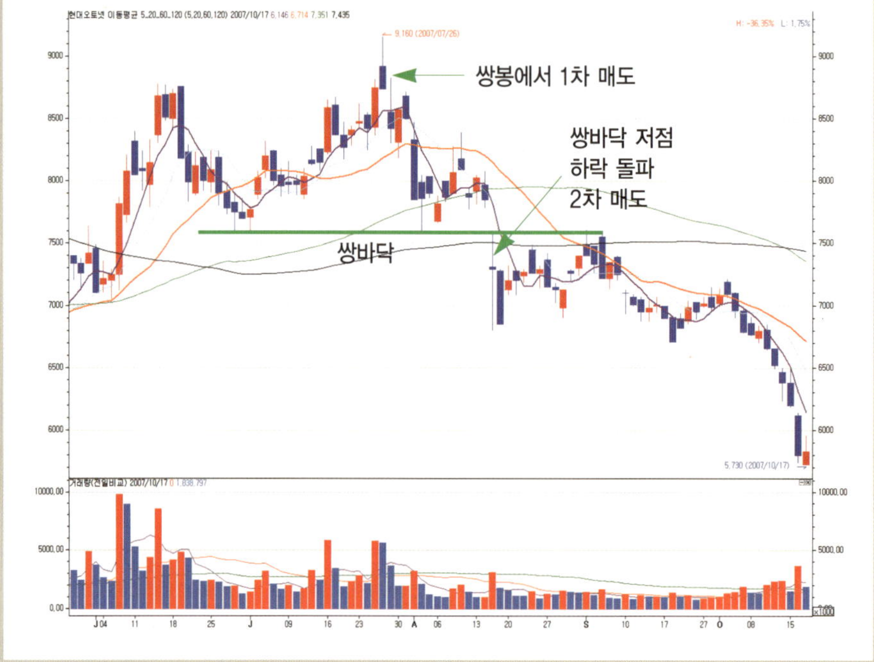

① 2차 고점에서 긴 위꼬리, 장대음봉 출현 시 매도하라.

② 2차 저점을 갭 하락으로 돌파하면 급락 시작이므로 신속히 매도하라.

고점에서 쌍바닥이 만들어진 후 연속된 장대음봉이나 갭 하락으로 2차 저점을 깨고 내려오면 무조건 매도해야 한다. 급락이 기다리고 있다. 5 · 20 · 60선이 데드크로스 되거나 2차 고점에서 긴 위꼬리와 음봉 출현 시에도 신속히 매도해야 한다.

하락 후 반등하다 이동평균선의 저항으로 첫 음봉 출현 시 매도하라

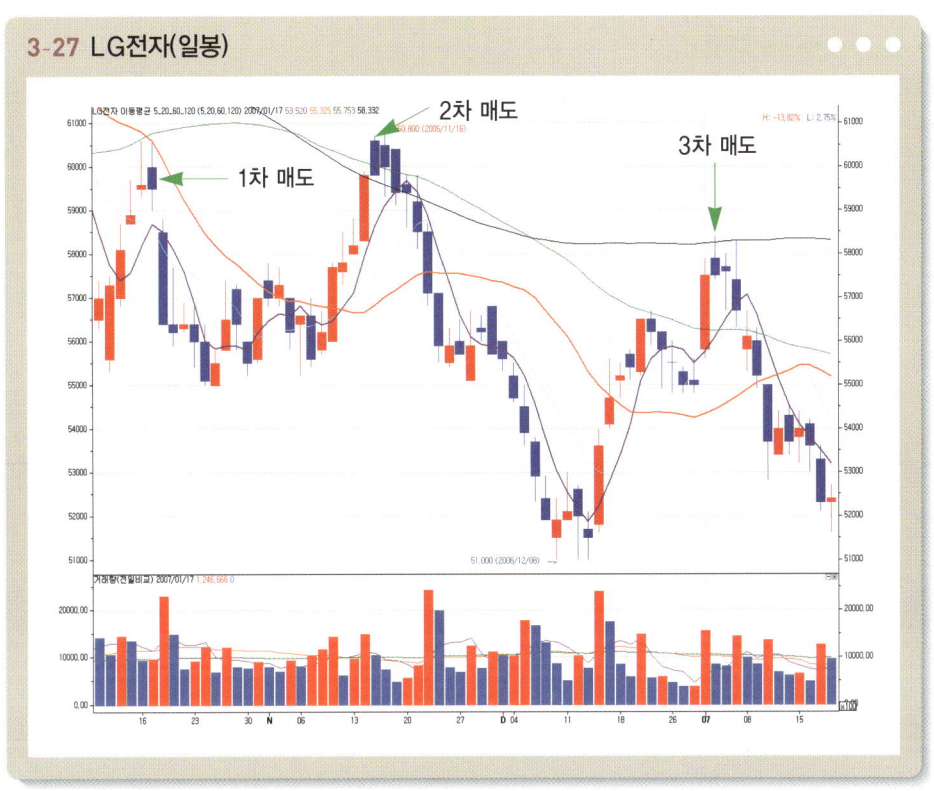

① 20선이 하향 중인 종목은 반등해도 매수하지 말라.
② 하향 중인 60선의 저항을 받아 음봉이 출현할 때는 신속히 매도하라.

전고점이 있고 20선과 60선이 하향 중인 종목은 반등 시 매도 시점이지 결코 매수 시점이 아니다. 양봉이 몇 개 출현했다 해서 추격 매수하면 이동평균선의 저항에 부딪쳐 곧 하락한다. 주가가 20, 60선을 돌파하더라도 20, 60선이 하향하고 있을 때는 매수하면 안 된다.

3차 상승 고점에서 1차 하락 뒤 반등 고점에서 매도하라

① 3차 상승 고점에서 첫 음봉 출현 시 매도하라.
② 3차 상승 고점에서 매도 기회를 놓치면 1차 반등 고점이 마지막 매도 기회다.

3차 상승 고점에 도달한 종목은 감시를 계속하면서 최고 시점에서 매도 기회를 포착한다. 최고점에서 매도하지 못했다면 1차로 반등했을 때 반드시 매도한다. 반등이 전고점 밑에서 멈추고 음봉이 출현하면 신속히 매도해야 한다. 보통 1차 반등 고점에서 밀리면 폭락한다.

2차 데드크로스 출현 시 수개월 동안 하락할 것을 예상하라

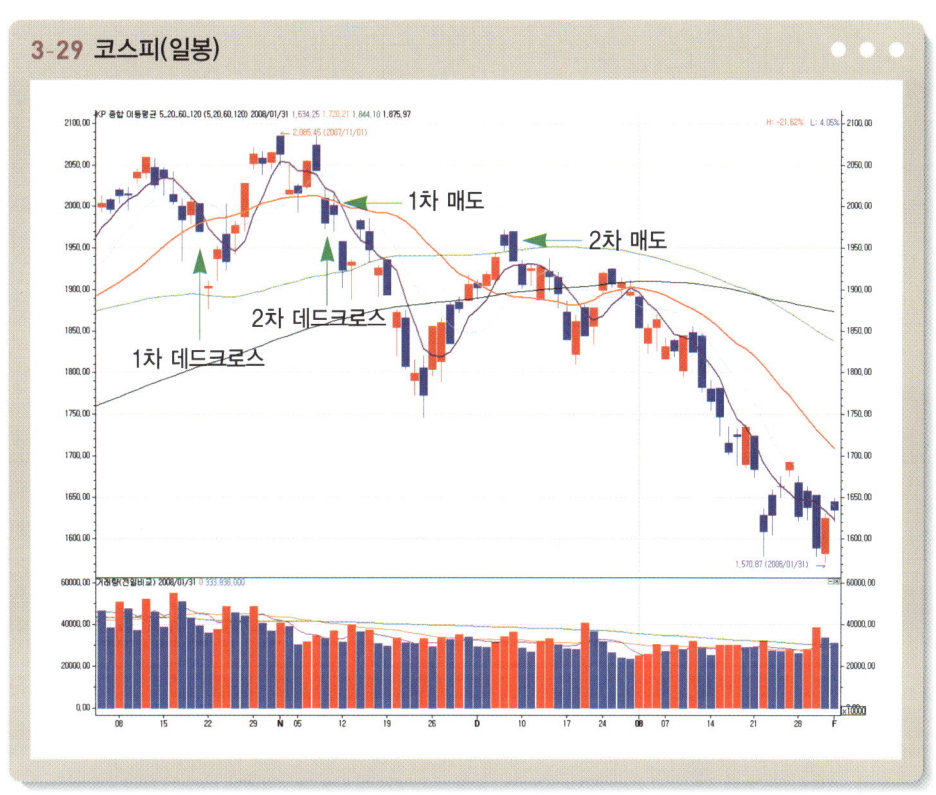

① 1차 데드크로스 직후 골든크로스가 발생했으나 상승하지 못하고
2차 데드크로스되면 하락을 예상하고 매도하라.
② 2차 데드크로스되고 20선이 하향하기 시작하면 초기에 매도하라.
일간 차트상으로 데드크로스가 2~3차 발생하면서 20선이 하향하기 시작하면 최소 1개월 이상 보통 3~4개월까지 하락하므로 초기에 반드시 매도한다. 코스피 지수 20선이 하향하고 대부분의 종목이 같이 하락한다면 경기 사이클을 살펴야 하고, 해당 종목만 하락 중이라면 회사의 재무구조 악화나 내부적인 악재가 없는지를 조사해야 한다.

3-3 5분 차트로 최저점 포착 매수하고 최고점 도달 시 매도하라

Key Point

01. 저점에서 1차 상승 후 눌림목에서 거래량 증가와 함께 장대양봉이 출현하면 3차 상승을 예상하라.
02. 시초가에 장대음봉이나 긴 위꼬리가 출현하면서 이동평균선이 역배열되고 하락이격이 확대되기 시작할 때는 매수하지 말라.
03. 시초가부터 연속으로 단봉이 출현하면서 이동평균선이 횡보하거나 하향을 시작할 때는 매수하지 말라.
04. 매수 후 3차까지 상승한 경우에는 손실제한주문을 걸어두고 시장가 매도를 준비한 상태로 주가 움직임을 주시하라.
05. 3차 상승 고점에서 긴 위꼬리, 장대음봉, 갭 음봉, 쌍봉이 출현하면 세력이 매도하기 시작했다는 의미이므로 먼저 매도하라.
06. 고점에서 하락하다 첫 번째 반등 시는 마지막 매도 기회이므로 꼭 매도하라.

앞서도 말했듯이 매수하고자 할 때 종목 선택은 일간 차트나 주간 차트로 하고 시점은 3분 차트나 5분 차트로 잡는다. 매도 시점을 잡을 때도 역시 보유주의 분차트를 참고한다.

분차트에서 매수 시점을 잡을 때는 시초가를 주시한다. 갭 상승했지만 장대음봉이나 긴 위꼬리가 출현하는 종목, 단봉으로 횡보하다 하향하는 종목, 기관과 외국인이 시초가부터 매도하는 종목은 아예 매수하지 말아야 한다. 시초가에 갭 상승 양봉이 출현하여 너무 고가에서 거래되는 종목도 매수에는 위험하다. 보합에서 시작하여 단봉으로 20선의 지지를 받으면서 시초가를 깨지 않는 종목이 가장 적절하다.

고점임을 파악하는 분차트에서의 징후는 이러하다. 거래량이 급증하면서 장대양봉이 연속되며, 이전 장대양봉보다 2~3배 큰 장대양봉이 출현하면서 기세 좋게 상승하다가 어느 순간 고가를 갈아치우지 못하는 분봉이 등장하기 시작하는데 이때가 고점이다.

3차 상승 고점에 도달한 종목은 매도 시점 포착에 주력해야 한다. 절대로 매수 시점이 아니고 홀딩 시점도 아니다. 언제 매도 물량이 쏟아지면서 바닥까지 추락할지 알 수 없다. 높은 가격에 매도할 수 있는 시점을 포착하기 위해 최선을 다하라.

먼저 현재 최고 가격에서 1~2% 낮은 가격, 또는 현재가보다 낮은 곳에 있는 지지선 1% 아래 수준에 손실제한주문을 해놓는다. 손실제한주문을 걸어두었더라도 계속 주시하면서 상투 징후가 보이면 즉시 시장가로 매도하라. 지정가로 하다가는 호가의 하락 속도를 따라가지 못해 매도 기회를 놓칠 수 있다. 이를 방지하기 위해서라도 손실제한주문은 필수다.

급등락주는 시장가로 매매하라

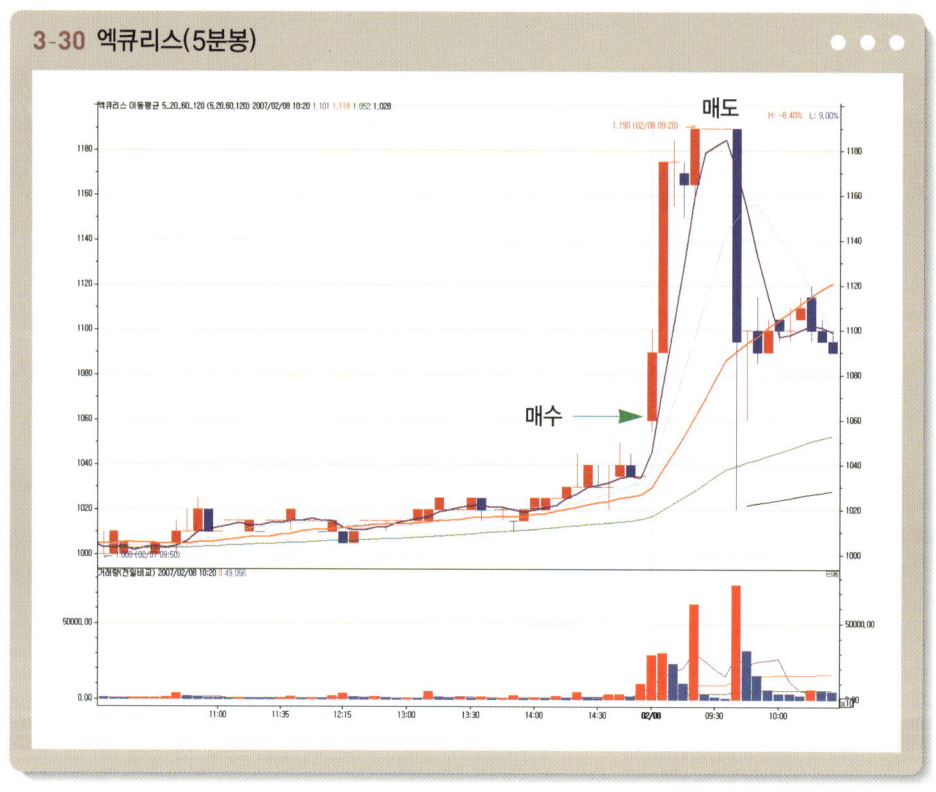

① 급등 초기 거래량이 급증하면서 출현하는 첫 장대양봉에서 시장가로 매수하라.
② 세 번째 장대양봉 이후 상승이 멈추는 순간 시장가로 매도하라.

장기간 횡보했거나 하락해온 종목 또는 호재 출현 종목이 상승할 때 급등주가 된다. 이런 종목은 주문을 시장가로 해야 즉시 체결된다. 지정가로 매수주문을 내면 순식간에 호가가 2~3등급 상승해 따라잡을 수가 없다. 지정가로 매수하려면 2~3등급 위 가격으로 주문을 낸다. 주문가가 높아도 현재가로 매수되기 때문에 상관없다. 단, 급등주 매매는 부담이 없는 소액으로 해야 한다.

5분 차트에서 장 시작 초기
5·20선, 5·60선이 골든크로스하면 매수하여 홀딩하라

① 주가가 20선, 60선과 차례대로 골든크로스할 때 매수하라.
② 5, 20선이 상향하면서 지지되는 한 계속 홀딩하라.

상승이 시작될 때 가장 먼저 상향하는 이동평균선은 당연히 5선이다. 5선의 지지를 받으면서 양봉이 연속되다가 주가가 20선에 이어 60선까지 골든크로스하고 20·60선이 골든크로스하면 상승이 이어진다. 20선이 상향하고 있다면 주가가 일시적으로 5선이나 10선을 하락 돌파해도 20선의 지지를 받고 다시 상승하므로 조급하게 매도하지 말라.

오전에 하락하다 2시 이후 거래량 급증하며
첫 장대양봉 출현 시 매수하라

① 3차 하락 시점에서 전고점 돌파 시 매수하라.
② 거래량이 급증하며 장대양봉이 출현할 때 매수하라.
오전에 계속 하락하는 종목은 3차 하락 시까지 기다린다. 오후에 거래량이 급증하면서 첫 장대양봉이 나타나면 급등 가능성이 있으므로 시장가로 매수한다. 하지만 다음날 시초가 하락으로 출발하면 초기에 매도해야 한다.

일시 악재로 폭락한 종목은 악재 해소 초기 매수하라

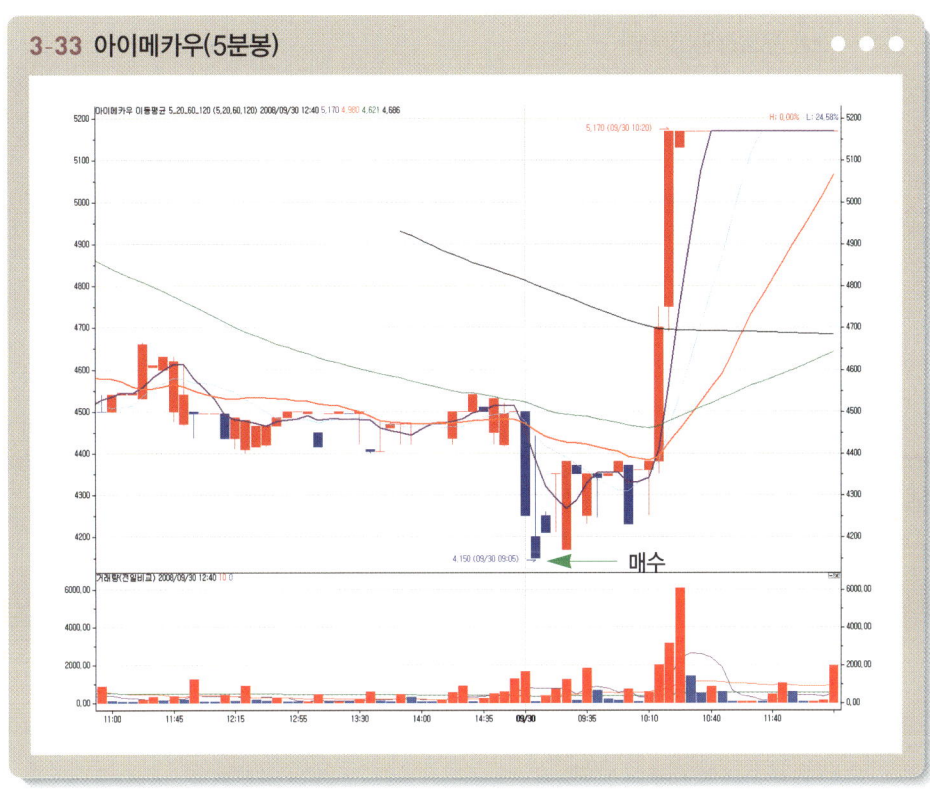

① 폭락한 종목의 악재가 거짓으로 판명되면 초기에 매수하라.
② 폭락한 종목에 매수세가 급증하면 매수 가담하라.
③ 하한가까지 간 종목이라면 매도 잔량이 급속히 감소하기 시작하여 80% 이상 감소할 때 매수하라.

가끔 헛소문 때문에 갑자기 크게 하락하거나 하한가까지 가는 종목이 있다. 이런 때는 시황을 주시하고 기다린다. 악재 부인 공시가 뜰 때 신속히 매수하면 짧은 시간에 20~30%까지 이익을 볼 수 있다. 남들보다 재빠르게 매매하는 것이 중요하다.

악재로 수직 급락한 종목은
20선 : 주가 이격이 100 : 85 이상에서 매수하라

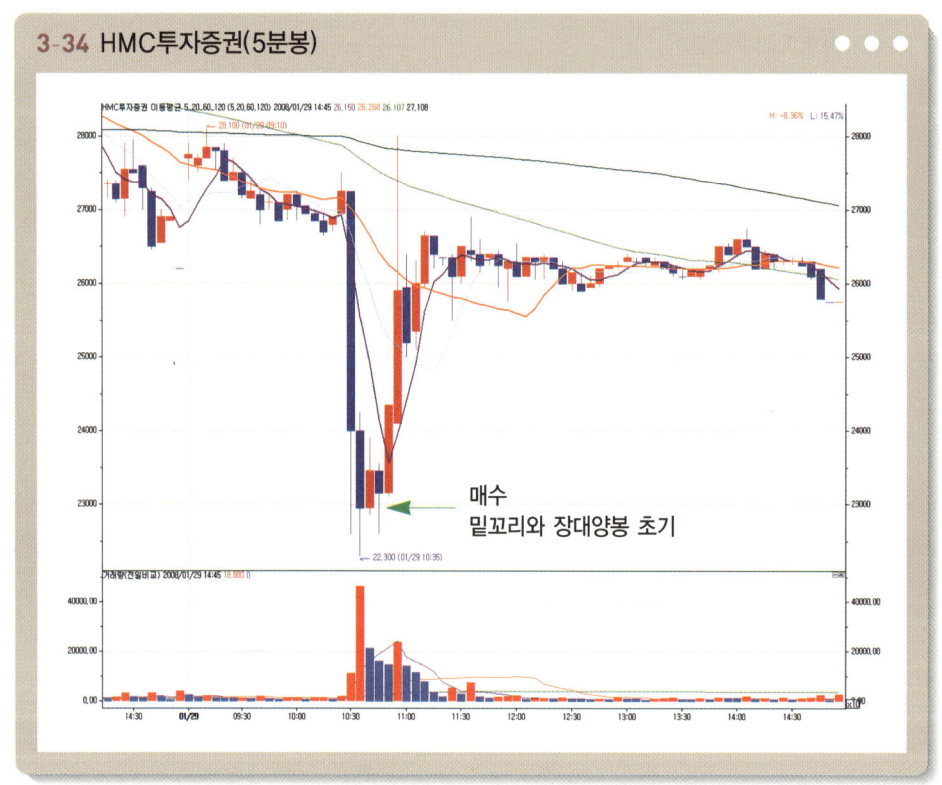

① 악재로 급락할 때는 계속 주시하다 긴 밑꼬리와 첫 양봉 출현 시 매수하라.
② 종목 시황을 확인하고 있다가 악재가 해소되는 즉시 시장가로 매수하라.
③ 악재로는 급락하고 호재로는 급등하므로 매매는 항시 시장가로 하라.
전 종목이 급락하는 대형 악재가 아니라 한 업종이나 한 종목에만 해당하는 악재가 출현할 수 있다. 특정 업종이나 종목의 악재는 일시적인 문제가 대부분이며 해소되면 급등한다.

상한가 친 종목은 상한가에서 -1% 가격에 손실제한주문을 설정하라

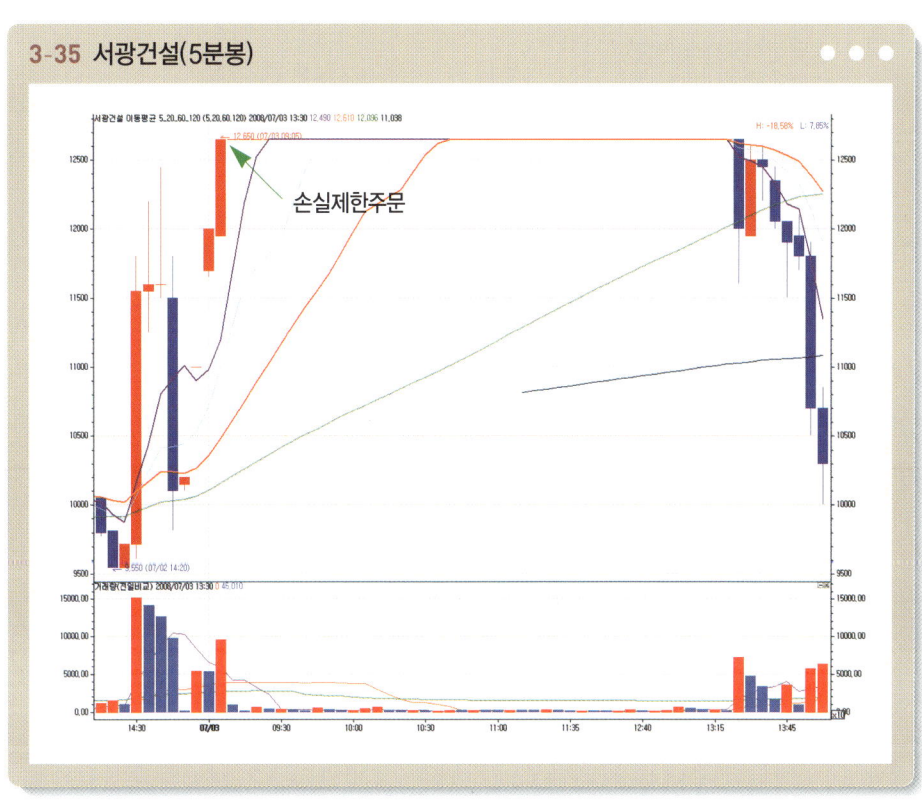

① 첫 번째 상한가는 급락에 대비하라.
② 다음날 점상 치면 시초가부터 손실제한주문을 걸어두라.

첫 번째 상한가 진입 종목은 언제 급락할지 알 수 없으므로 상한가가 풀릴 때 자동으로 매도되도록 해놓아야 안심하고 홀딩할 수 있다. 위의 종목도 상한가에서 -26%까지 급락했다. 상한가에 진입한 종목은 항상 손실제한주문 가격을 따라 올려 대비해두어야 한다.

수직 장대양봉 3개째에서 상승 멈추는 순간
시장가로 매도하라

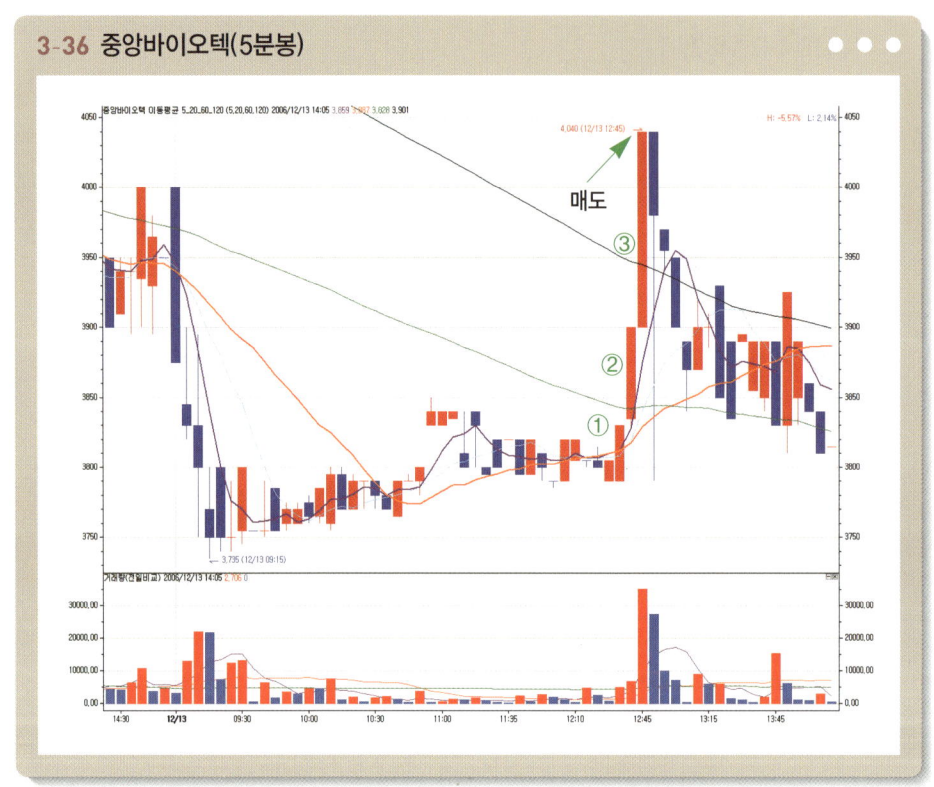

① 수직 장대양봉이 연속되다 세 번째에서 2~3배 큰 장대양봉 출현 시는 상투다.
② 세 번째 장대양봉에서 매도하지 못했으면 이후 음봉 초기 시장가로 매도하라.
수직 장대양봉이 연속되다가 세 번째 장대양봉이 이전보다 2~3배 크면 상투가 될 확률이 높다. 수직 상승한 주가는 수직 하락하기 때문에 고점에서 시장가로 매도해야 한다. 수많은 손절 물량이 쏟아지면서 순식간에 바닥까지 추락한다.

2시 이후 고점에서 상투 징후가 보이면 초기에 신속히 매도하라

① 상승하다 고점이 낮아지면 매도하라.
② 2시 이후 고점에서 긴 위꼬리와 장대음봉이 출현하면 즉시 매도하라.

2시 이후 고점에서 상투 징후가 보이면 급락하는 경우가 많다. 내일까지 보유하지 않고 오늘 처분하려는 사람들은 오후 최고가에서 매도하기 위해 시점을 노리고 있다. 때문에 하락 증상이 출현하자마자 급락하는 것이다.

시초가 1~2시간 상승 후 고점에서 장대음봉으로 수직 하락 시는 초기 매도하라

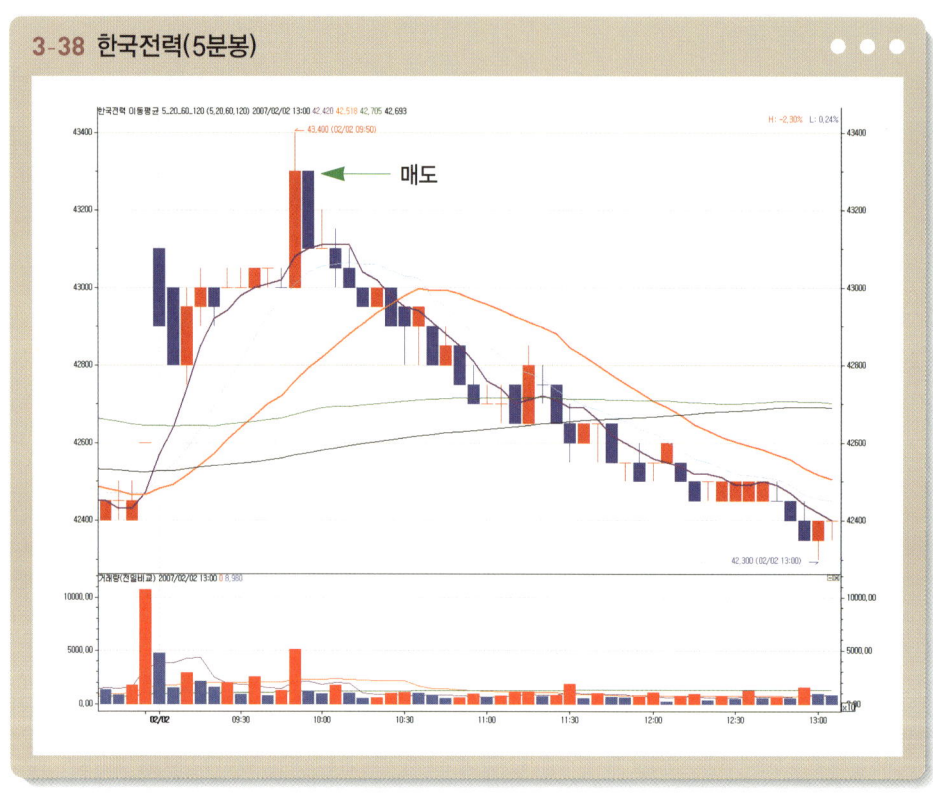

① 코스피와 업종 지수가 동시 하락하면 즉시 매도하라.
② 고점에서 긴 위꼬리와 장대음봉이 출현하면 매도하라.

장 시작 직후인 9~10시는 수급에 의하여 가격이 결정되고 10시 이후는 코스피 지수에 연동한다. 수급에 의해 급하게 상승하던 종목이 10시 이후 하락하는 경우가 많은데 이때는 신속히 매도해야지 홀딩하면 계속 하락한다. 위의 예는 10시가 가까울 때까지 상승했으나 전형적인 상투 징후인 긴 위꼬리와 장대음봉 이후 시초가까지 깨고 내려갔다.

고점에서 악재가 출현하면 즉시 시장가로 매도하라

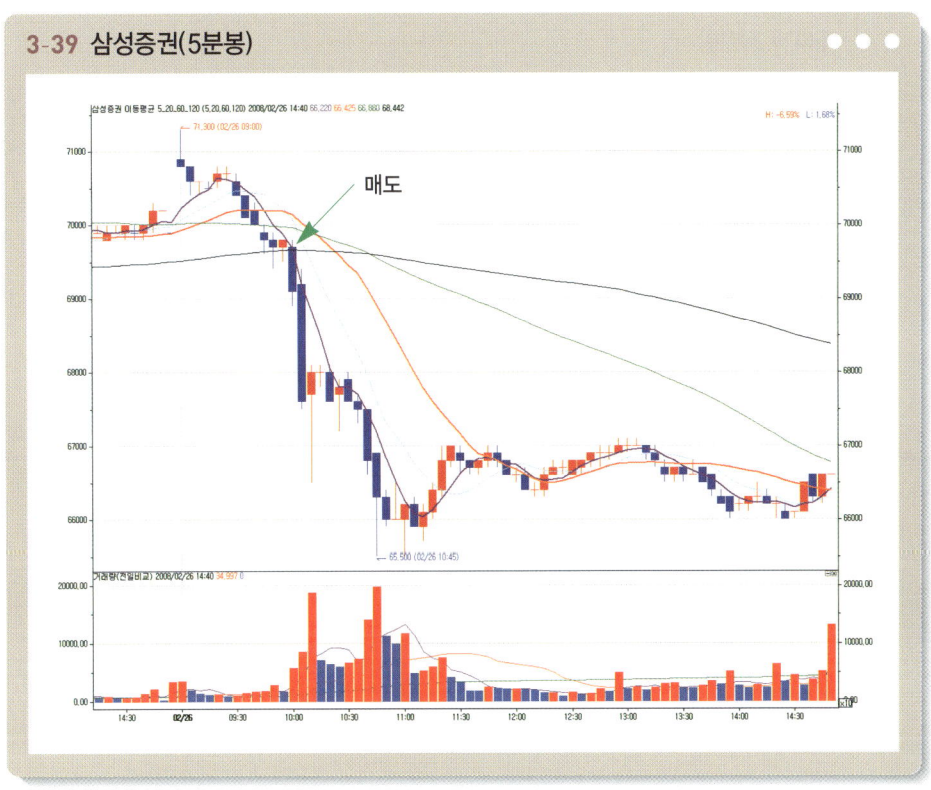

3-39 삼성증권(5분봉)

① 호재가 나와 상한가 친 종목이 다음날 공시 부인으로 하락할 때는 신속히 매도하라.
② 호재나 악재가 나올 때는 종목 시황을 보고 홀딩이냐 매도냐를 신속히 판단하라.
위의 차트는 삼성증권에 특별감사가 착수됐다는 악재가 출현한 날로 1시간 이상 급락했다. 급반등은 없었으며 저점에서 약간의 반등을 한 후 횡보하다 마감했다. 호재나 악재 출현 시에는 뉴스의 무게를 신속히 판단하고 행동해야 한다.

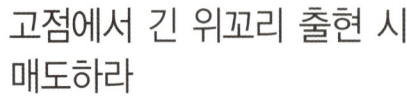
고점에서 긴 위꼬리 출현 시 매도하라

① 3차 상승 고점에서 긴 위꼬리 다음 장대음봉 출현 시 매도하라.
② 3차 상승 고점에서 하락하다 반등 시 20선의 저항을 받고 음봉이 출현할 때가 마지막 매도 시점이다.

시초가 저점에서 이동평균선이 정배열되고 상향하면서 상승이 시작되면 3차 상승까지 홀딩한다. 3차까지 상승한 이후 고점에서는 긴장 상태를 유지하면서 계속 주시하다 세력이 매도하기 전에 매도해야 한다. 고점 매도 후에는 거의 모든 유사 종목이 고점에 와 있으니 즉시 재매수해서는 안 된다.

고점에서 장대음봉 출현 시 매도하라

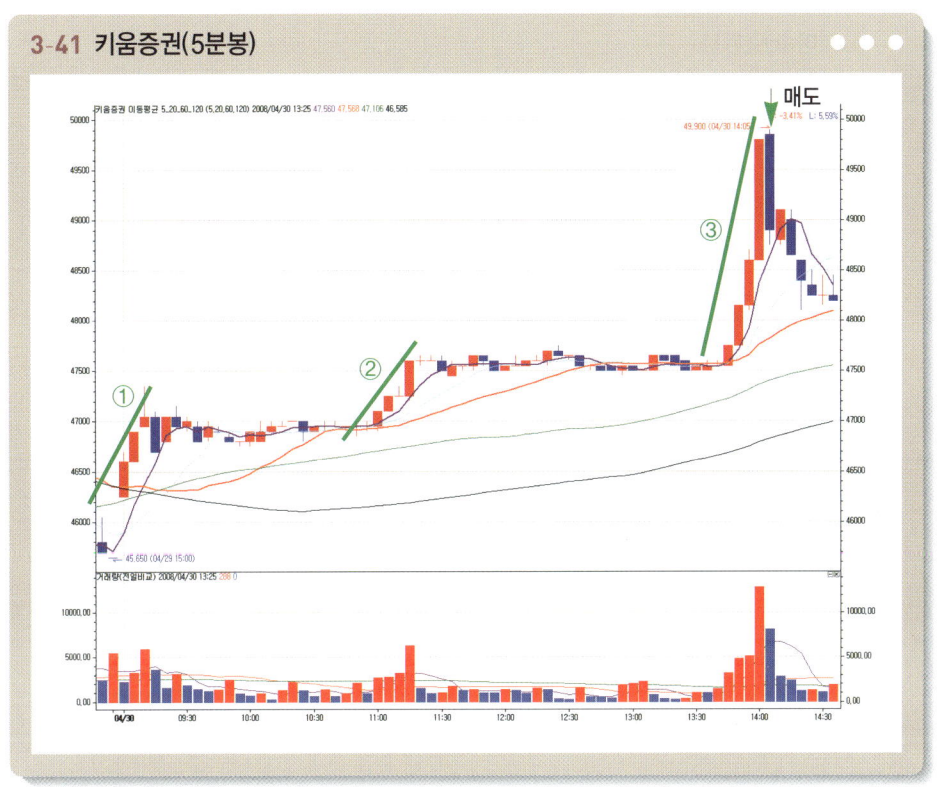

① 3차 상승 중 세 번째 장대양봉이 이전보다 2~3배 크면 상승 멈췄으니 매도하라.
② 3차 상승 중 세 번째 장대양봉 뒤 음봉이 출현하면 초기에 매도하라.

시초가 저점에서 이동평균선이 정배열되고 상향하면서 상승이 시작되면 3차 상승까지 기다린다. 3차 상승 고점에서 세 번째 장대양봉 출현은 상투라고 생각하고 매도하라. 세 번째 장대양봉 이후 음봉이 출현하고 하락한다.

고점에서 갭 음봉 출현 시 매도하라

3-42 기아차(일봉)

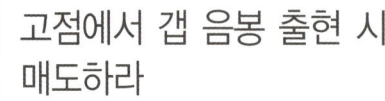

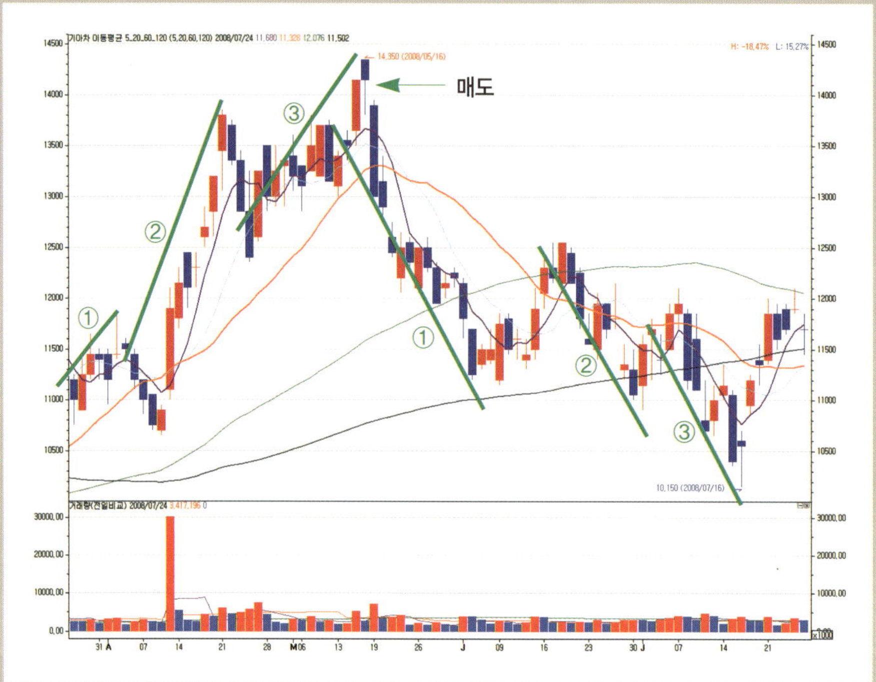

① 3차 상승 고점에서 장대음봉이나 긴 위꼬리 출현 초기 매도하라.

② 긴 위꼬리에 이어 갭 하락 음봉 출현 시 시장가로 매도하라.

시초가 저점에서 이동평균선이 정배열되고 상향하면서 상승이 시작되면 3차 상승까지 기다린다. 3차 상승 고점에서는 긴 위꼬리, 장대음봉, 갭 하락 음봉 출현 시 상투다. 또 5 · 20 · 60선이 동시 데드크로스되면서 수직 하락하는 시점, 장대음봉 2~3개가 연속되어 매물벽이 쌓일 때도 상투다. 상투에서는 두 번 생각할 필요 없이 매도해야 한다.

고점에서 쌍봉 출현 시 매도하라

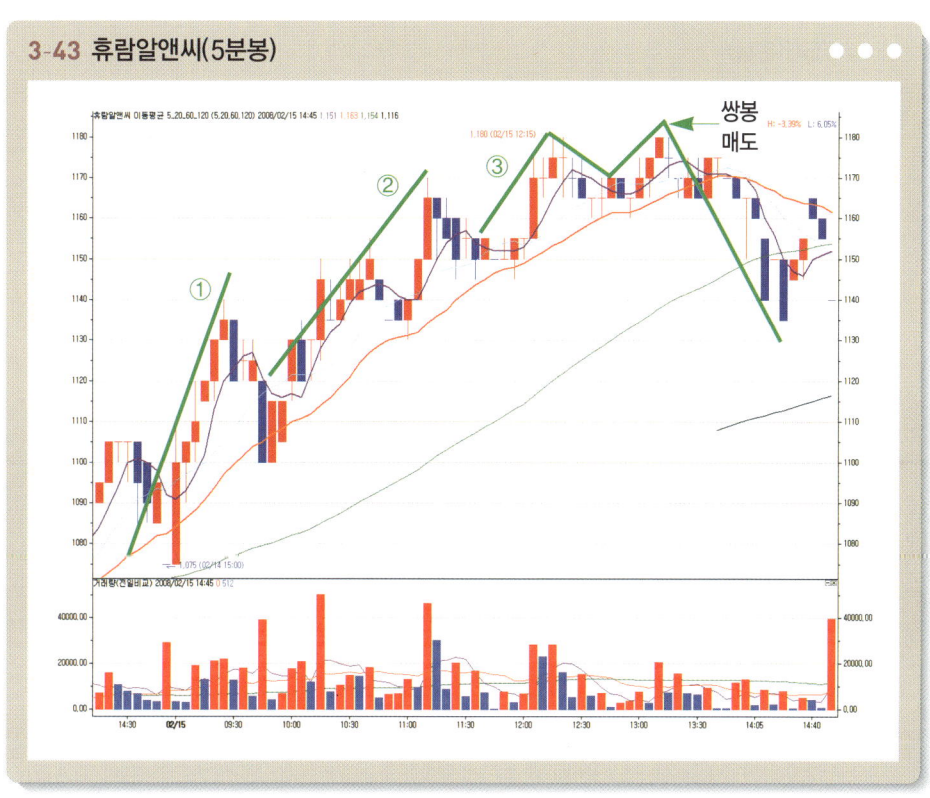

① 3차 상승 이후 전고점에서 저항받고 하락 시 매도하라.
② 5 · 20선 데드크로스시키는 음봉 출현 시 매도하라.

시초가 저전에서 이동평균선이 정배열되고 상향하면서 상승이 시작되면 3차 상승까지 기다린다. 기관과 외국인이 매수하면서 상승한 경우 그들이 매수 창에서 사라지거나 매도로 돌변하면 하락한다. 이런 경우는 초기에 신속히 매도하고 그날 재매수는 하지 말라.

시초가 10% 이상 상승 출발 후 고점에서 수평 횡보 시 매도하라

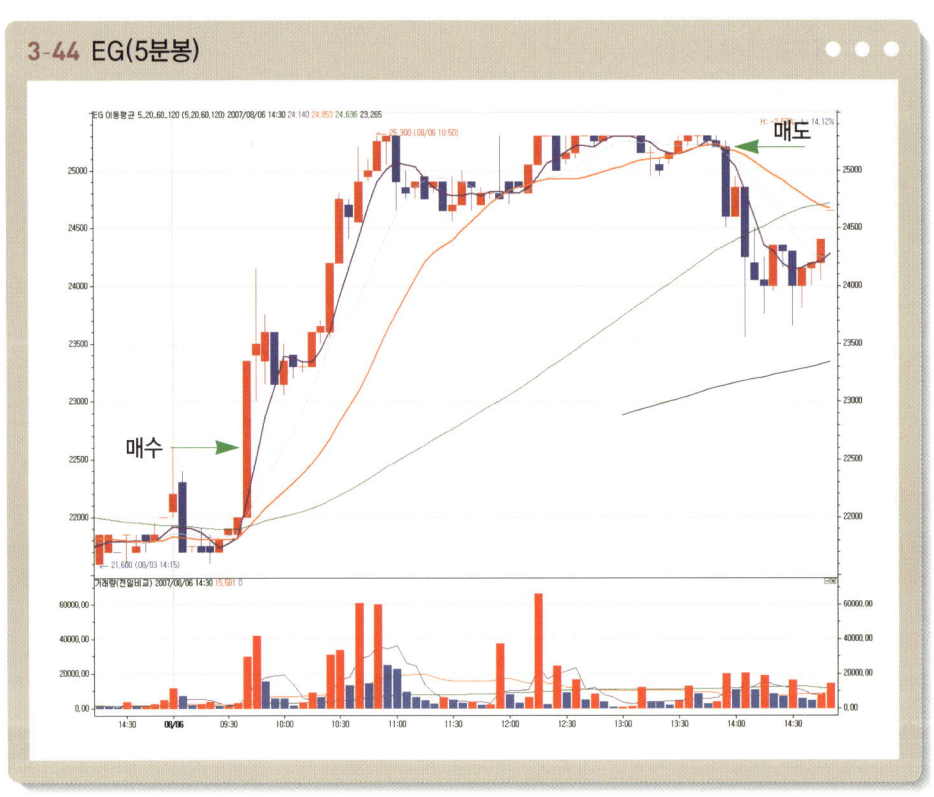

① 10% 이상의 시초가로 출발했지만 더 이상 상승하지 못하고 고점에서
횡보를 계속하는 경우는 언제 매물이 쏟아질지 모르는 상태이므로 매도하라.
② 상승 고점에서 횡보하다 주가와 20선이 데드크로스되면서
첫 장대음봉 출현 시 매도하라.

10% 이상 상승하여 고점에 도달한 종목은 먼저 손실제한주문을 설정하라. 10% 이상 상승했으므로 상승 여력은 적고 매도 기회를 엿보는 이들이 많다. 이런 경우 자칫 하락이 시작되면 급락하는 경우가 많으므로 매도 준비를 하고 주시해야 한다.

2차 고점이 1차 고점보다 낮아질 경우 매도하라

① 전고점에 못 미쳐 하락하다가 반등할 때는 매수 기회가 아니라 마지막 매도 기회다.
② 이동평균선의 저항을 받고 쌍봉이 출현하면 즉시 매도하라.

시초가에 크게 갭 상승한 종목은 매도 물량이 쏟아지면서 하락할 확률이 높다. 하락 후 반등을 시도하지만 위로부터 이동평균선이 내려오고 있다면 뚫기가 어렵다. 여기서 저항받아 반등이 실패할 경우 하락에 가속도가 붙으면서 급락한다.

고점에서 주가가 5·20·60선을 수직 데드크로스할 때는
초기에 매도하라

① 3차 상승 고점에서 더 이상 상승하지 못하고 단봉으로 횡보할 때는 매도하라.
② 3차 상승 고점에서 장대양봉에 이어 음봉이 출현하면 매도하라.
시초가 저점에서 이동평균선이 정배열되고 상향하면서 상승이 시작되면 3차 상승까지 기다린다. 3차 상승 고점에 도달하면 매도 시점 포착에 집중한다. 장대음봉에 이어 장대양봉이 출현하더라도 재상승은 없으리라고 생각해야 한다. 특히 이동평균선의 저항으로 상승이 저지된 양봉은 반드시 매도하라. 고점에서 신고가 갱신에 실패하면 하락밖에 남은 게 없다.

고점에서 시초가에 주가가 5·20·60선을 동시 데드크로스할 때는 매도하라

① 장대음봉이 출현하면서 모든 이동평균선을 동시 데드크로스하면 큰 폭 하락을 예상하라.
② 하락이격을 확대하기 시작하는 초기에 매도하라.

횡보하다 장대음봉이 출현하면서 일시에 모든 이동평균선을 하락 돌파하는 것은 강력한 매도세의 등장을 뜻한다. 하락이 계속될 것을 예상하고 초기에 매도하라. 하락이 시작됐는데도 다시 상승하겠지 하고 기대하면 손실만 커질 뿐이다.

하락 후 반등하다 이동평균선 저항으로 첫 음봉 출현 시 매도하라

① 하락 후 반등하다 주가와 60선이 데드크로스할 때 매도하라.
② 하락 후 반등하다 여러 이동평균선의 저항을 받고 장대음봉 출현 시 신속히 매도하라.

하락 후 반등하다 이동평균선을 돌파했으나 더 이상 상승하지 못하고 하락하는 경우는 이동평균선의 저항 때문이다. 두 번째 고점이 전고점 아래에 출현하면서 한곳에 뭉쳐 있는 여러 이동평균선의 저항을 받으면 장대음봉이 연속되면서 급락한다.

조금씩 하락한다고 방심하다 급락 못 피한다

① 긴 위꼬리와 장대음봉이 출현하면 초기에 매도하라.
② 5·20선이 데드크로스한 후에 단봉으로 횡보하다 장대음봉이 출현하면 초기에 매도하라.

주가가 고점에서 조금씩 밀리는데도 다시 상승하겠지 하는 기대로 방심하다가 장대음봉으로 급락한 후에야 허겁지겁 매도하는 경우가 많다. 기대만으로 주가는 움직여주지 않으므로 긴 위꼬리와 장대음봉이 출현하면 초기에 매도한다. 주가와 20선이 데드크로스되면 물량이 왕창 쏟아진다는 것을 기억해야 한다.

4장 • 대표적 실전 패턴들

1. 실전에서 대표적인 바닥 패턴을 기억하라
2. 실전에서 대표적인 상승 패턴(3차 상승)을 기억하라
3. 장대양봉+단봉1, 2, 3, 6+장대양봉 패턴은 크게 상승한다
4. 실전에서 대표적인 상투 패턴을 기억하라
5. 실전에서 대표적인 하락 패턴(3차 하락)을 기억하라

실전에서 대표적인 바닥 패턴을 기억하라

Key Point

3차 하락 단계에서 5, 7, 9음봉 이후 다음의 패턴이 나타나면 바닥이 완성되고 상승한다.

01. 마지막 음봉이 갭 하락으로 출현한 후 갭 상승 도지와 첫 양봉이 이어질 때
02. 마지막 음봉이 갭 하락으로 출현한 후 긴 밑꼬리와 갭 상승 양봉이 이어질 때
03. 마지막 장대음봉이 출현한 후 첫 갭 상승 양봉이 나타날 때
04. 마지막 음봉 이후 쌍바닥이 만들어질 때
05. 마지막 음봉이 출현한 후 갭 하락 양봉 역망치가 나타날 때
06. 마지막 장대음봉이 출현한 후 도지와 첫 양봉이 이어질 때
07. 마지막 장대음봉이 출현한 후 단봉으로 횡보하다 첫 장대양봉이 나타날 때

3차까지 하락하면 거의 바닥에 이르렀다고 볼 수 있다. 하지만 곧바로 상승한다는 얘기는 아니므로 바닥을 확실히 다졌는지를 확인해야 한다. 3차 하락 끝에 위와 같은 패턴이 출현하면 상승이 임박했다고 예상할 수 있다. 바닥을 다진 후에는 양봉이 출현하면서 5·20, 5·60, 20·60선 골든크로스가 순서대로 진행된다. 그리고 1차 상승 후 눌림목을 거쳐 상향하는 20, 60선의 지지를 받으면서 2차, 3차까지 상승한다.

① 3차 하락 5음봉 중 마지막 음봉이 갭 하락 장대음봉이면 바닥이다

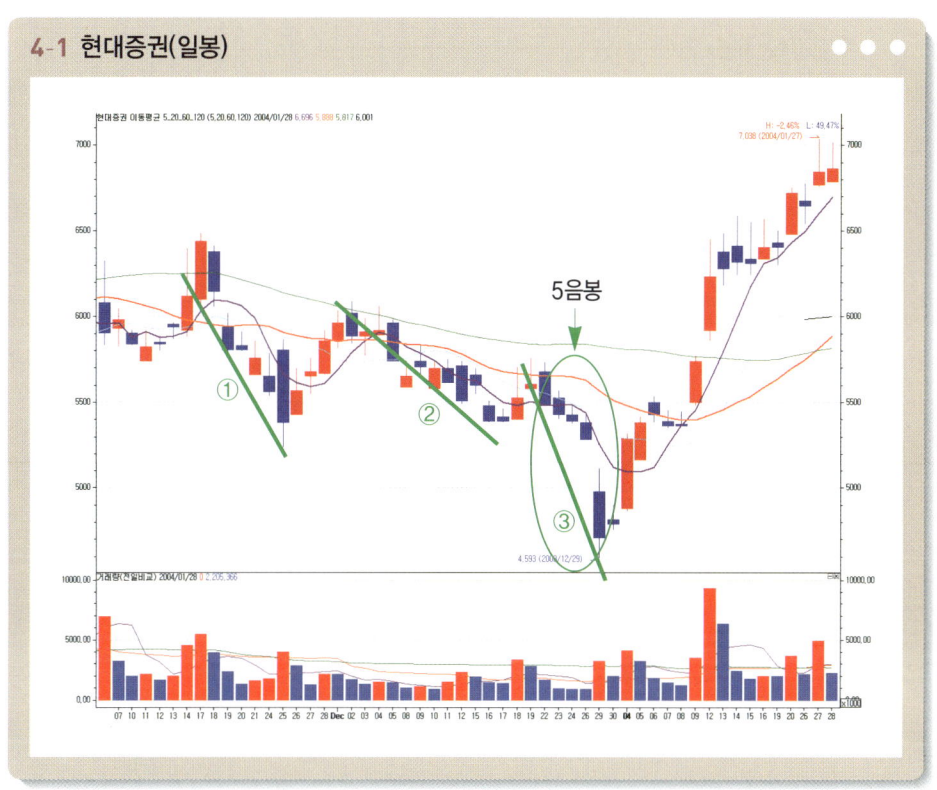

3차 하락 단계에서 음봉 5개가 출현하면서 마지막 음봉이 이전보다 2~3배 크고 갭 하락하여 출현하면 바닥이다. 다음날 마지막 장대음봉의 몸통 중앙 지점에서 도지가 나타나면 하락세가 끝났음을 의미한다. 이후 장대양봉이 출현하면서 본격적으로 상승이 시작된다. 3차 하락 끝에 갭 하락 장대음봉이 거래량 증가와 함께 출현할 때는 주저 말고 종가에 매수하여 홀딩하라. 5, 7, 9음봉은 동일하게 생각해야 하며 그 끝에서 역망치, 밑꼬리, 장대음봉, 도지, 쌍바닥이 나타나면 바닥을 예상한다.

② 3차 하락 5음봉 후
   갭 하락 긴 밑꼬리 이어지면 바닥이다

3차 하락 단계에서 5음봉이 출현한 후 갭 하락으로 시작하여 긴 밑꼬리 달린 양봉으로 마감되면 하락세가 끝났음을 의미한다. 긴 밑꼬리는 매수세가 강력함을 보여준다. 다섯 번째 장대음봉이 갭 하락으로 출현하면 바닥이다.

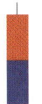

③ 3차 하락 5음봉 중 마지막 2음봉이 갭 하락 장대음봉이면 바닥이다

4-3 한솔LCD(일봉)

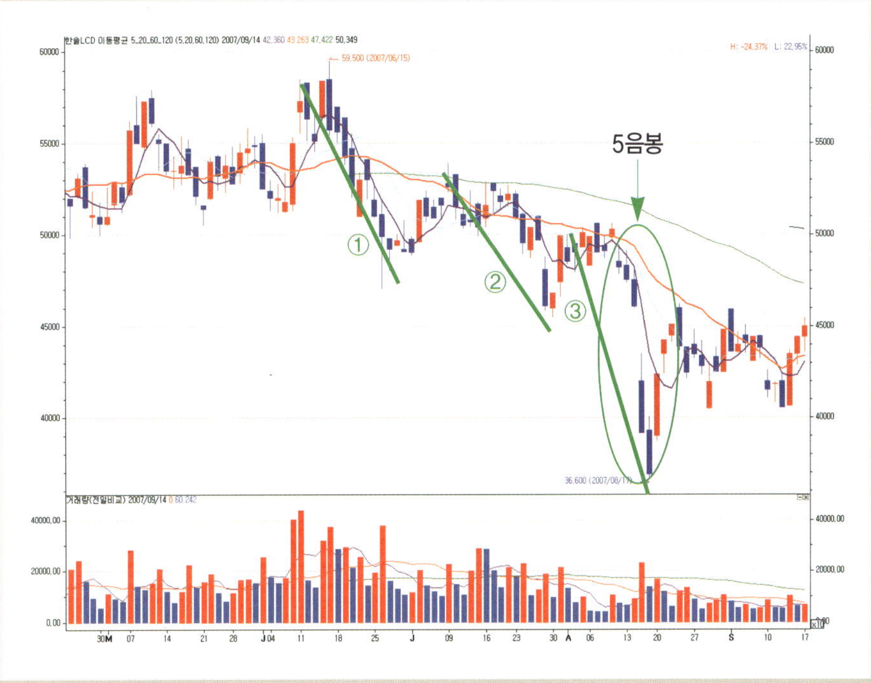

3차 하락 마지막에 갭 하락 장대음봉이 2개나 출현했다는 것은 거의 투매에 가까울 정도로 매물이 왕창 쏟아졌다는 의미다. 이러한 경우는 다음날 갭 상승 장대양봉이 출현하면서 상승한다.

④ 3차 하락 5음봉 후 쌍바닥이 출현하면 바닥이다

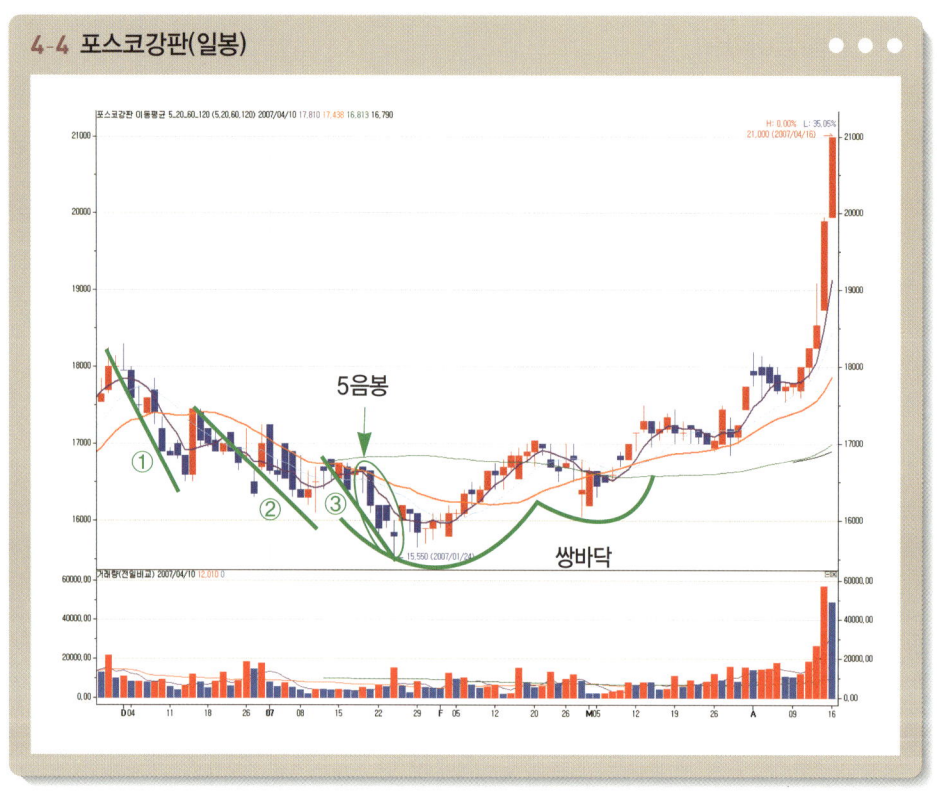

3차 하락 끝에 2차 저점이 더 높은 쌍바닥이 출현하면 하락이 끝났다고 할 수 있다. 2차 저점이 높은 쌍바닥 출현은 매수세가 더 강함을 나타낸다. 하락이 2차까지 진행된 후 쌍바닥이 출현하고 상승하는 경우도 있는데 3차 하락 끝에 출현하는 쌍바닥이 더욱 확실한 바닥 패턴이다.

⑤ 3차 하락 7음봉 후
   갭 하락 양봉 역망치 이어지면 바닥이다

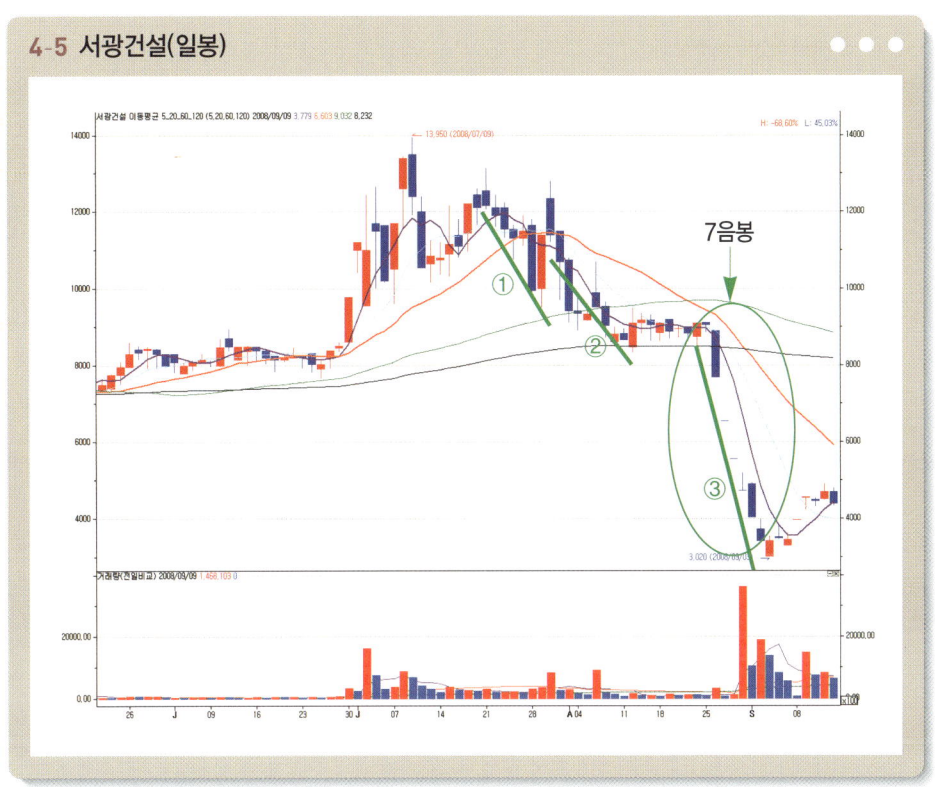

3차 하락 과정에서 음봉이 연속적으로 7개나 출현했다면 과매도 상태에 도달했다고 할 수 있다. 이후 갭 하락으로 시작해 양봉 역망치로 마무리되는 캔들이 이어지면 매수세가 매수를 시작했다는 것으로 확실한 매수 시점이 된다.

⑥ 3차 하락 7음봉 후 도지가 이어지면 바닥이다

4-6 BHK(일봉)

3차 하락 진행 중에 연속적으로 7음봉이 출현한 후 도지가 나타나면 하락세가 마무리되었다고 본다. 이후 양봉으로 상승이 계속될 것을 예상할 수 있는데 이때는 5분 차트로 보면 상승 진행을 확실하게 알 수 있다. 매매 시점을 포착할 때도 5분 차트를 참고한다.

⑦ 3차 하락 9음봉 후 단봉 횡보 이어지면 바닥이다

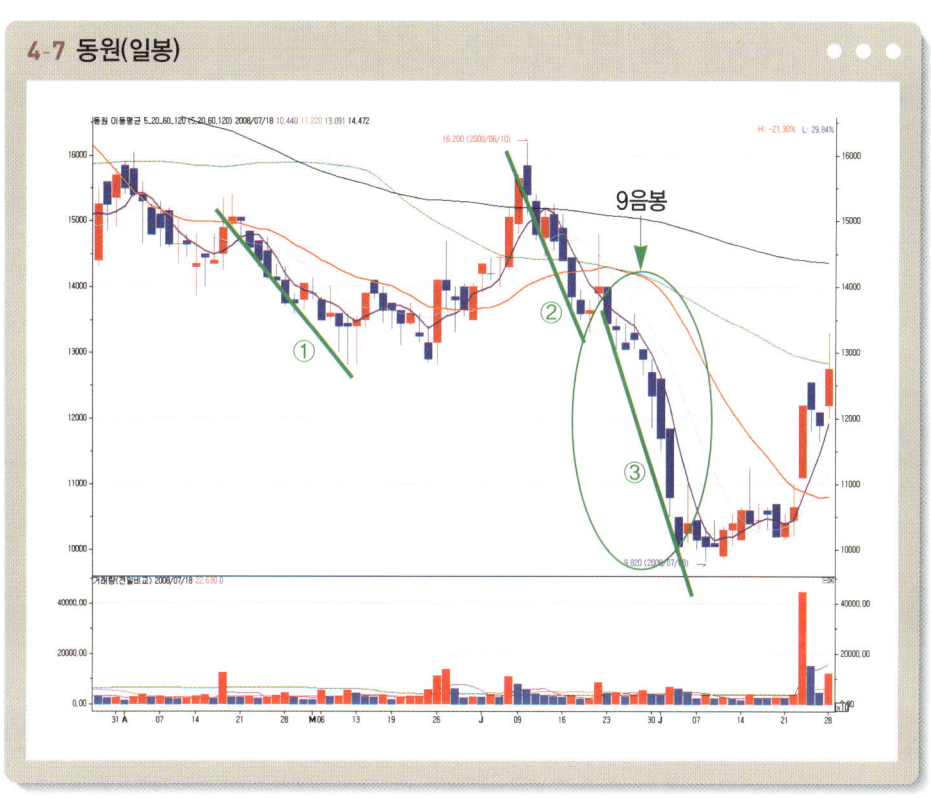

3차 하락 진행 중에 연속적으로 9개의 음봉이 출현하면서 마지막 음봉이 갭 하락으로 출현하면 바닥이다. 그 다음부터는 단봉이 연속되다 상승한다. 1~3차 하락 중에 주의할 점은 중간에 반등 양봉이 출현하더라도 매수해서는 안 된다는 것이다. 전고점이 있고 20선이 계속 하향하는 하락장세에서는 관망해야 한다.

4-2 실전에서 대표적인 상승 패턴(3차 상승)을 기억하라

Key Point

일목균형표의 가격론

01

D의 예상가격(B 기준 산출 방법)

D=B+(B−C)
D=7,000+(7,000−6,000)
 =8,000

※152페이지의 차트를 참조하라.

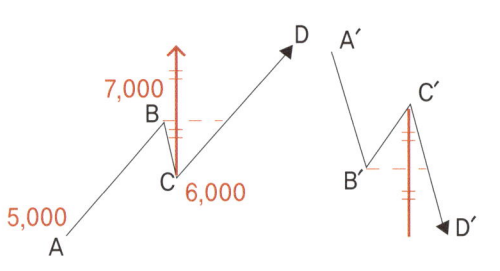

02

D의 예상가격(B 기준 산출 방법)

D=B+(B−A)
D=7,000+(7,000−5,000)
 =9,000

※153페이지의 차트를 참조하라.

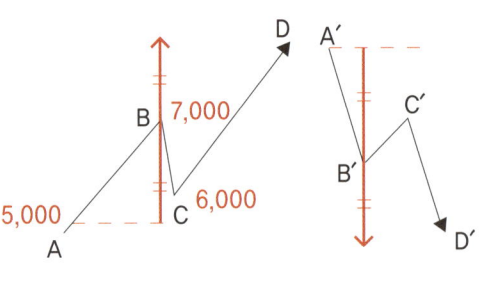

3차 상승은 상승추세의 기본 골격이다. 분차트에서 3차 상승을 예상할 수 있으면 당일 최고 가격을 알 수 있으며, 일간 차트에서 3차 상승을 예상할 수 있으면 중기 최고 가격을 알 수 있다. 상승과 조정 시의 가격과 소요시간은 다음과 같이 예상한다.

1차 상승 가격과 소요시간을 기준으로 2차는 0.382, 0.5, 0.618배 상승하고 3차는 1차와 비슷하다. 1차 상승 후 조정 시 지지선의 위치와 지지 여부에 따라 0.382, 0.5, 0.618배 조정을 받고, 2차 상승 후 조정 시는 1차의 0.382배 조정을 받는다.

N자 상승장에서 1차, 2차, 3차 상승을 예상할 수 있으면 참으로 유용하다. 1~3차 상승 패턴과 소요시간을 주의 깊게 관찰해서 안목을 키워야 한다.

주가가 저점에서 쌍바닥과 5·20·60선 골든크로스를 거쳐 1차 상승한 뒤 조정을 받으며 눌림목이 발생한다. 거래량이 급증한 장대양봉으로 이 눌림목을 상승 돌파하면 2차, 3차까지 주가는 상승한다. 급등락하는 소형주에는 적용이 불가능하고 중형주 이상의 종목에서 가능하다.

전고점 돌파와 지지를 기준으로 상승폭을 예상하라

① 1차 고점을 거래량이 증가한 장대양봉으로 상승 돌파할 때 1차 매수하라.
② 상승하다 조정을 받을 때는, 1차 고점에서 지지받고 재상승할 때 2차 매수하라.
1차 고점을 상승 돌파하면 그 상승폭만큼 더 상승한다. 조정을 받는 동안 전고점에서 지지받으면 2차, 3차까지 상승한다. 3차 고점은 저점에서 2차 고점까지의 폭을 더해 잡는다.

하락 횡보하다 상승하여 수평 횡보하면
1차 상승폭만큼 상승할 것을 예상하라

시초가부터 횡보하다 상승한 후 수평 횡보하는 종목을 눈여겨보라. 3~4시간 후에 이동평균선이 수렴하고 장대양봉이 출현하면서 상승한다. 20선과의 이격이 확대되는 초기에 매수하라. 수평 횡보하는 선을 기준으로 이전 상승폭만큼 상승한다.

최초 하락 지점을 상승 돌파하면 하락폭만큼 상승할 것을 예상하라

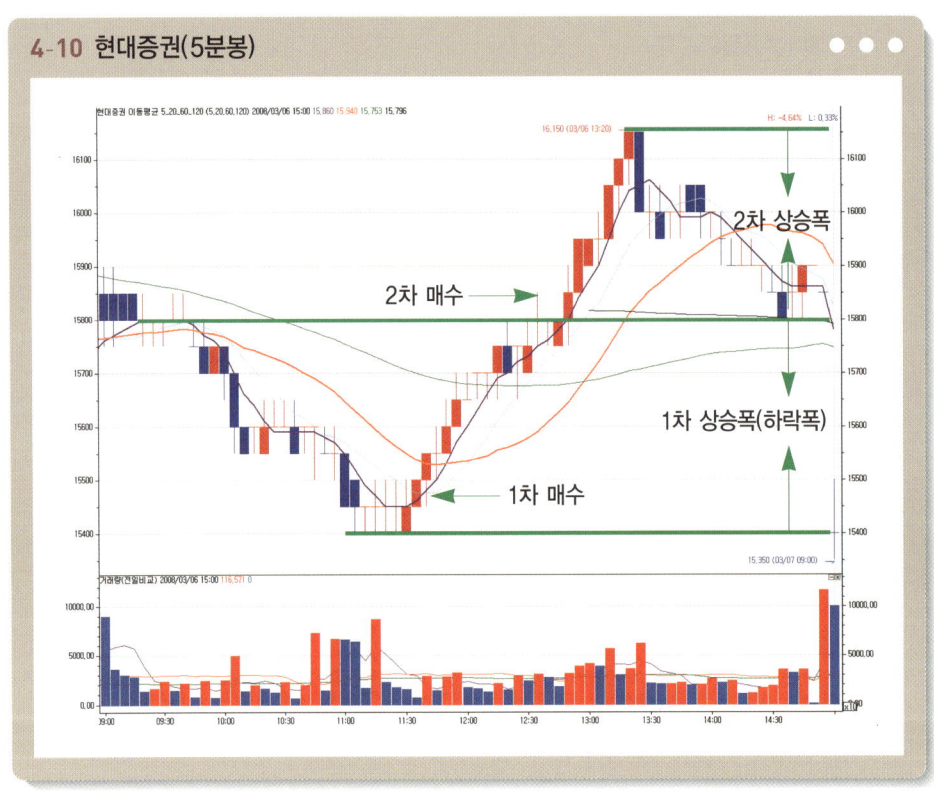

하락이 끝나고 반등하여 하락 시작 가격대를 상승 돌파하면 매수하라. 이때는 하락폭 즉, 1차 상승폭만큼 더 상승한다. 그 폭만큼 상승한 가격대에서 첫 음봉이 출현하면 매도해야 한다.

3차 하락 바닥에서 주가와 5 · 20 · 60선 골든크로스 발생하면 상승 시작 패턴이다

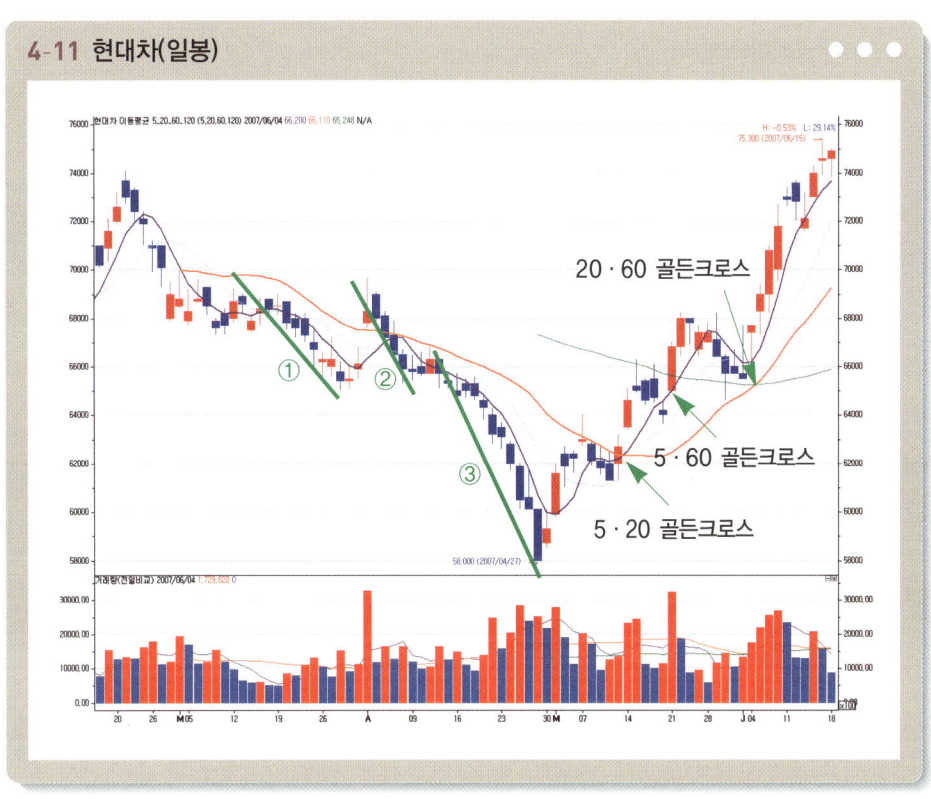

① 일간 차트에서 일봉이 5일선을 상승 돌파하는 일봉 · 5일선 골든크로스
② 일간 차트에서 5일선이 20일선을 상승 돌파하는 5 · 20일선 골든크로스
③ 일간 차트에서 5일선이 60일선을 상승 돌파하는 5 · 60일선 골든크로스
④ 일간 차트에서 20일선이 60일선을 상승 돌파하는 20 · 60일선 골든크로스
3차 하락 이후 주가는 각 이동평균선을 순차적으로 상승 돌파하는데 골든크로스가 발생할 때마다 상승에 가속도가 붙는다.

 음봉 1개로 상승 1파 마무리하는
3차 상승 패턴

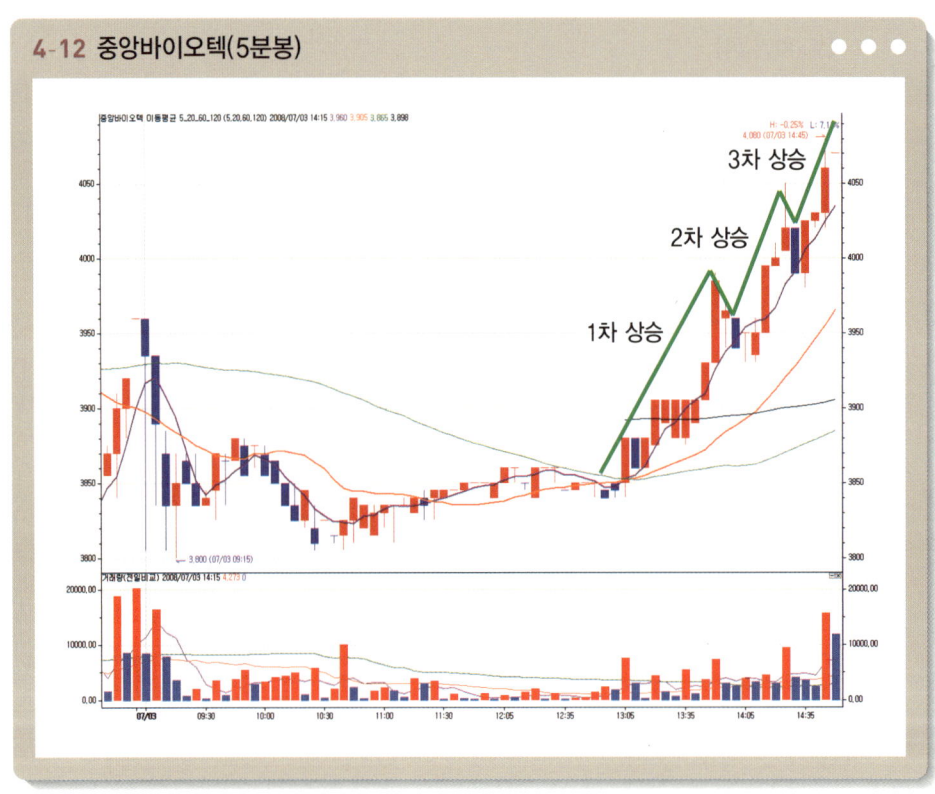

처음에는 횡보를 하다 이동평균선이 수렴되는 시점에서 상승이 시작된다. 양봉이 연속적으로 출현하며 상승하다 음봉 1개가 출현하면서 눌림목이 발생한다. 이후 다시 상승했다가 2파를 마무리하고 3차까지 상승하면 고점에 이른다.

음봉 2개로 상승 1파 마무리하는
3차 상승 패턴

일정한 가격대를 횡보하다 장대양봉의 등장으로 20선이 상향하면서 상승이 시작되고, 20선과 120선과의 이격이 확대된다. 1차 상승 후 음봉 2개가 출현하여 눌림목을 만들고 2~3차 상승으로 이어진다. 횡보하다 장대양봉이 출현하면서 20선과 120선 이격이 확대되기 시작하는 때가 매수 시점이며, 음봉 출현으로 눌림목이 형성된 후 이를 상승 돌파할 때가 2차 매수 시점이다.

수직 급등하는 3차 상승 패턴

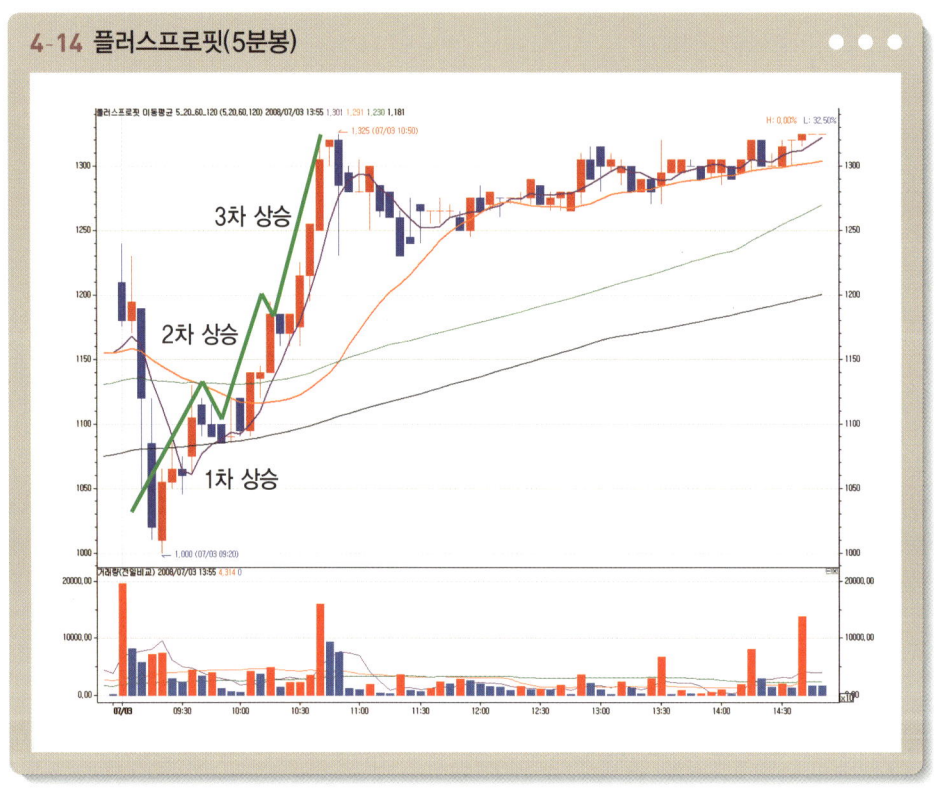

미국 주가가 폭락하여 코스피 지수가 갭 하락으로 시작하면 간혹 반발 매수세가 유입되면서 급등이 진행되기도 한다. 이때는 반등세가 빠른 고가 우량주를 우선으로 종목을 선택한다. 회복세에 따라 매수했다면 3차까지 상승할 것을 예상하고 고점에 도달할 때까지 홀딩한다.

완만하게 상승하는 대표적 3차 상승 패턴

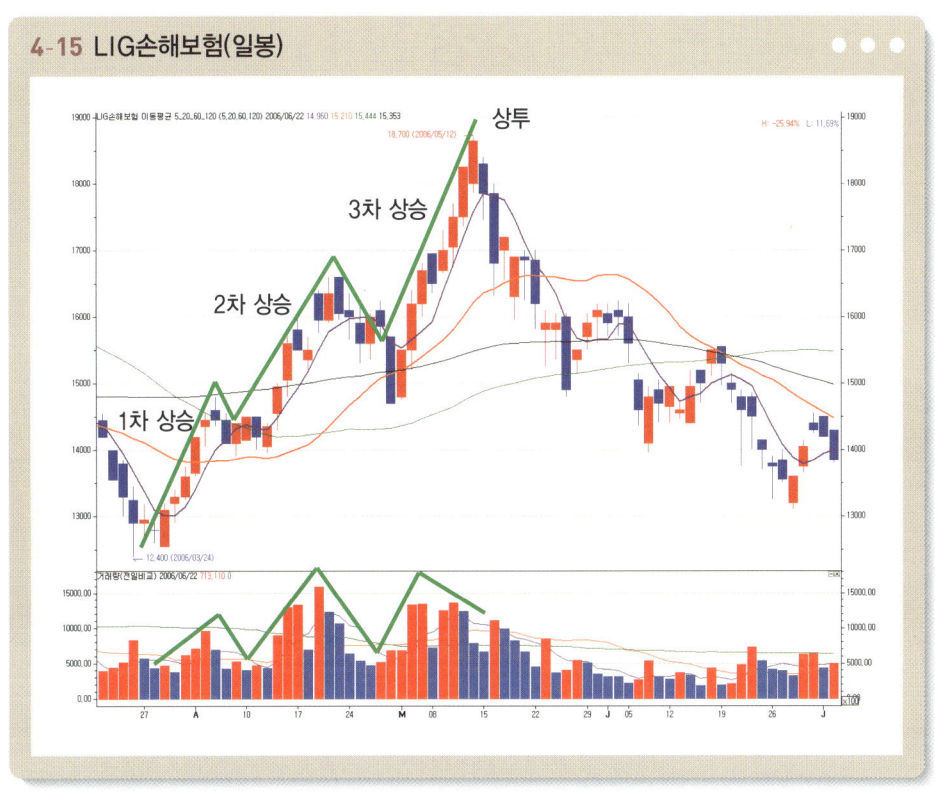

4-15 LIG손해보험(일봉)

1차 상승하고 조정 받고, 2차 상승하고 조정 받고, 3차 상승하여 상투에 도달하는 전형적인 3차 상승 패턴이다. 양봉으로 상승하다 음봉이 출현하면 거래량이 줄어들면서 가격 조정도 진행된다. 이때는 다시 양봉이 출현하면서 거래량이 증가하는가를 주목해야 한다. 양봉이 나타나더라도 거래량이 증가하지 않으면 단봉이 몇 개 출현하다가 힘없이 밀려난다. 그럴 때는 즉시 매도하라.

장대양봉+단봉1, 2, 3, 6+장대양봉 패턴은 크게 상승한다

 Key Point

01. **첫 장대양봉(상한가 포함) 필수 조건**
    - 상향하는 20선이나 60선의 지지를 받을 것(20, 60선 동시 지지가 더 좋다.)
    - 7% 이상 장대양봉일 것
    - 위꼬리가 없을 것
    - 거래량이 증가할 것

02. **단봉(1음, 2음, 3음, 6음)의 조건**
    - 5, 20선 위에서 지지를 받을 것
    - 거래량이 첫 장대양봉의 2분의 1 이하일 것
    - 첫 장대양봉 몸통의 61.8% 이상에서 출현하고 밑꼬리 만들면서 38% 이상에서 마감될 것(첫 장대양봉 몸통 위에 위치하면 좋다.)

03. **마지막 장대양봉의 조건**
    - 첫 장대양봉 몸통의 38.2% 이상에서 출현할 것
    - 거래량이 급증할 것

장대양봉+단봉1, 2, 3, 6+장대양봉 패턴

① 장대양봉+단봉1+ 장대양봉
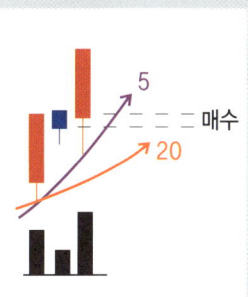

② 장대양봉+장대음봉 +장대양봉
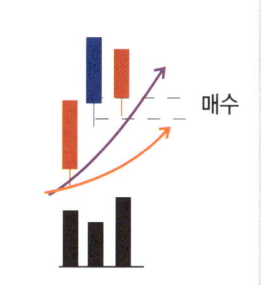

③ 장대양봉+장대양봉
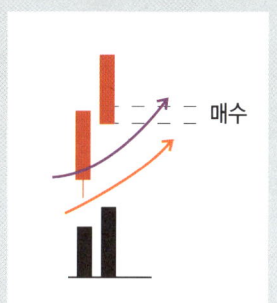

④ 장대양봉+단봉2+ 장대양봉
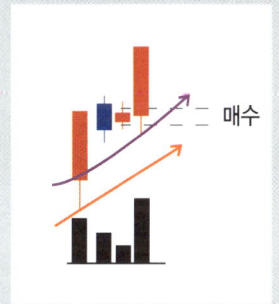

⑤ 양봉 역망치+단봉1+ 장대양봉
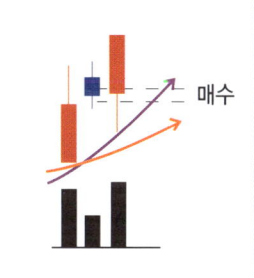

⑥ 양봉 역망치+단봉2+ 장대양봉
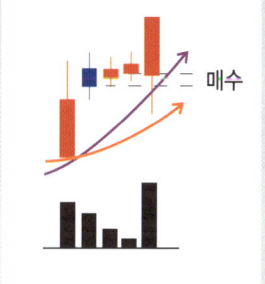

⑦ 장대양봉+단봉3+ 장대양봉
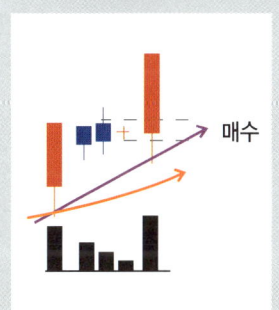

⑧ 장대양봉+단봉6+ 장대양봉
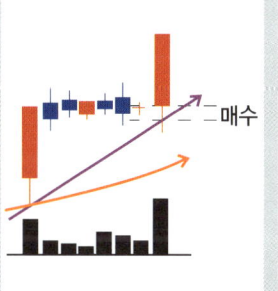

첫 상한가나 7% 이상 상승한 장대양봉이 20, 60선의 지지를 받고 출현하면 관심종목에 등록하고 계속 감시한다. 거래량이 급증하면 금상첨화이고 장대양봉의 경우 위꼬리가 없으면 좋다. 상한가 출현은 세력이 매수했다는 증거이며 세력이 매수한 종목은 계속해서 상승시킨다는 것을 기억하라.

연속해서 장대양봉이나 상한가로 급등시키는 경우와 장대양봉 출현 후 2~3일 쉬었다 상승시키는 경우가 있다. 이런 때는 단봉이 출현하는 날을 주시하면서 거래량을 점검한다. 단봉일 때 거래량이 아주 적다면 다음날 장대양봉이 될 가능성이 높다.

단봉의 출현 위치는 이전 장대양봉 몸통의 최고가보다 높은 것이 상승 가능성이 높다. 단봉의 모양은 음봉이든 양봉이든 위꼬리든 아래꼬리든 별로 중요하지 않다. 그러나 이전 장대양봉 몸통의 절반 이하에서 출현하거나 음봉 몸통이 장대양봉 몸통의 절반 이하로 내려갈 때는 상승을 기대할 수 없다. 그만큼 매도세가 강하다는 뜻이기 때문이다.

마지막 장대양봉이 시초가에 하락으로 출발했다가 밑꼬리를 출현시킨 후 시초가를 회복하고 올라가면서 양봉 몸통이 커지면 상승 확률이 높다. 이때는 반등이 시작된 밑꼬리 부분에서 매수하여 홀딩한다. 그리고 양봉이 계속되는 한 홀딩한다. 세력들은 그들의 목표 가격을 설정하고 상승시키기 때문에 계속 양봉이 출현할 것이다.

5분 차트로 보고 있으면 매매 시점을 정확히 알 수 있다. 장대양봉은 일간 차트로 보는 것보다 3분봉이나 5분봉으로 보는 것이 매수 시점을 포착하는 데 유리하다.

또한 중요하게 생각해야 할 점은 거래량이다. 첫 장대양봉에서는 거래량이 급증하고 이후 단봉은 거래량이 2분의 1 이하로 감소할 때 다음날 장대양봉이 출현할 가능성이 높다.

① 장대양봉+단봉1+장대양봉 상승 패턴

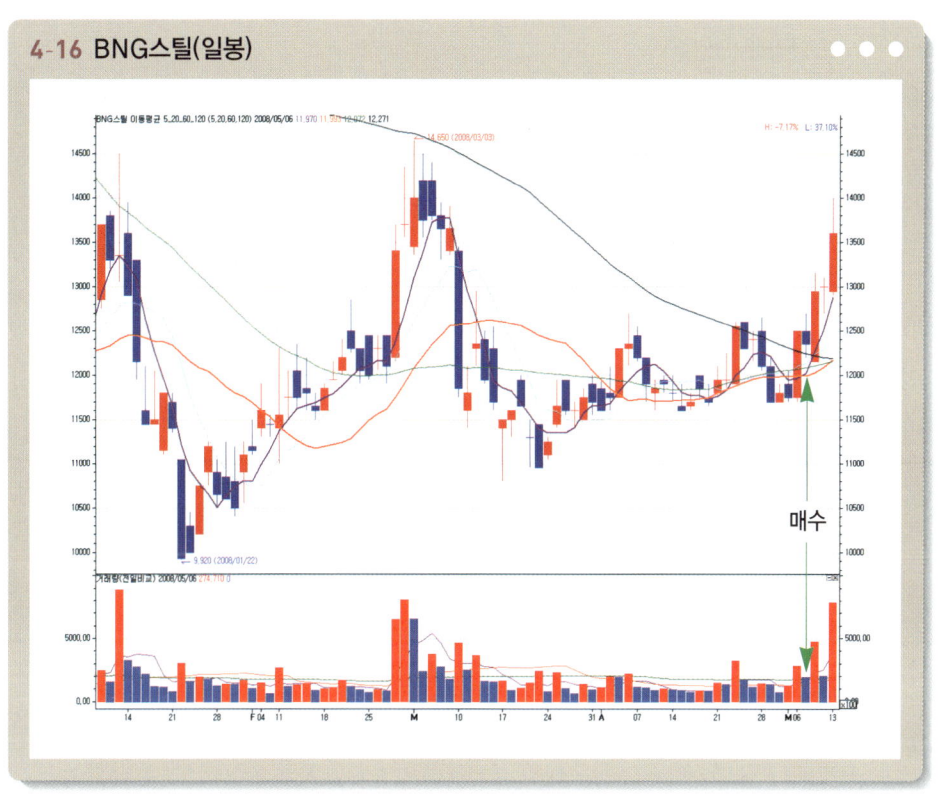

4-16 BNG스틸(일봉)

첫 장대양봉이 거래량 증가하면서 20, 60선의 지지를 받고 출현하고 위꼬리가 없으면 더 좋다. 다음날 음봉에서 거래량이 적을 때 밑꼬리 부분이 매수 시점이다. 3일째 장대양봉이 갭 하락으로 시작할 때도 매수 시점이다. 양음양이 2번 반복되는 패턴이며 모든 이동평균선이 수렴한 시점에서 출현하기 때문에 상승하는 힘이 더 강하다.

② 장대양봉+갭 상승 장대음봉+장대양봉 상승 패턴

첫 장대양봉 다음날 갭 상승 출발했지만 반락하여 음봉 몸통이 커지거든 초기에 매도하라. 하지만 계속 주시하면서 종가를 확인한다. 종가가 첫 장대양봉 몸통의 38.2% 이상에서 마감된다면 음봉이라도 매수한다. 다음날 장대양봉 출현한다.

③ 장대양봉+갭 하락 시작하는 장대양봉 상승 패턴

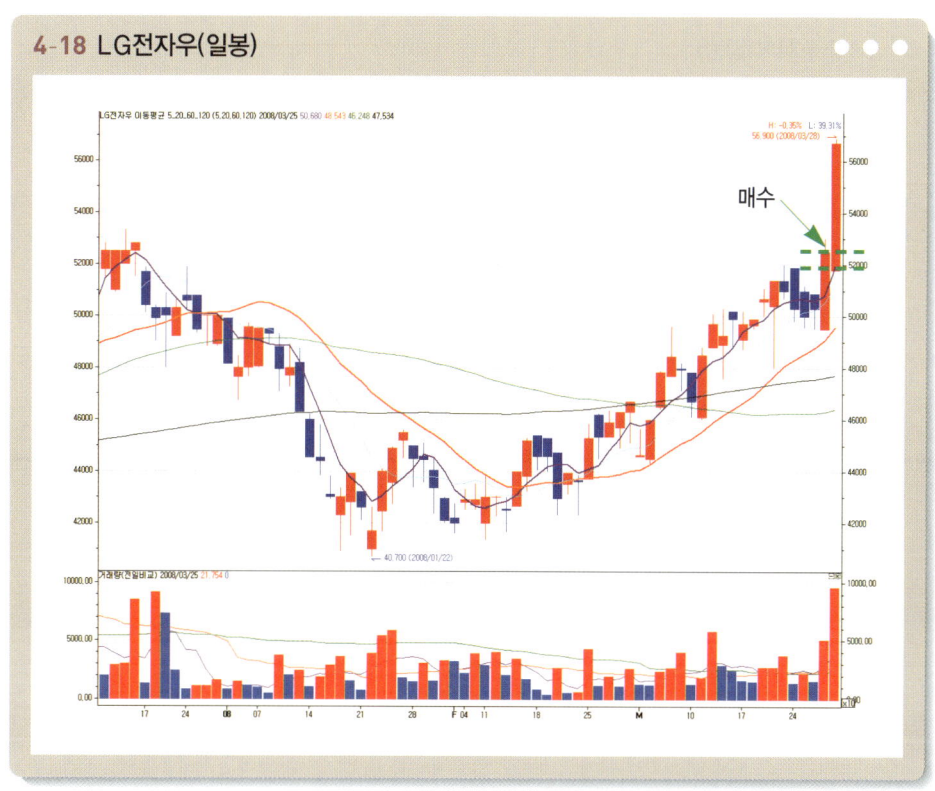

첫 장대양봉 다음날 갭 하락으로 출발했지만 상승하면서 양봉 몸통이 커지면 초기에 매수하라. 시초가에 갭 하락했다고 무조건 포기하지 말고 양봉이 되면 매수한다. 보합에서 시작한 주가가 음봉으로 밀리다가 오후에 반등하여 밑꼬리를 만들어갈 때도 매수 시점이다.

④ 장대양봉+단봉2+장대양봉 상승 패턴

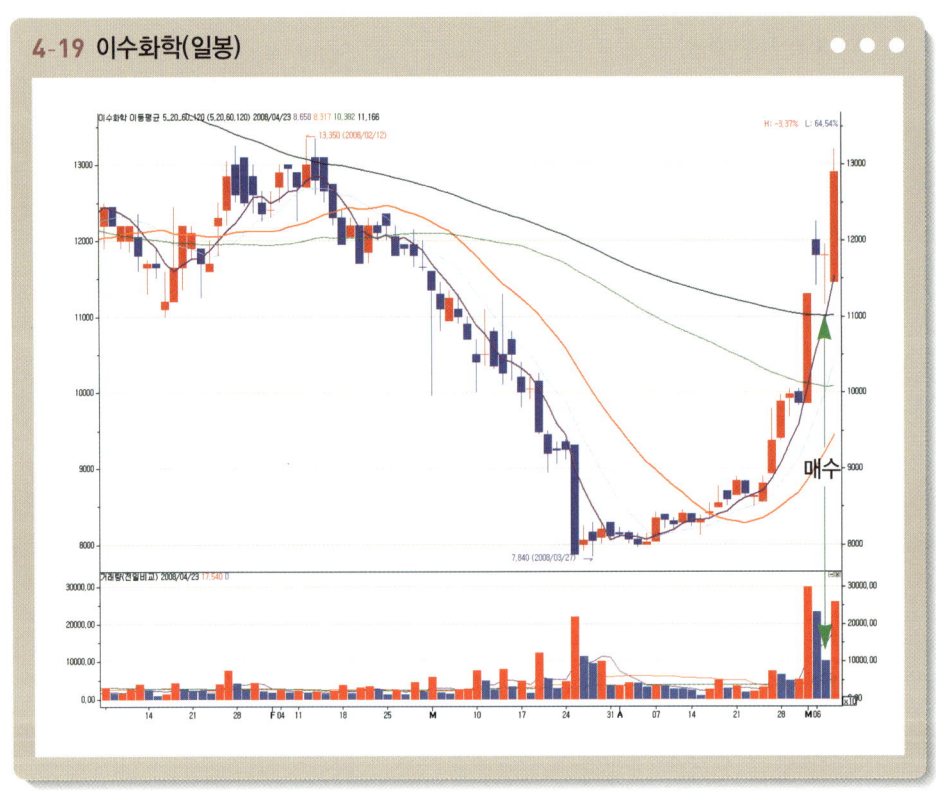

첫 장대양봉이 60선과 120선의 지지를 받는 상태에서 위꼬리 없이 출현한 후 단봉 2개가 연속되면 거래량을 체크하라. 첫 장대양봉 거래량의 절반 정도이면 매수한다. 다음날 장대양봉으로 상승한다.

④ 장대양봉+단봉2+장대양봉 상승 패턴

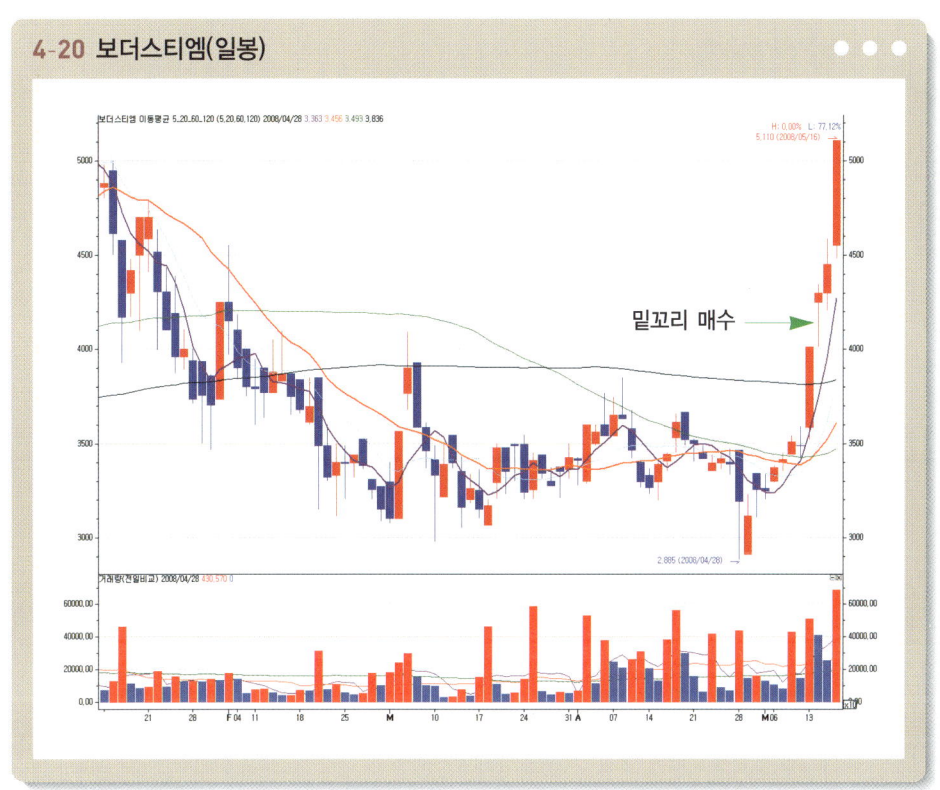

모든 이동평균선이 수렴된 시점에 이들의 지지를 받고 첫 장대양봉이 출현하면 매수하여 홀딩하라. 이후 갭 상승 위치에서 단봉이 출현하면 매수세가 강력하다는 것으로 보고 계속 홀딩하라. 이후 장대양봉 출현하고 상승한다.

⑤ 양봉 역망치+단봉1+장대양봉 상승 패턴

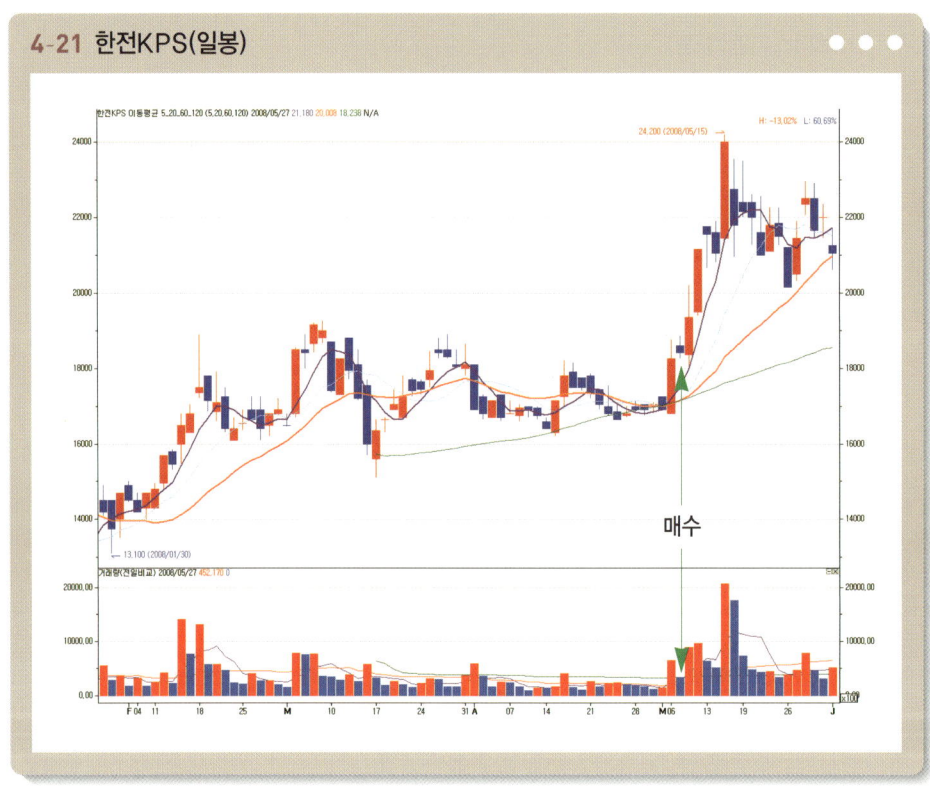

3파 수렴 시점에서 긴 양봉 역망치가 출현하면 주목한다. 이후 거래량이 줄어들면서 위꼬리 부분에서 단봉이 출현하면 다음날 장대양봉이 출현한다. 장대양봉 몸통의 2분의 1 이상에서 단봉이 출현하는 동안은 계속 홀딩하라.

⑥ 양봉 역망치+단봉2+장대양봉 상승 패턴

4-22 에이스디지텍(일봉)

5, 10, 20, 120선이 수렴된 시점에서 이들의 지지를 받고 역망치가 출현하면 초기에 매수하여 홀딩하라. 역망치 위꼬리 부분에서 출현한 단봉 2개는 잠시 쉬었다 상승하 겠다는 의지이며 다음날 장대양봉이 출현한다.

 ⑦ 장대양봉+단봉3+장대양봉
　　상승 패턴

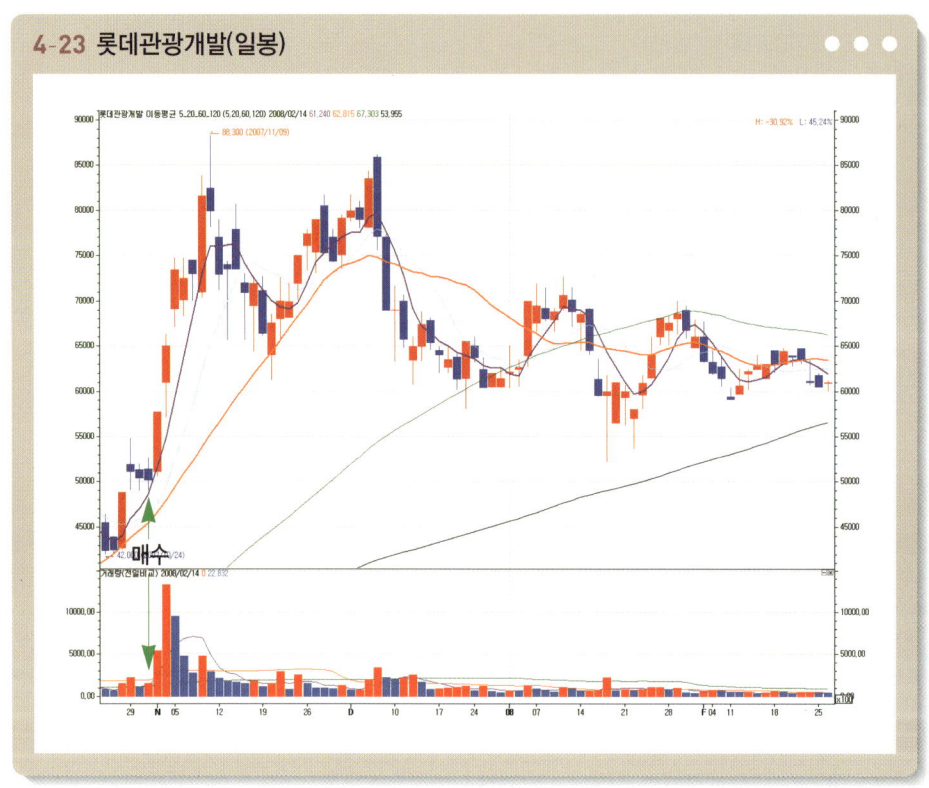

첫 장대양봉이 20선의 지지를 받고 위꼬리 없이 출현하면 관심을 갖고 지켜보라. 이후 단봉 3개가 출현한 후 장대양봉이 이어지거든 출현 초기 매수하여 홀딩하라. 최적의 매수 시점은 세 번째의 단봉이지만 이후 거래량이 증가하며 상승세를 이어가는 장대양봉을 확인하고 매수해도 늦지 않다. 갭 상승한 주가가 양봉으로 마감한다는 것은 매수세가 강함을 나타낸다.

⑧ 장대양봉+단봉6+장대양봉 상승 패턴

장대양봉이 20선의 지지를 받고 출현한 후 단봉 6개가 이어지고, 마지막 단봉에서 거래량이 적으면 다음날 장대양봉이 출현한다. 단봉은 전날보다 높아지면서 출현하는 경우도 있고 수평으로 출현하는 경우도 있다.

4-4 실전에서 대표적인 상투 패턴을 기억하라

 Key Point

고점에서 다음을 발견하면 상투이므로 즉시 시장가로 매도하라.

01. 긴 위꼬리
02. 장대음봉
03. 갭 하락 음봉
04. 쌍봉
05. 모든 이동평균선의 일시 데드크로스

3차 상승 고점에서 상투 징후가 나타나면 하락으로 이어지기 십상이다. 누구나 매도 기회를 노리고 있기 때문이다. 긴 위꼬리, 장대음봉, 갭 하락 음봉, 쌍봉, 모든 이동평균선의 일시 데드크로스는 대표적인 5가지 상투 패턴으로 꼭 기억해야 한다. 3차 고점에서 이러한 패턴 중 하나라도 보이면 즉시 시장가로 매도하라. 지지선의 지지 여부를 보고 판단하면 너무 늦다.

3차 상승 고점에서
긴 위꼬리가 출현하면 상투다

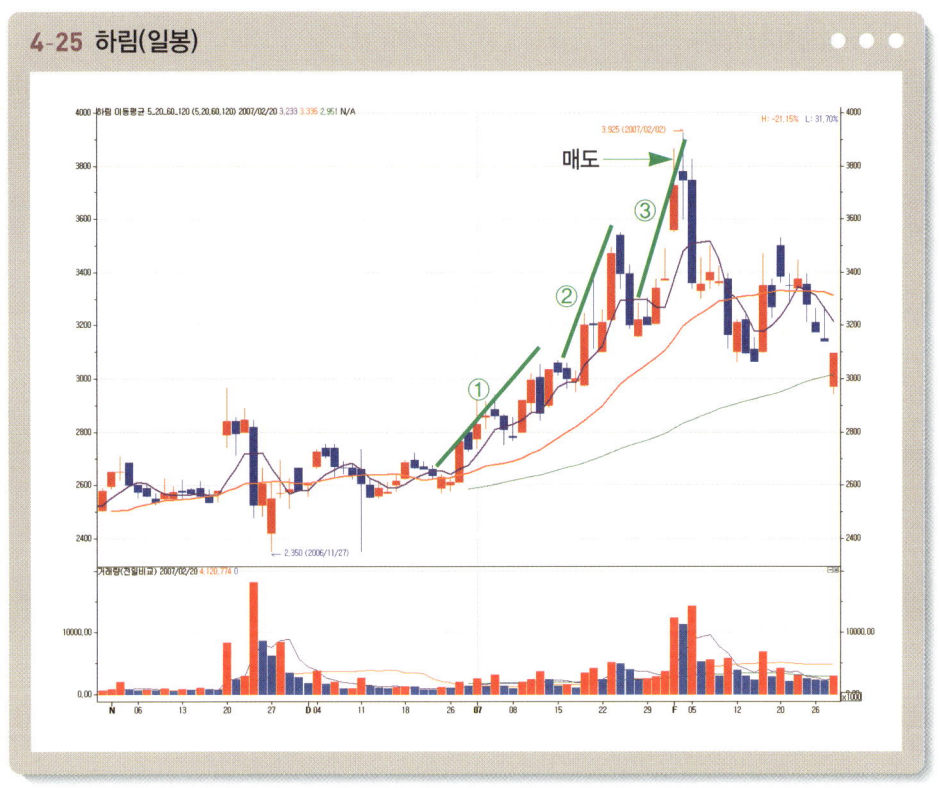

긴 위꼬리는 전형적인 매도 신호인데 3차까지 상승한 이후의 고점이라면 반드시 매도해야 한다. 차트에서도 보듯이 다음날 장대음봉이 출현하면서 큰 폭으로 하락했고 이후 계속 하락세를 이어갔다.

3차 상승 고점에서 장대음봉이 출현하면 상투다

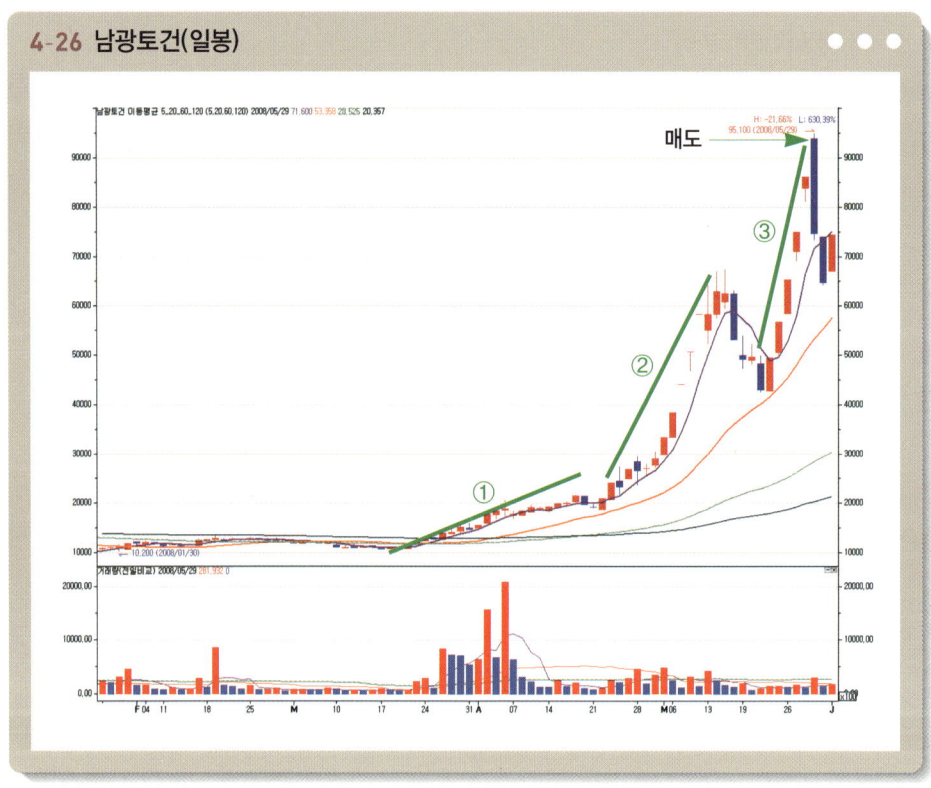

일봉이 수직 상승하는 종목은 5선이 지지되는 한 계속 홀딩한다. 5, 20선 이격이 확대되기 시작하는 시점이 1차 매수 기회다. 1차 상승하다 음봉이 출현하면서 조정을 받는데 거래량을 동반한 장대양봉으로 전고점을 돌파할 때가 2차 매수 기회다. 이후 3차 상승 고점에 이르면 언제라도 매도할 수 있도록 준비하고 있어야 한다. 갭 상승 출발했지만 하락하면서 음봉의 몸통이 커지면 매도해야 한다. 상승갭이 연속되다가 갭 상승 음봉이 출현하면 즉시 매도하라.

3차 상승 고점에서
갭 하락 음봉이 출현하면 상투다

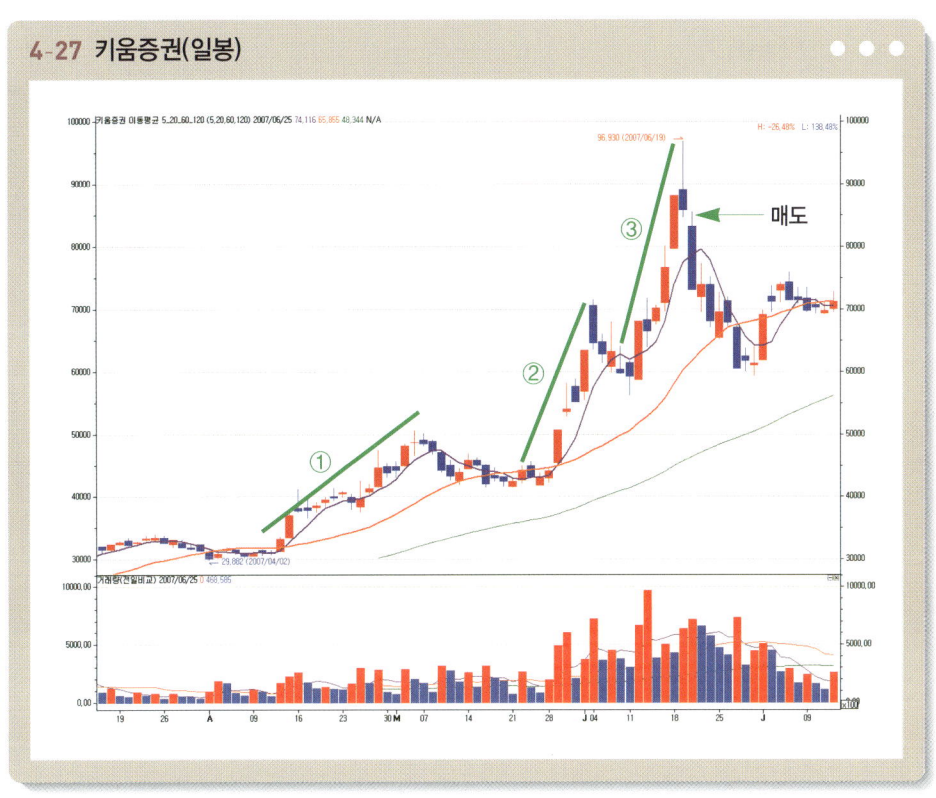

고점에서 갭 하락 음봉이 출현하는 것은 시장가로 매물이 쏟아지기 때문이다. 3차 상승 고점에서 긴 위꼬리 음봉 뒤 갭 하락 음봉이 나타나면 하락이 지속될 수밖에 없다. 신속히 매도하는 것만이 살아남는 길이다. 긴 위꼬리가 출현할 때 신속히 매도해야 하며 이 기회를 놓쳤다면 갭 하락 음봉이 출현할 때는 반드시 매도해야 한다.

3차 상승 고점에서 쌍봉이 출현하면 상투다

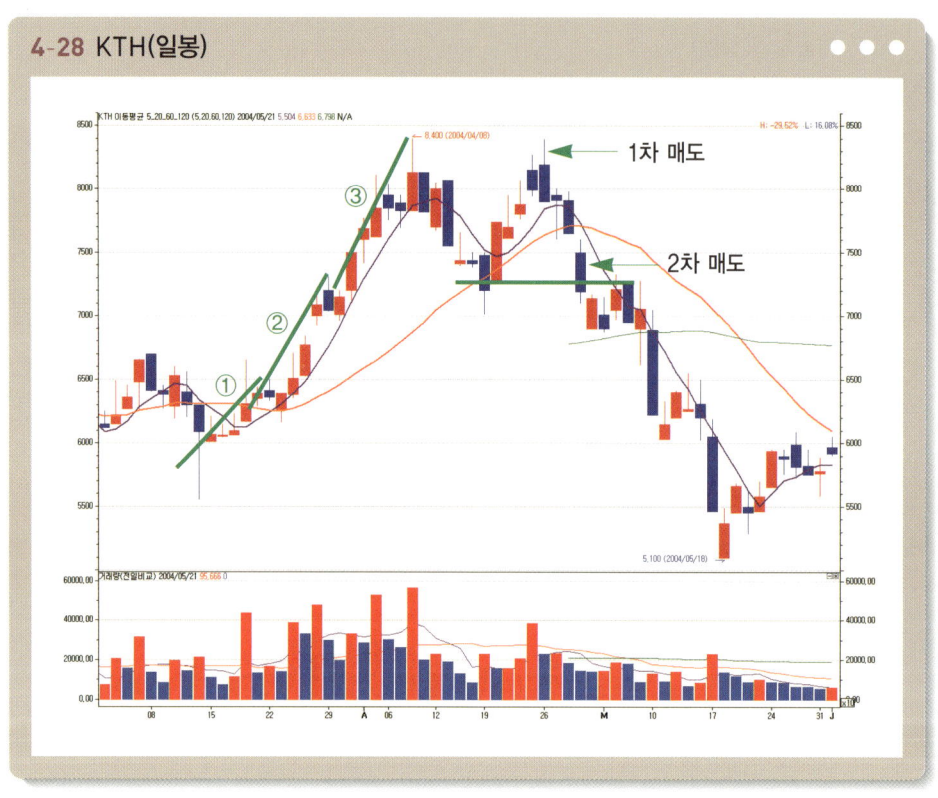

전고점을 돌파하지 못하고 쌍봉이 출현하면 신속히 매도해야 한다. 특히 고점에서 쌍봉이 만들어지면 많은 매물이 쌓여 있기 때문에 매물이 모두 소화될 때까지 오랫동안 하락한다. 쌍봉 중간의 저점에서 지지받지 못하고 하락 돌파할 때가 2차 매도 시점이다.

고점에서 횡보하다
5·20·60선 동시 데드크로스하면 상투다

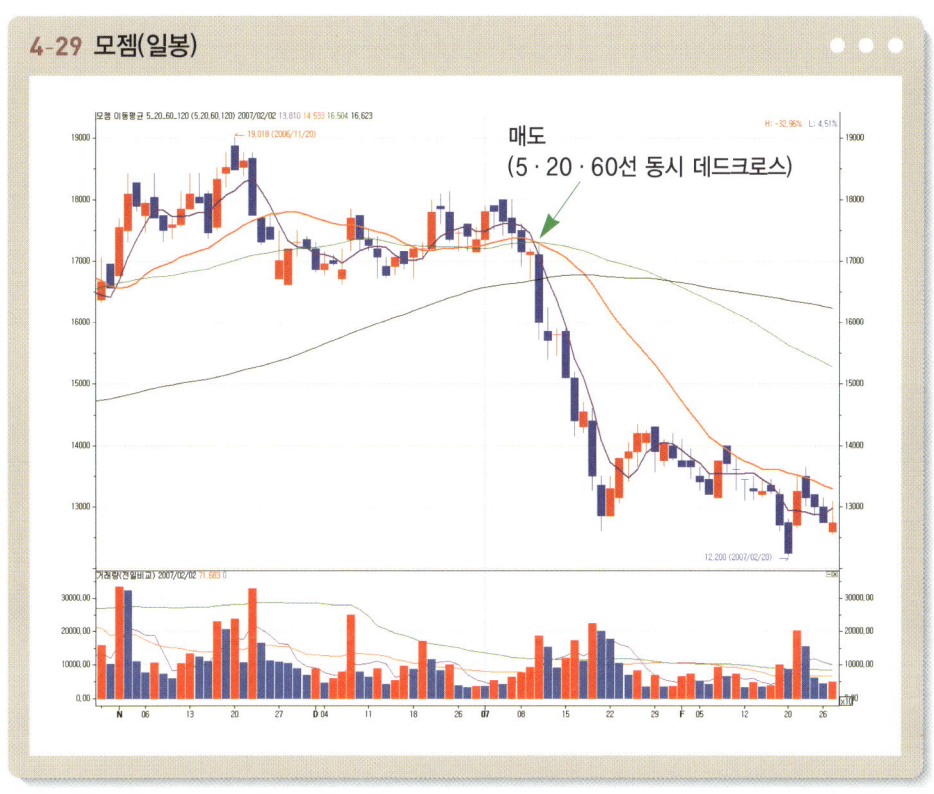

4-29 모젬(일봉)

고점에서 더 이상 상승하지 못하고 횡보하는 것은 고점에 쌓여 있는 매물 때문이다. 매수세는 고갈되고 더 이상 상승시킬 힘은 없어 언제 매물이 쏟아질지 알 수 없는 상태가 유지되는 것이다. 그러다가 첫 장대음봉으로 이동평균선의 데드크로스가 발생하면 수직으로 하락한다. 그전에 미리 매도하는 것이 최선이지만 이때까지 보유하고 있었다면 첫 장대음봉과 이동평균선이 데드크로스할 때 시장가로 매도하라. 20선을 하락 돌파하면 항상 급락한다는 것을 기억하라.

4-5 실전에서 대표적인 하락 패턴(3차 하락)을 기억하라

Key Point

5분 차트에서는 3차 상승 후 곧바로 3차 하락이 출현하는 경우가 빈번하다. 주로 5분 차트에서 하락은 다음과 같은 모습으로 진행된다.

01. 시초가 갭 상승했으나 매물 압박을 받고 1차 하락이 시작된다.
02. 시초가 갭 하락 후 장대음봉 출현 시 1차 하락이 시작된다.
03. 시초가 매물벽이 출현하면서 1차 하락이 시작된다.
04. 시초가 쌍봉 출현 후 1차 하락이 시작된다.
05. 1차 하락 후 반등하다 상단에 있는 이동평균선의 저항으로 2차 하락한다.
06. 2차 하락 후 반등하다 수렴된 여러 이동평균선의 저항으로 하락한다.
07. 3차 하락은 장대음봉이 연속되면서 급락으로 이어진다.

3차 하락은 하락추세의 기본 골격이다. 일간 차트에서 3차 하락을 예상할 수 있으면 바닥 시점이 언제인지 알 수 있으며, 분차트에서 3차 하락을 예상할 수 있으면 당일 바닥에서 매수할 수 있다.

일간 차트상으로 3차 상승 후 고점에서 하락할 때는 첫째 가격 조정, 두 번째 반등, 세 번째 기간 조정이 된다. 장기 하락장에서는 가격 조정 기간보다 기간 조정 기간이 더 길고 3차까지 계속하여 하락한다. 3차 하락 가격과 소요시간은 1차와 비슷하므로 1차 하락을 기준으로 예상할 수 있다. 1차 하락 후에는 1차 하락 가격의 0.382, 0.5, 0.618배 반등한다.

일목균형표의 시간론

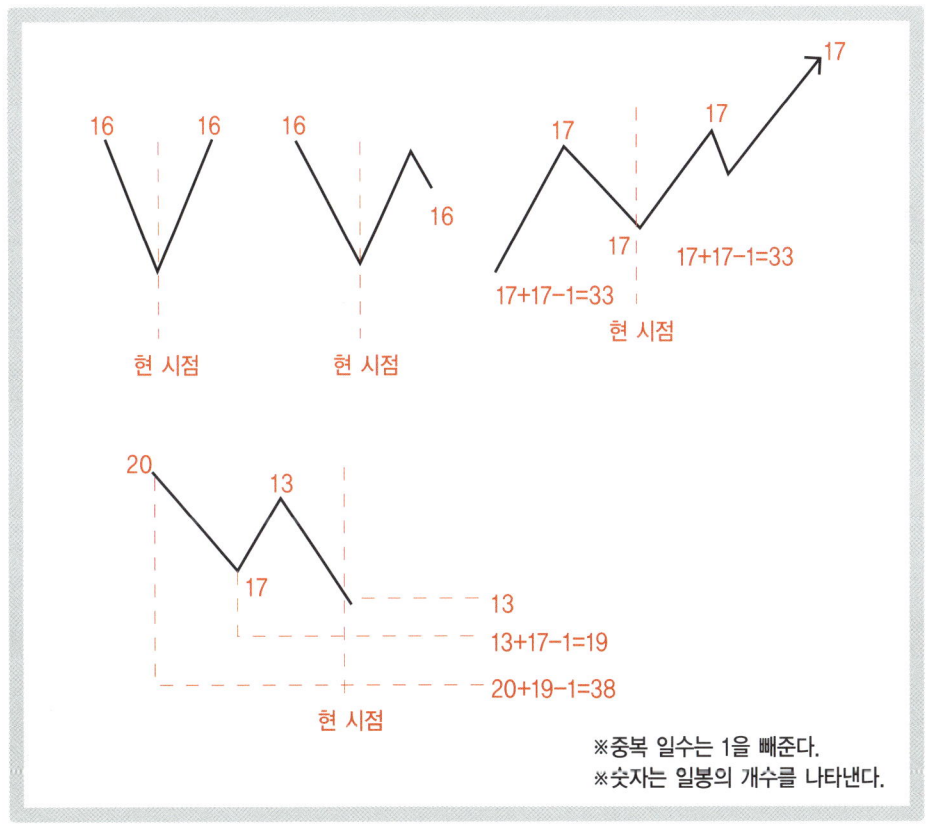

※중복 일수는 1을 빼준다.
※숫자는 일봉의 개수를 나타낸다.

최초 상승일로부터 17일간 상승하면 이후 17일간 하락할 것을 예상하라

4-30 코스피(일봉)

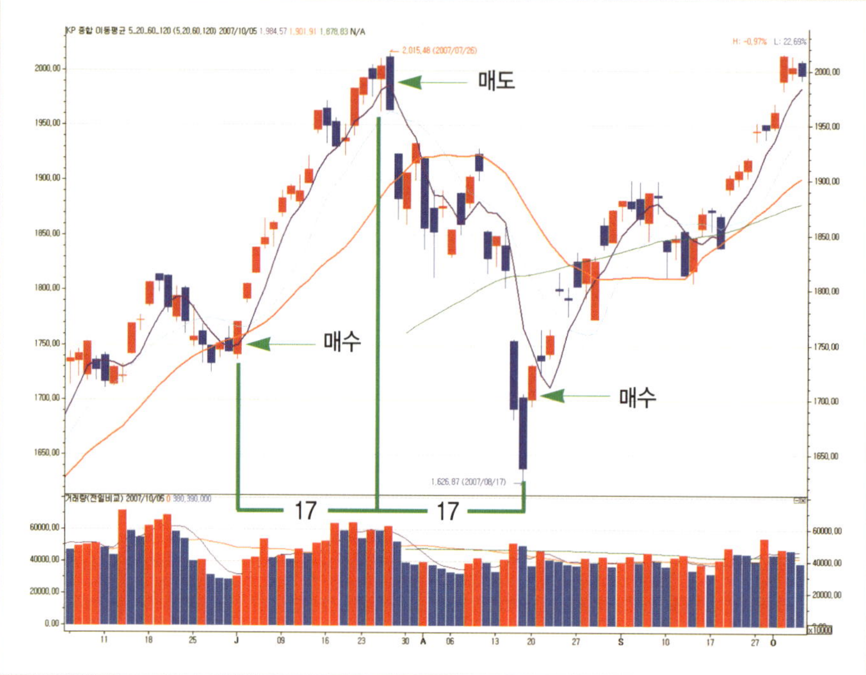

하락 기간을 상승 기간을 기준으로 예상할 수 있다. 첫 상승일부터 계산해서 17일간 상승한 후 장대음봉이나 갭 음봉이 출현하면서 하락이 시작되면 17일간 하락하고 반등한다.

최초 상승일로부터 조정 마무리까지 25일 소요되었으면
상승 후 하락까지 25일간을 예상하라

4-31 코스피(일봉)

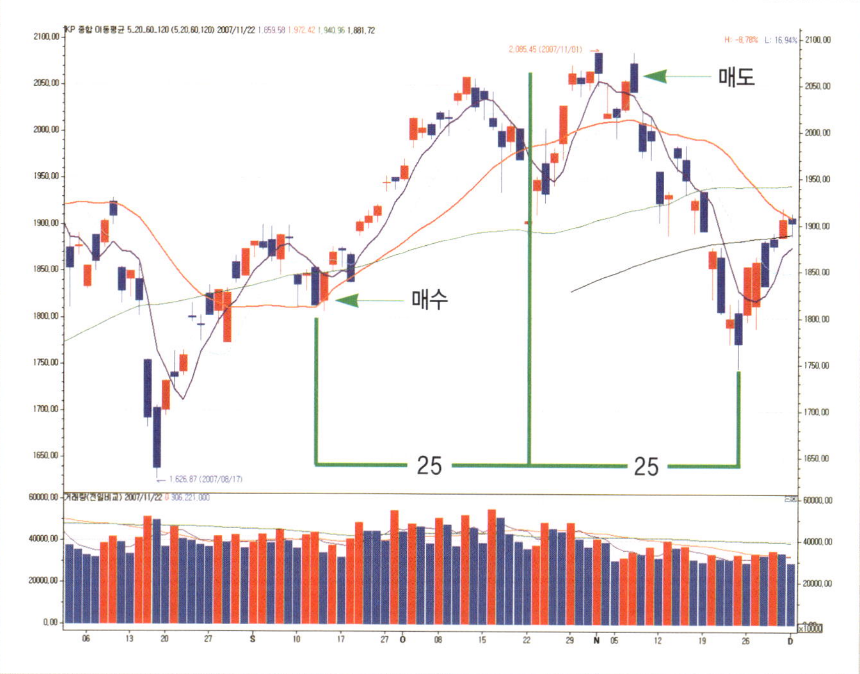

첫 상승일부터 조정 시까지가 25일간이라면, 조정 시점에서 상승 후 다시 하락하여 25일만에 바닥을 찍을 것을 예상하라.

한 파동은 5, 7, 9, 16, 17, 26, 33일로 마무리되는 경향이 있다.

 ## 양봉 1개로 하락 1파 마무리하는
3차 하락 패턴

처음에는 완만한 상승과 하락을 반복하면서 하향한다. 그러다가 20선·60선이 데드 크로스되는 시점에서는 장대음봉이 출현하면서 급락이 시작된다.

1차 하락이 양봉 1개로 마무리되고 2차 하락도 양봉 1개로 마무리된 후, 3차 하락 끝에 양봉이 출현하면서 횡보하면 하락이 3차까지 마무리된 것이다.

양봉 2개로 하락 1파 마무리하는 3차 하락 패턴

20, 60선이 120선과 데드크로스되면서 하향할 때는 급락이 기다린다고 볼 수 있다. 단봉이 이어지다가 장대음봉이 출현하기 시작할 때가 급락의 시작이다.

양봉 2개가 출현하면서 1차 하락이 마무리되고 다시 장대음봉이 출현하면서 급락한다. 양봉 2개가 출현하면서 2차 하락이 마무리되고 다시 장대음봉이 출현하면서 3차로 하락한다. 이후 양봉이나 도지가 출현하면서 횡보하면 3차 하락이 마무리된다.

수직 급락하는 3차 하락 패턴

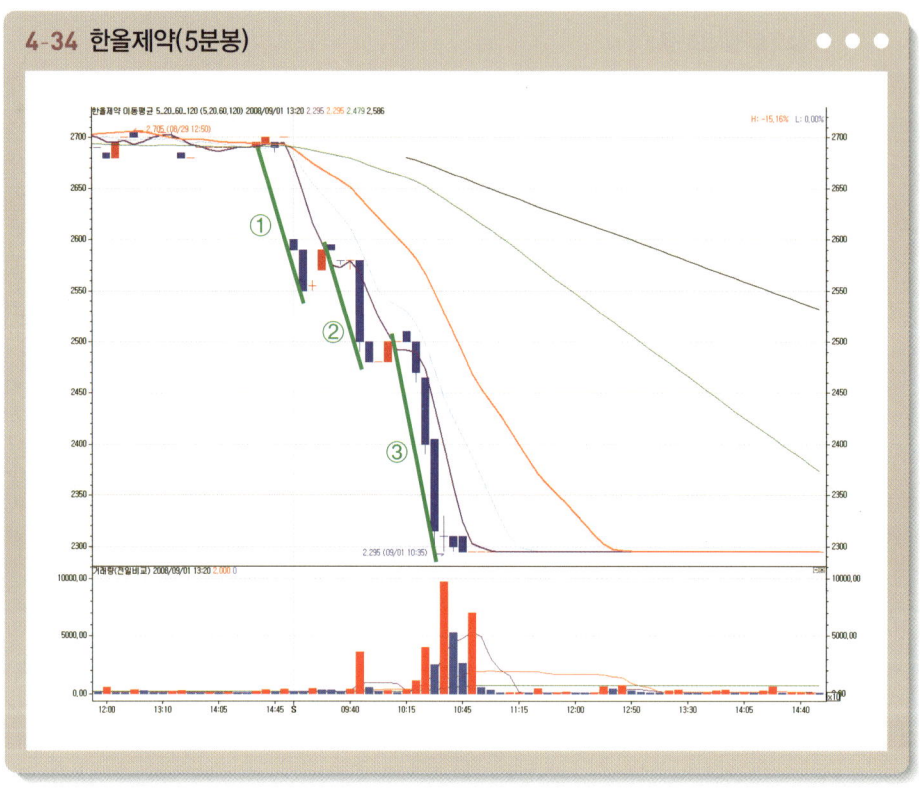

① 마지막 3차 하락은 이전보다 몸통이 큰 장대음봉으로 가파르게 진행된다.
② 긴 밑꼬리에 이어 양봉이 출현하면 하락은 마무리된다.
③ 20선 : 주가의 하락이격이 100 : 85 이상이면 매수한다.

완만하게 하락하는 대표적 3차 하락 패턴

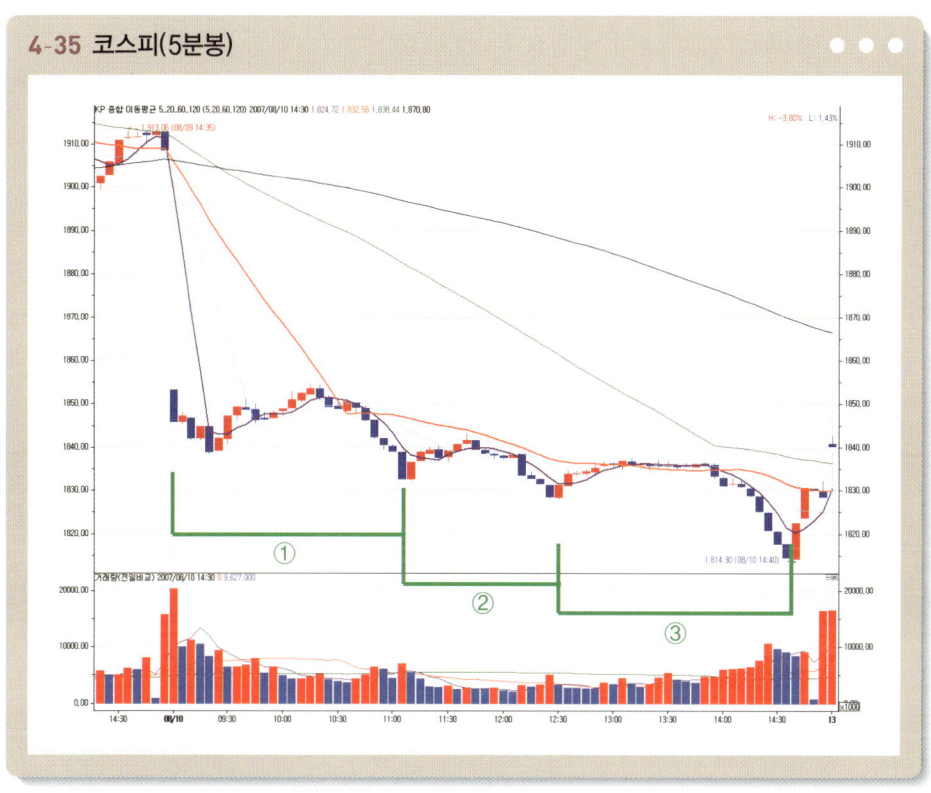

① 1차와 3차 하락은 시간과 폭이 비슷할 때가 많다.
② 마지막 3차 하락에서는 연속 5, 7, 9개의 음봉이 출현한다.
③ 3차까지 하락했더라도 주가와 20선 이격이 크지 않으면
   급하게 매수할 필요가 없다.
④ 보유주의 3차 하락 여부가 애매할 경우에는 코스피와 업종 지수,
   유사 종목을 참고하라. 확실하게 3차 하락이 마무리된 차트를 모델로 삼아
   매매 시점을 포착하라.

5장 · 3대 상승 원점 매매 기법

1. 수평횡보장세 상승 원점에서 상승 초기 매수하면 확실하게 상승한다
2. 하락장세(바닥) 상승 원점에서 상승 초기 매수하면 확실하게 상승한다
3. N자 상승장세 상승 원점에서 상승 초기 매수하면 확실하게 상승한다

5-1 수평횡보장세 상승 원점에서 상승 초기 매수하면 확실하게 상승한다

Key Point

01. 활주로를 만들어가는 종목을 찾아 관심종목에 등록하고 감시하라.
02. 이륙 직전 상승 패턴 출현 종목이나 이륙 초기 종목을 매수하여 홀딩하라.
03. 장기 수평 횡보 후 수렴 시점에 출현하는 음봉 밀집 패턴은 매수 기회다.
04. 수평 횡보하다 전고점을 돌파할 때 매수하라. 특히 시초가 3~5% 상승하다 수렴하는 횡보주는 상승 초기 매수하라.
05. 수평 횡보 중인 주식은 예상매매하지 말라. 특히 시초가 하락하다 횡보하는 종목은 결국 하락한다.

수평횡보장세는 장기 하락이 계속되어 바닥에 도착한 종목을 세력이 높지도 낮지도 않은 주가 상태로 일정하게 끌고 가는 경우다. 이렇게 수개월 동안 관리하는 사이 개인투자자들은 지루함을 견디지 못하고 매도하는 경우가 태반이며, 그럴수록 주 세력은 계속해서 저렴한 가격에 물량을 확보한다. 수평횡보장세는 세력이 장기간에 걸쳐 종목을 관리하는 대표적인 패턴이다.

비행기가 이륙하기 위해서는 활주로가 필요하듯 그들은 계속 차트의 활주로를 만들어간다. 횡보 과정에서 그 중심 역할을 하는 이동평균선이 등장하는데 종목별로

20선일 수도 있고 33선이나 60선이 되기도 한다. 그 선을 중심으로 다른 이동평균선들이 수렴하는 것이다.

  모든 이동평균선의 이격이 좁혀지면서 폭발 직전의 상태가 될 때까지 세력들은 목표했던 물량의 확보를 마친다. 간혹 목표 물량이 부족하면 음봉 밀집 패턴을 출현시켜 마지막 남은 개미들의 물량을 빼앗기도 한다. 그래도 부족하면 양봉 밀집 패턴을 출현시켜 단기 반등에 수익을 실현하는 물량을 흡수하므로 이때는 급등 직전 상태임을 기억하고 꼭 붙들고 있어야 한다. 확신이 있다면 오히려 적극 매수 시점으로 삼는다.

  그런 후에는 양음양이 출현하거나 역망치, 상승반전형을 만들면서 주가는 급등한다. 이때는 죽기 살기로 따라붙어야 한다. 세력은 개미들의 동태를 파악하기 위해 장대양봉을 몇 개 출현시켜보면서 대책을 세운다. 개미들을 동반하지 않고 상승하기 위해 상승 직전에 여러 가지 계책을 마련하는 것이다. 보통 장대양봉이나 상한가가 출현하면 겁이 나서 매수에 가담하지 못하는데 그렇게 멍하니 쳐다보고 있는 동안 그 종목은 순식간에 공중으로 날아간다.

  이러한 종목에서는 수평 횡보 중에 1~2차 고점이 출현하고, 그 고점을 상승 돌파하는 시점이 매수 시점이다. 세력들은 해당 종목의 총 발행주식 중 10% 이상을 확보했을 때 상승 움직임을 시작하여 30~50% 이상 상승하면 이익실현을 시작하는데 이때가 매도 시점이다.

5분 차트에서 시초가부터 3시간 이상 수평 횡보하는 종목은
이동평균선이 수렴되는 상승 초기 매수하라

① 시초가부터 수평 횡보하면서 20, 33, 60선이 수렴되면
상승 초기이므로 매수하라.
② 전고점 돌파 시 매수하라.
수평 횡보 중에 1차나 2차 예비상승 후 그 고점을 상승 돌파하는 장대양봉이 출현하면 매수한다. 20선과 60선이 일정한 가격대를 유지하다 20·60선 골든크로스 시점에서 장대양봉이 출현할 때가 매수 시점이다. 3~4시간 이상 수평 횡보 끝에 주가가 20선 위로 올라서 이격을 확대하기 시작할 때가 최고의 타이밍이다.

■ 5분 차트에서 시초가 3~5% 상승 뒤 3시간 이상 횡보하는
종목은 이동평균선이 수렴되는 상승 초기 매수하라

① 5, 10선이 먼저 수평 횡보를 시작하고 20선이 합류한 후
60선이 횡보하다 상향으로 바뀔 때 매수하라.
② 주가와 20선 이격이 확대되는 초기 매수하라.
시초가에 3~5% 상승한 뒤 수평 횡보하는 경우는 3~4시간 후 상승을 시작한다. 일정한 가격대를 횡보하는 120선을 중심으로 5, 10, 20, 60선이 수렴하고 상승이 시작된다. 여기서는 120선이 중심선 역할을 한다.

5분 차트에서 시초가 수직 하락 뒤 3시간 이상 횡보하는 종목은 이동평균선이 수렴되는 상승 초기 매수하라

5-3 신한지주(5분봉)

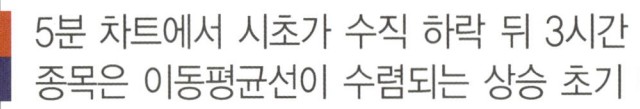

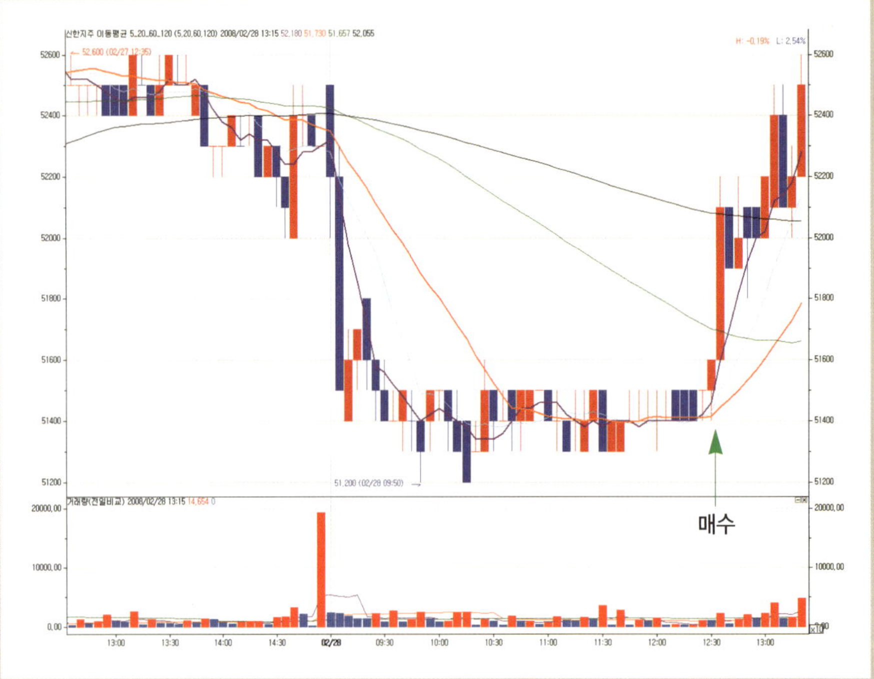

① 주가가 20선과 이격이 발생하는 초기 매수하라.

② 수렴 시점에서 상향으로 돌아선 5분선의 지지를 받으며 양봉이 출현할 때 매수하라.

시초가부터 하락하여 수평 횡보하는 경우는 하락 가능성이 높다. 이전 매물이 흘러나와 하락하므로 전저점을 깨는 음봉이 출현하면 매도해야 한다. 그러나 시초가가 크게 수직 하락하고 3~4시간 수평 횡보하다 이동평균선이 수렴되면 상승한다.

5분 차트에서 시초가부터 3시간 이상 횡보하는 종목은 저항선을 돌파하는 양봉 출현 시 매수하라

① 위에서 내려오는 저항선을 돌파하는 양봉이 출현할 때 매수하라.
② 120선까지 수렴되는 시점에서 매수하라.

이동평균선이 내려오고 있으면 상승 시도가 있어도 저항을 받고 하락하므로 상승을 기대할 수 없다. 이동평균선에서 저항을 받고 하락할 때는 첫 음봉에서 매도해야 한다. 이때는 최종적으로 120선이 수렴될 때가 매수 시점이다.

5분 차트에서 시초가 갭 상승 뒤 이동평균선에 부딪쳐 하락할 때는 예상매매하지 말라

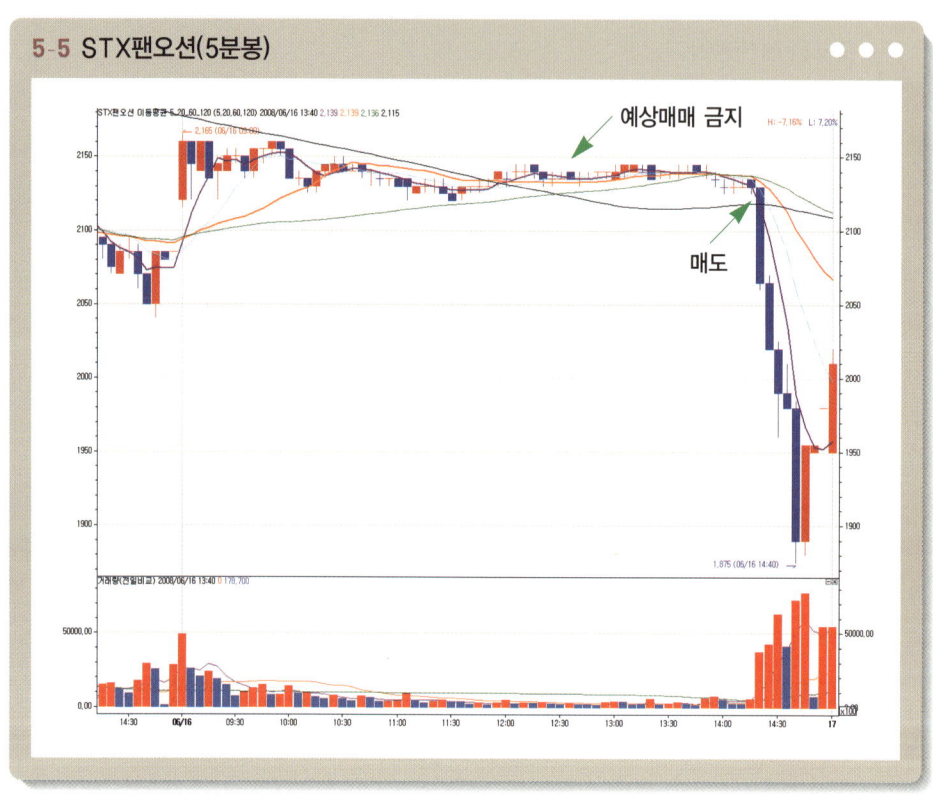

① 수평 횡보하는 중에 상승을 예상하고 미리 매수하지 말라.
② 횡보하다가 모든 이동평균선을 하락 돌파하는 첫 장대음봉이 출현하면 매도하라. 고점에서 횡보하고 있을 때는 상승과 하락이 결정되기 전에 예상매매하면 안 된다. 전저점을 깨면 무조건 매도해야 하며, 감시를 계속하다가 이동평균선에 부딪쳐 하향할 때는 첫 장대음봉에 매도해야 한다. 첫 장대음봉으로 매물이 일시에 쏟아져 폭락하기 때문에 연속으로 장대음봉 5, 7, 9개가 출현한다. 더욱이 주가가 20선을 하락하면 매물 출회가 가속화되어 큰 폭으로 하락한다.

일간 차트에서 3개월 이상 수평 횡보하는 종목은 이동평균선이 수렴하고 양봉 밀집 시 매수하여 홀딩하라

① 장기 횡보 중이던 종목에서 이동평균선이 수렴한 후 단양봉이 연속되면 매수하라.
② 거래량을 동반한 장대양봉이 출현하여 전고점을 돌파할 때 매수하라.

수렴 과정에서 긴 밑꼬리는 세력의 의도가 숨어 있는 것이다. 세력은 수개월의 횡보 기간 동안 주가를 관리하면서 상승과 하락을 반복시켜 개인들의 물량을 빼앗는다. 특히 긴 밑꼬리는 장대음봉으로 개인들에게 겁을 준 후 투매하는 물량을 확보하면서 쳐올렸다는 의미다.

일간 차트에서 3개월 이상 수평 횡보하는 종목은 이동평균선이 수렴하고 상승반전형 출현 시 매수하라

5-7 대우건설(일봉)

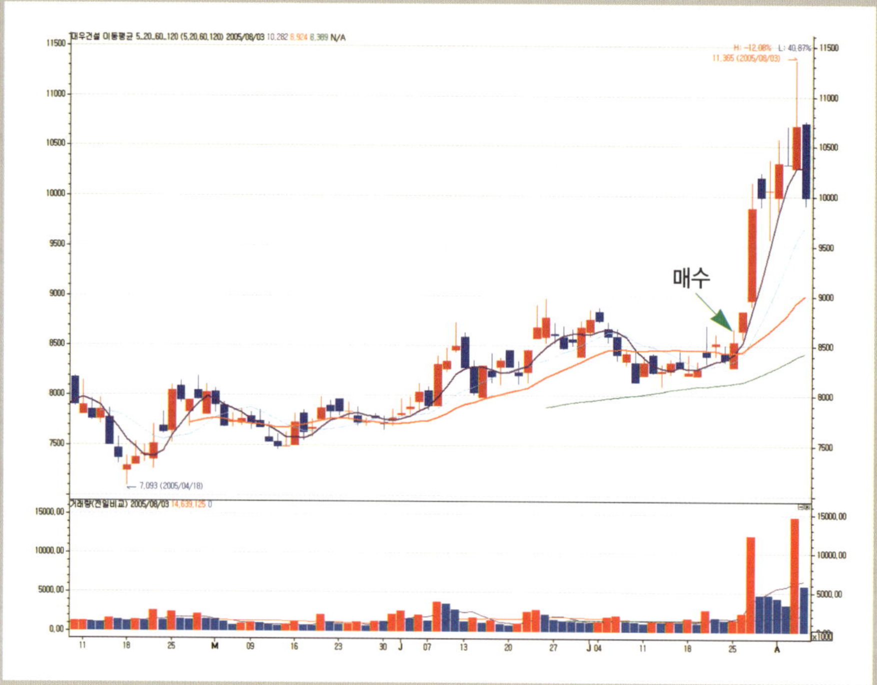

① 전고점을 상승 돌파하는 역망치형이 거래량 급증과 함께 출현 시 매수하라.

② 주가가 20선 위로 올라서 이격을 확대하기 시작하는 초기에 매수하라.

역망치 마주보기는 1차 역망치에서 물량을 확보하면서 급매물을 일부 매도한 것(위꼬리 부분)이고, 망치 마주보기는 급매도 물량을 거둬들이면서 물량을 확보하고 가는 패턴이다. 비교적 저점에서 출현할 경우 상승 가능성이 높으며 특히 20선의 지지를 받으면서 출현할 때는 상승 가능성이 더 높다.

일간 차트에서 3개월 이상 수평 횡보하는 종목은 이동평균선이 수렴하고 양음양 출현 시 매수하라

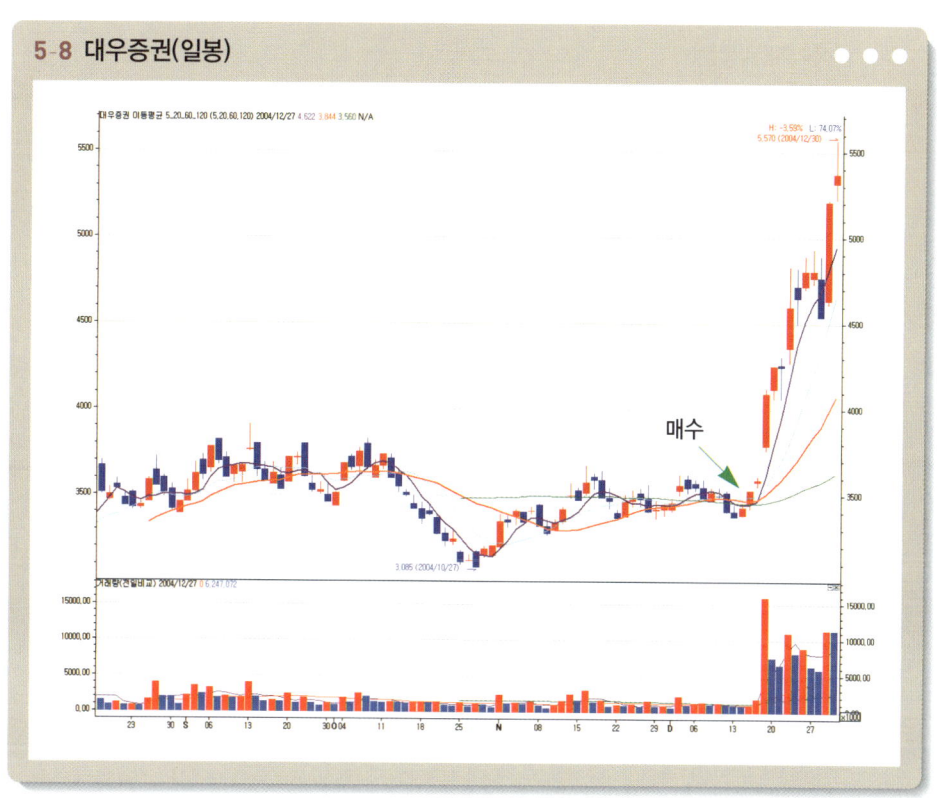

① 첫 장대양봉이 20선의 지지를 받으면서 출현할 때 매수하라.
② 양음양 중에서 거래량이 감소하는 음봉을 매수하라.

세력의 물량 확보는 양음양을 통해서 이뤄진다. 이때 첫 번째 양봉은 20선의 지지를 받으면서 위꼬리가 없어야 한다. 두 번째 음봉은 첫 번째 양봉 몸통의 2분의 1 이상에서 밑꼬리가 출현하면서 보합 수준의 종가로 마감되는 것이 이상적이며 거래량이 직전 양봉의 절반에 못 미쳐야 한다. 이 음봉의 밑꼬리가 매수 지점이다. 세 번째의 장대양봉이 갭 상승으로 나타날 경우 상승폭이 크다.

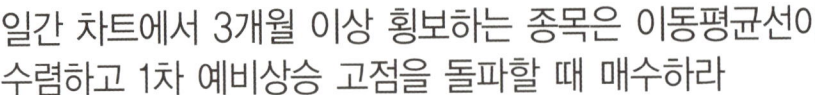
일간 차트에서 3개월 이상 횡보하는 종목은 이동평균선이
수렴하고 1차 예비상승 고점을 돌파할 때 매수하라

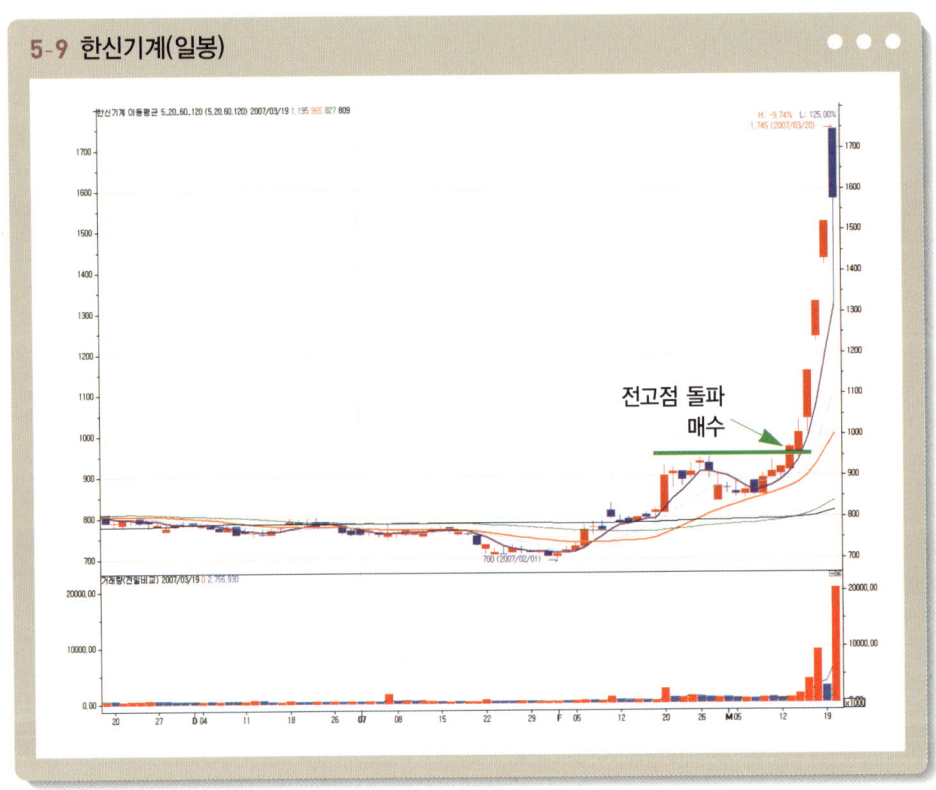

① 주가가 수평 횡보하다 약간 하락 후 재상승하는 장대양봉에서 매수하라.
② 모든 이동평균선이 수렴한 후 상승이격이 확대되는 초기에 매수하라.
3개월 이상 장기 횡보하면서 모든 이동평균선이 수렴된 상태라면 언제 급등을 시작할지 모르는 상태다. 이런 차트를 발견하면 항시 매수 준비 상태에서 주시하다가 이동평균선의 이격이 확대되는 초기에 매수한다. 횡보 기간만큼 상승할 것이라 예상할 수 있으며 5일선이 지지되는 한 음봉이 출현해도 홀딩한다.

일간 차트에서 3개월 이상 횡보 중 1~2차 예비상승한 종목은 그 고점을 돌파하는 첫 장대양봉 출현 시 매수하라

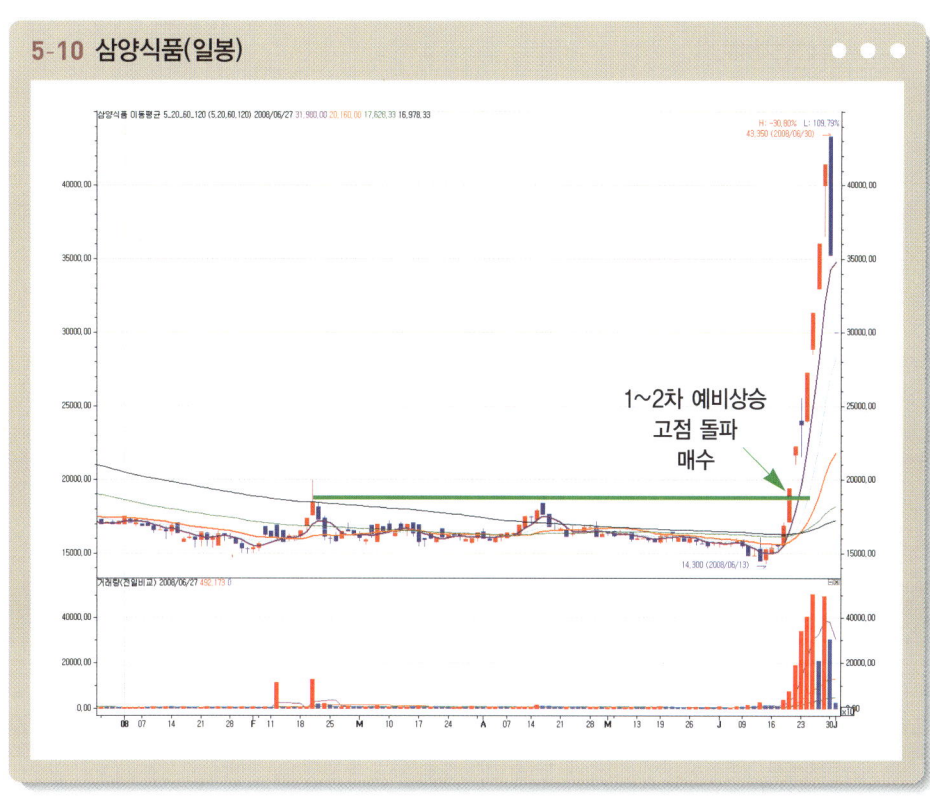

① 주가와 20선 이격이 확대되는 초기 매수하라.
② 횡보 중에 1~2차 예비상승하고 그 고점을 상승 돌파할 때 매수하라.

수개월의 횡보 기간 동안 세력은 1~2차 장대양봉을 출현시켜 개인들의 동태를 살펴보면서 개미털이 작전을 준비한다. 장대양봉에 개인들이 확 모여들면 횡보를 지속하면서 의도적으로 주가를 눌러 음봉을 발생시키기도 한다. 이를 몇 차례 반복하면 개미들이 지쳐서 떨어져 나가는데 그 시점부터 상승이 시작된다.

저점에서 단기 횡보하다
상승 돌파하는 장대양봉 출현 시 매수하라

① 단봉으로 저점에서 계단식으로 상승하는 종목은 매수하여 홀딩하라.
② 20선이 지지되는 한 계속 홀딩하라.
장대음봉 없이 단봉이 연속되며 하락하다 장대양봉으로 20선을 상승 돌파하는 종목은 돌파 초기에 매수한다. 주가가 20선에 의해 지지되는 한 계속 홀딩하며 20선을 하회하는 때가 매도 시점이다.

■ 20, 60선이 횡보하고 박스권에서 등락을 반복하는 종목은
■ 주가가 20선과의 상승이격을 확대하는 초기 매수하라

① 저점에서 상승 초기 박스권 상단을 돌파하는 양봉 출현 시 매수하라.
② 20선을 상승 돌파하는 장대양봉 출현 시 매수하라.

20선이 횡보하다 상향하고 주가가 20선을 중심으로 등락을 반복하는 종목은 박스권이나 20선을 상향 돌파할 때가 매수 시점이다. 20선이 수평 횡보하다 박스권을 하향 돌파하는 음봉이 출현하면 매도해야 한다.

 장기 수평 횡보 종목은 이동평균선 수렴 시점에서
상승 초기 매수하라

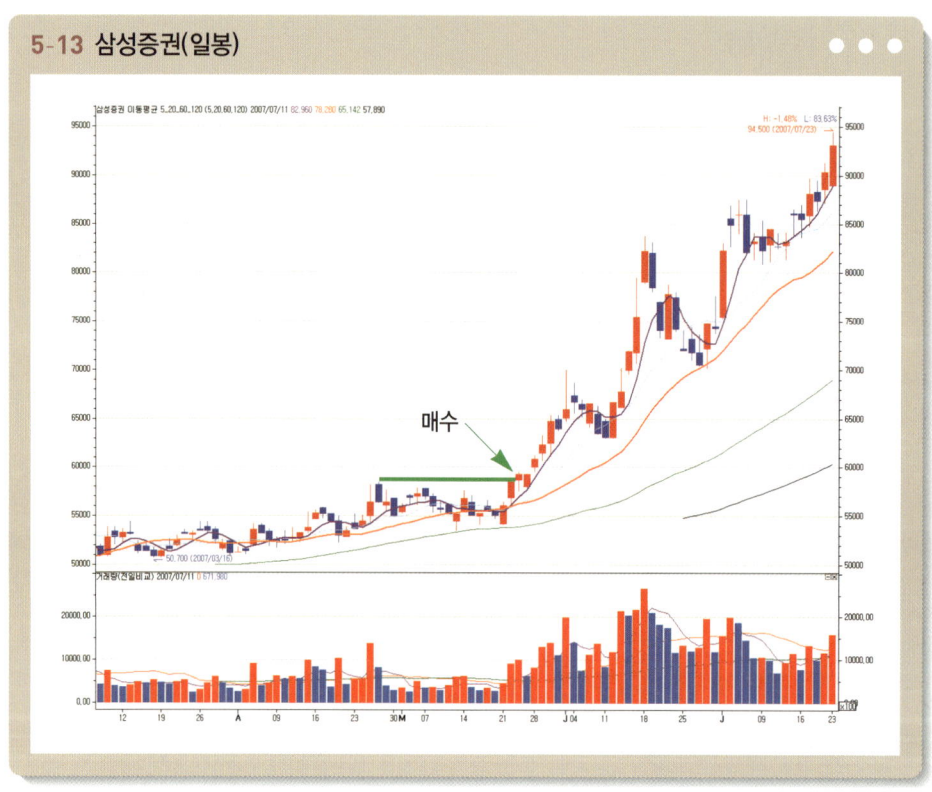

① 전고점을 돌파할 때 매수하라.
② 20선과 주가가 이격을 확대하는 장대양봉 출현 시 매수하라.
수평횡보장세가 진행될 때는 20, 33, 60선 중 한 선이 일정한 위치를 유지하면 나머지 이동평균선들이 합쳐지면서 수평이 된다. 횡보장세에서는 상승 시점을 포착하기 위해 몇 개월이고 기다려야 한다. 관심종목에 등록하고 항상 주시하다가 양봉 밀집이나 음봉 밀집 패턴이 출현하면 매수한다.

5-2 하락장세(바닥) 상승 원점에서 상승 초기 매수하면 확실하게 상승한다

Key point

01. 20선이 하향하면 하락할 가능성이 높으므로 매수하지 말고 바닥 패턴이 출현할 때까지 기다려라.
02. 단기 하락은 5분 차트상으로 고점에서 1차 하락한 후 반등하여 전고점 밑에서 2차 하락하고, 3차까지 이어진다.
03. 중기 하락은 일간 차트 20선이 하향하면서 하락을 시작한 후 3차까지 진행된다. 1~3개월 기간에 20~30% 떨어지면 바닥을 찍고 상승한다.
04. 대세 하락은 20월선이 3차까지 하락하는데 평균 4년의 기간으로 고점에서 50% 하락 후 재상승한다.
05. 하락장세에서는 많이 하락했다는 이유만으로 매수하지 말고 확실한 반등 패턴이 나타나면 매수하라.

개인투자자들의 실패 원인은 호황기에 많이 상승한 주식을 고점에서 매수하여 하락이 계속되는데도 과감하게 매도를 하지 못하는 데 있다. 매수할 때 손절 가격을 결정하고 기계적으로 매도하는 것만이 손해를 줄이는 유일한 방법이다. 만약 손절 원칙을 지키지 못했다면 하락이 일시적인가 대세적인가를 신속히 파악해 대처해야 한다.

코스피 지수는 중기적으로 1~3개월에 걸쳐 고점에서 20~30% 정도 하락하면 바닥을 찍고 재상승하는 패턴을 보였다. 이에 비해 대세 하락은 3~4년에 걸쳐 반 토막에 이르는데 현재까지 이런 경우가 세 번 있었다. 1988년 4월 1015포인트에서 4년 후인 1992년 8월 456포인트까지 하락했고, 1994년 11월 1145포인트에서 4년 후 1998년 6월 277포인트까지 폭락했으며(IMF), 2000년 1월 1066포인트에서 1년 8개월 후인 2001년 9월에는 463포인트까지 떨어졌다. 이처럼 대세 하락이 시작되면 재빨리 현금을 확보하고 3~4년간은 멀리서 구경만 하는 자세가 필요하다.

하락 1단계

사람들이 모이면 주식 이야기로 꽃을 피운다. 누가 얼마를 가지고 몇십 배를 벌었다는 이야기뿐이다. 주식을 못 사서 아우성이고 많이만 사면 떼돈을 벌 것처럼 적금, 예금 해약하고 대출까지 받아 주식을 사 모은다. 분석가들은 상승이 계속될 것이라며 목표 가격을 계속해서 높인다. PER가 10배 정도에 거래되던 주식이 30~50배가 되는데도 분석가들은 성장성이 반영된 것이라고 한다. 그러나 코스피 지수와 주도 업종이 신고가 돌파에 번번이 실패하며 기관과 큰손들은 물량을 개인들에게 떠넘긴다.

하락 2단계

1~3개월의 천정기가 끝나면 20선이 하향하고 장대음봉이 출현하면서 하락추세가 계속되는데 그 와중에 단기 반등기가 온다. 개인들은 이전 고점을 넘어서는 재상승을 기대하며 본전이 되면 매도하겠다는 불안한 심정으로 매도 기회를 노리지만 반등은 짧고 하락이 이어질 뿐이다.

하락 3단계

기다려도 매도 기회는 오지 않고 1차, 2차 하락한 후 3차 하락까지 이른다. 3차 하락의 끝에서 10% 이상의 갭으로 장대음봉 2~3개가 출현하면 누구라도 공포감에 사로잡히게 된다. 끝도 없이 하락할 것 같은 다급함에 보유 주식을 전부 시장가로 매도하는 투매 현상이 나타난다. 잔액이 반의반에 반 토막밖에 남지 않는 투자자가 비일비재하며 깡통계좌가 속출한다. 전광판을 봐도 전 종목의 4분의 1 이상이 고점 대비 반 토막 이하 가격이 되어 있다.

3차 하락 후 쌍바닥 2차 저점이 20선 지지를 받고, 이후 양봉 출현 시 진바닥이므로 매수하라

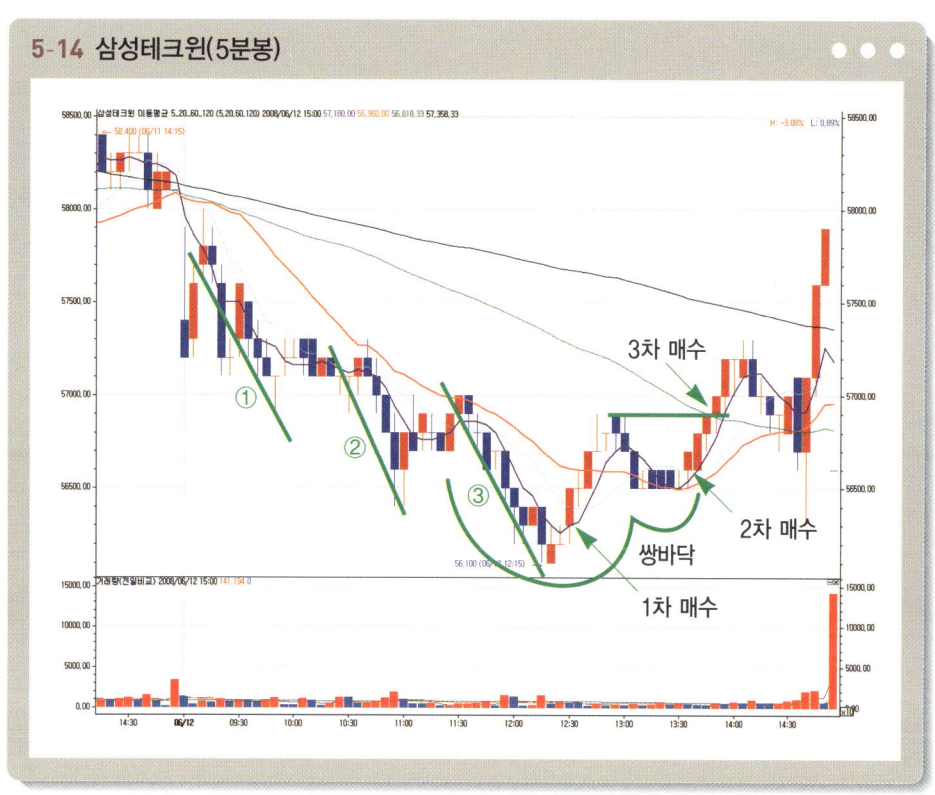

① 3차 하락 뒤 5·10선 골든크로스 시점에서 장대양봉 출현 시 매수하라.
② 쌍바닥 사이의 고점을 돌파할 때 매수하라.
3차 하락은 기의 바닥에 도달했음을 나타낼 뿐 이것만으로 바닥이라고 확신할 수는 없다. 이전의 저점보다 높은 위치에 저점이 형성되고 이것이 20선의 지지를 받으면 비로소 진바닥이라 하며 상승이 시작된다. 하지만 전저점을 깨고 내려가면 하루 종일 역 N자 하락이 진행되므로 신속히 매도해야 한다.

3차 하락 후 쌍바닥 2차 저점이 60선 지지를 받고, 이후 양봉 출현 시 진바닥이므로 매수하라

5-15 CJ(5분봉)

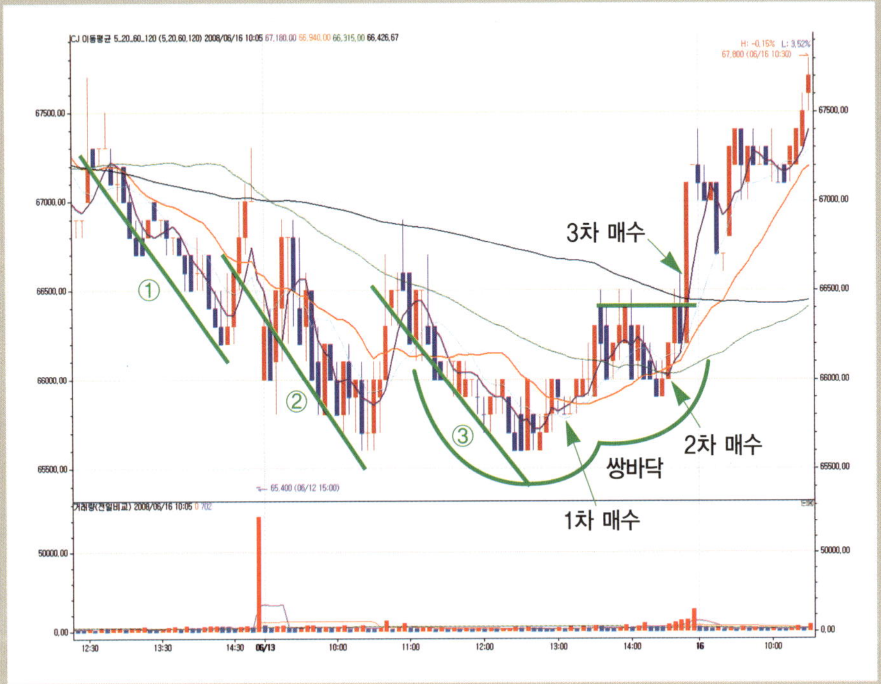

① 3차 하락 뒤에 5 · 20선 골든크로스 시점에서 1차 매수하라.

② 쌍바닥 2차 저점이 20선과 60선에 의해 동시 지지될 때 2차 매수하라.

③ 두 바닥 사이의 고점을 돌파할 때 3차 매수하라.

3차 하락은 바닥 진입을 의미하므로 쌍바닥이 출현하면 매수 시점이 된다. 5 · 20선 골든크로스 시점, 5 · 60선 골든크로스 시점, 20 · 60선 골든크로스 시점 순으로 매수한다. 쌍바닥 2차 저점이 20, 60선의 동시 지지를 받고 양봉이 출현하면 상승이 지속된다.

3차 하락 후 쌍바닥 2차 저점이 120선 지지를 받고, 이후 양봉 출현 시 매수하라

① 3차 하락 뒤 5·20선 골든크로스 시점에서 장대양봉 출현 시 매수하라.
② 2차 저점에서 양봉이 출현하여 두 바닥 사이의 고점을 돌파할 때 매수하라.
하락 초기 음봉이 5선 밑으로 내려설 때부터 주시해야 한다. 5·20선이 데드크로스 한 뒤 5·60선 데드크로스가 되면서 3차 하락까지 이어진다. 3차까지 하락하면 대부분 바닥을 찍고 상승이 시작된다. 주가가 상승할 때의 초기 증상은 하락추세선을 돌파하는 첫 양봉이 출현하고 5선이 상향으로 돌아서며 거래량이 증가한다. 또 기관과 외국인이 매도세를 멈추고 매수를 시작한다.

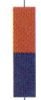

3차 하락 후 5·20선 골든크로스 시점에서 첫 장대양봉 출현 시 매수하라

5-17 코스피(5분봉)

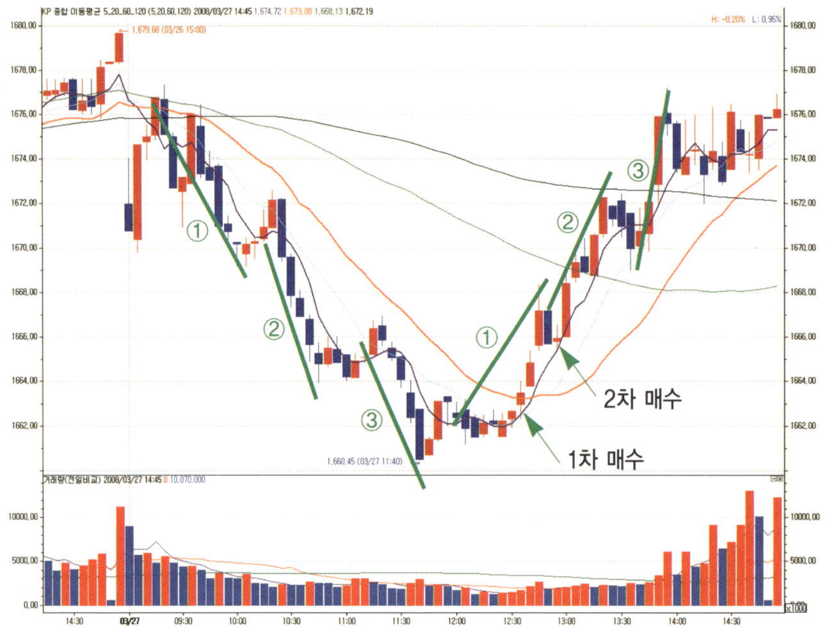

① 3차 하락 후 10 · 20선이 골든크로스할 때 매수하라.

② 1차 상승 뒤 음봉 눌림목에 이어 출현하는 도지 매수하라.

3차 하락 후 쌍바닥 2차 저점이 전저점보다 높아지면 매수 시점이다. 장대양봉이 출현하면서 5 · 10 · 20선이 골든크로스되면 안심하고 매수해도 된다. 3차 상승 단계에 이르면 고점까지 홀딩했다가 상투 징후가 보일 때 매도한다.

오전부터 계속 하향하다
종가 무렵 5·20선 골든크로스 발생 시 매수하라

5-18 한국철강(5분봉)

① 하락 뒤 수평 횡보하다가 이동평균선이 수렴한 뒤 양봉 출현 시 매수하라.
② 상승 초기인 5·60선 골든크로스 발생 시 매수하라.

시초가에 장대음봉으로 일시에 모든 이동평균선을 하락 돌파하면 이후 주가와 이동평균선의 하락이격이 확대되므로 초기에 매도한다. 하락이 진정되고 횡보하다가 2시 이후 5·20·60선 골든크로스가 발생하면 상승이 시작되므로 매수한다.

시초가 장대음봉으로 급락 후 횡보하다
이동평균선 수렴되면서 장대양봉 출현 시 매수하라

5-19 하나금융지주(5분봉)

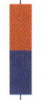

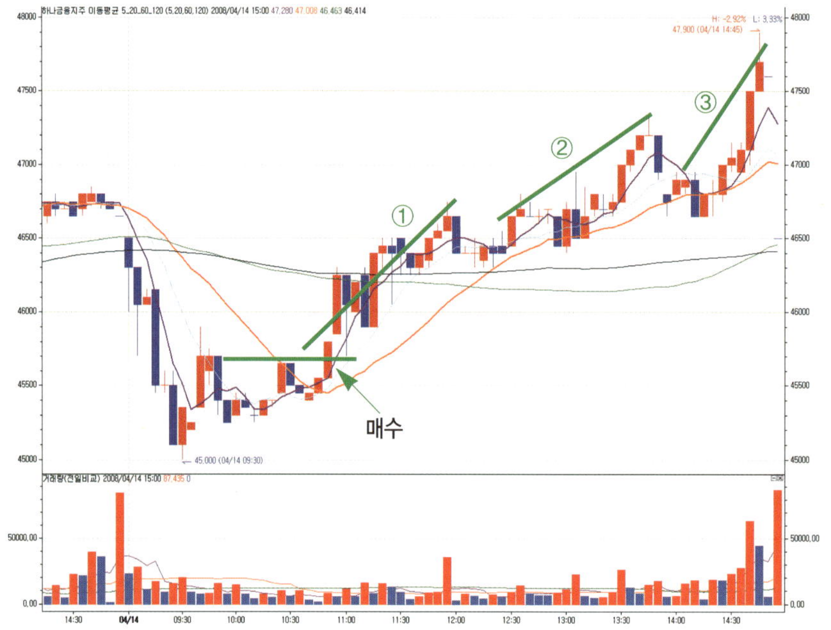

① 전고점을 돌파할 때 매수하라.

② 코스피와 동시 하락하고 동시 반등하면 매수하라.

미국 다우 지수가 하락하면 코스피 지수는 물론 대부분의 종목이 하락하는데 이런 시점에서는 무리하게 매수하지 말고 기다린다. 하락으로 시작했던 코스피 지수가 점차 상승으로 방향을 틀면 동반 상승하는 종목이 출현한다. 이때는 20선이 상향으로 돌아서고 제반 이동평균선의 정배열이 진행되는 상승 초기 종목을 선택해야 한다.

3차 하락 끝에 이전 음봉보다 3~4배 큰 장대음봉이 거래량 급증하면서 출현하면, 이후 첫 양봉에서 매수하라

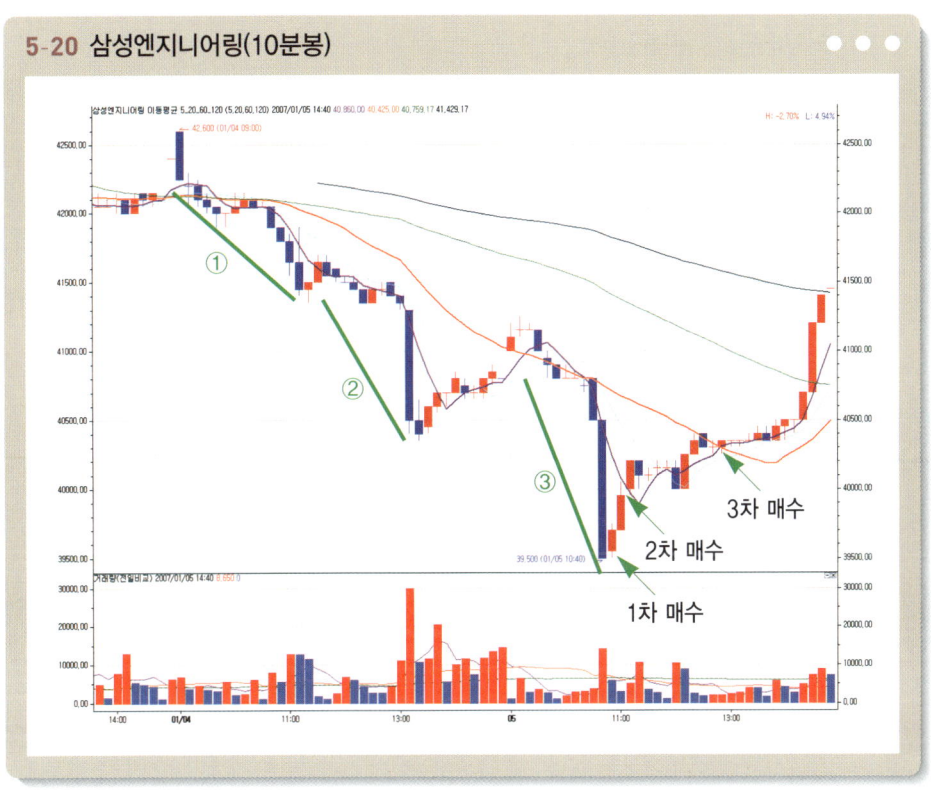

① 3차 하락 마지막에 거래량이 급증하고 주가와 20선 이격이 최대일 때 출현하는 첫 양봉 매수하라.
② 상향으로 돌아선 5분선의 지지를 받으면서 출현하는 양봉 매수하라.

3차 하락은 가속도가 붙으면서 진행되므로 장대음봉이 출현하는 경우가 많다. 그러면 주가와 이동평균선의 이격이 갑자기 확대되는데 이때가 매수 시점이다. 또 5분선이 상향하면서 양봉이 출현할 때도 매수 시점이며, 5·20선 골든크로스 시는 마지막 매수 시점이다.

3차 하락 후 하락추세선을 돌파하는 첫 양봉 출현 시 매수하라

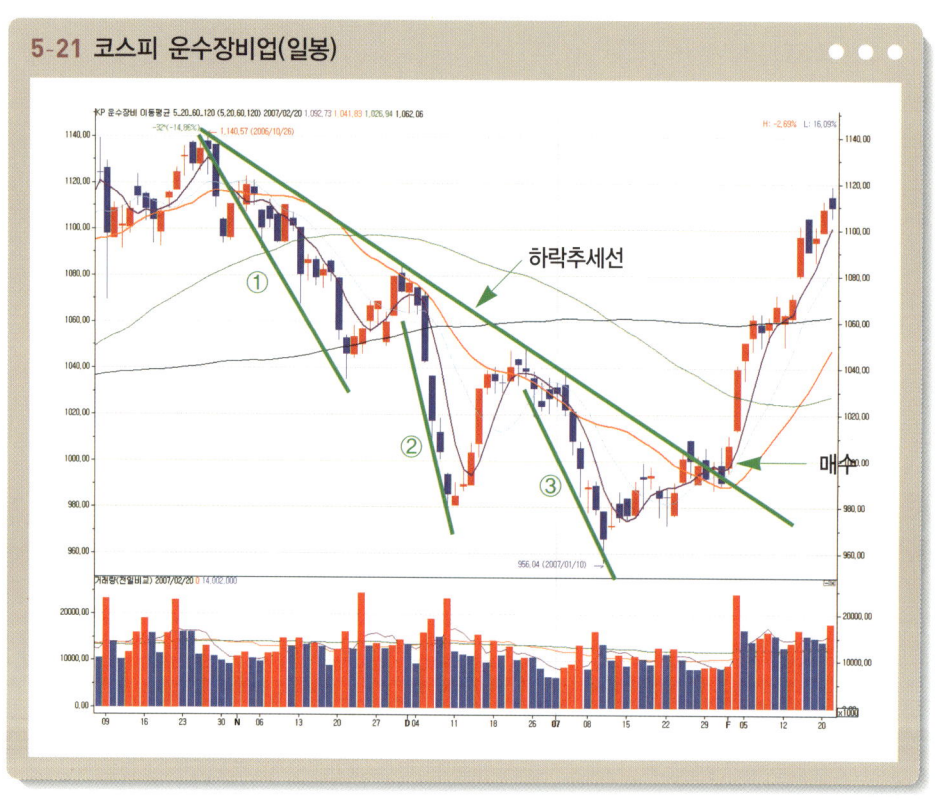

① 장기 하락하던 추세에서 하락추세선을 상승 돌파하는 첫 양봉 출현 시 매수하라.
② 저점에서 5·20선이 골든크로스를 이루고, 상향하는 20선에 의해 지지되는
   첫 양봉 출현 시 매수하라.

장기 하락하던 종목에서 음봉의 몸통이 차차 작아지면서 도지가 출현하는 것은 매도세와 매수세가 힘의 균형을 이루고 있다는 의미다. 이 시점에서 매수세가 조금만 강하게 밀어붙이면 크게 상승한다. 추세는 한번 돌아서면 그 방향으로 지속되려는 힘이 있으므로 도지 이후 양봉이 출현하면 매수한다.

3차 하락 후 쌍바닥 2차 저점이 1차 저점 위에 형성된 후 골든크로스 시점에서 양봉 출현 시 매수하라

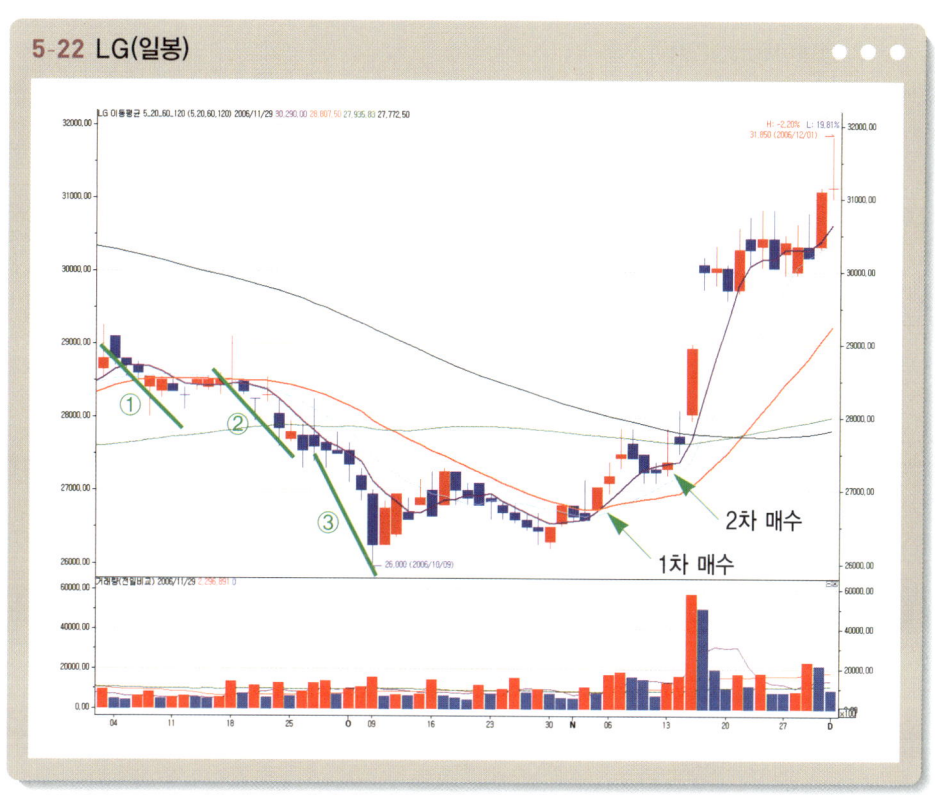

① 5·60선 골든크로스 시점에서 20선의 지지를 받는 양봉 출현 시 매수하라.
② 골든크로스 후 상승하다 음봉 3개 눌림목 뒤에 출현하는 양봉 도지 매수하라.
20선이 하향하다가 쌍바닥이 출현하면 상향으로 돌아선다. 이때 20선이 쌍바닥 2차 저점에서 지지되면 진바닥으로 볼 수 있고 상승이 시작된다. 5·20선, 5·60선, 20·60선 순서로 골든크로스가 진행되며, 20·60선이 골든크로스되면 N자 상승으로 상승이 지속된다.

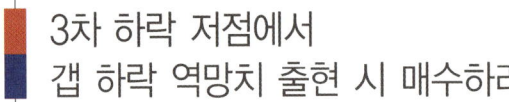
3차 하락 저점에서
갭 하락 역망치 출현 시 매수하라

① 갭 하락 역망치 후 장대양봉 출현 시 매수하라.
② 5·20선이 골든크로스할 때 2차 매수하라.

연이은 음봉으로 하락하다 갭 하락 역망치가 출현하면 바닥이다. 역망치 다음 양봉 출현은 매도세보다 매수세가 더 강하다는 의미에서 상승할 것을 예상할 수 있다. 양봉 역망치와 도지가 몇 번 계속해서 출현하면 크게 상승한다.

3차 하락 단계에서
긴 밑꼬리가 출현하면서 거래량 급증 시 매수하라

① 3차 하락 끝에서 갭 하락 후 긴 밑꼬리가 달리면 분봉을 보면서 초기 매수하라.
② 매수 후에는 계속 홀딩하라.
3차 하락 단계에서 장대음봉이 연속되다가 갭 하락으로 시작하여 밑꼬리가 만들어지는 것은 매수세가 등장하여 매물을 거둬들이고 있다는 증거다. 이 시점 이후부터 상승이 계속된다.

3바닥이 출현하면 상승 초기이므로 매수하라

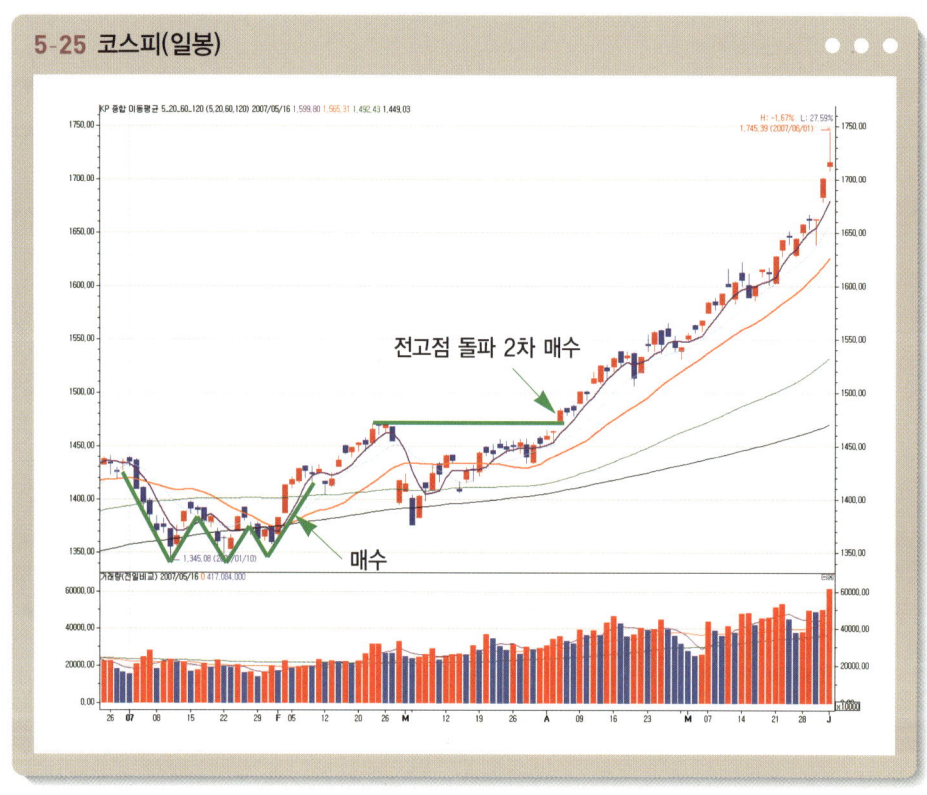

① 세 번째 바닥이 첫 번째 저점에서 지지받고 상승할 경우 매수하라.
② 세 번째 바닥에서 전고점을 돌파하는 장대양봉 출현 시 매수하라.

3바닥에서는 집을 팔아서라도 매수하라는 말이 있다. 그만큼 상승폭이 높다는 뜻이다. 3바닥은 3개의 저점이 같을 수도 있고 가운데 저점이 더 낮을 수도 있다. 세 번째 바닥에서 거래량이 급증하면서 장대양봉이 출현하면 상승 초기이므로 매수한다.

3차 상승 뒤 하락, ABC 조정받으면 다시 상승 초기이므로 매수하라

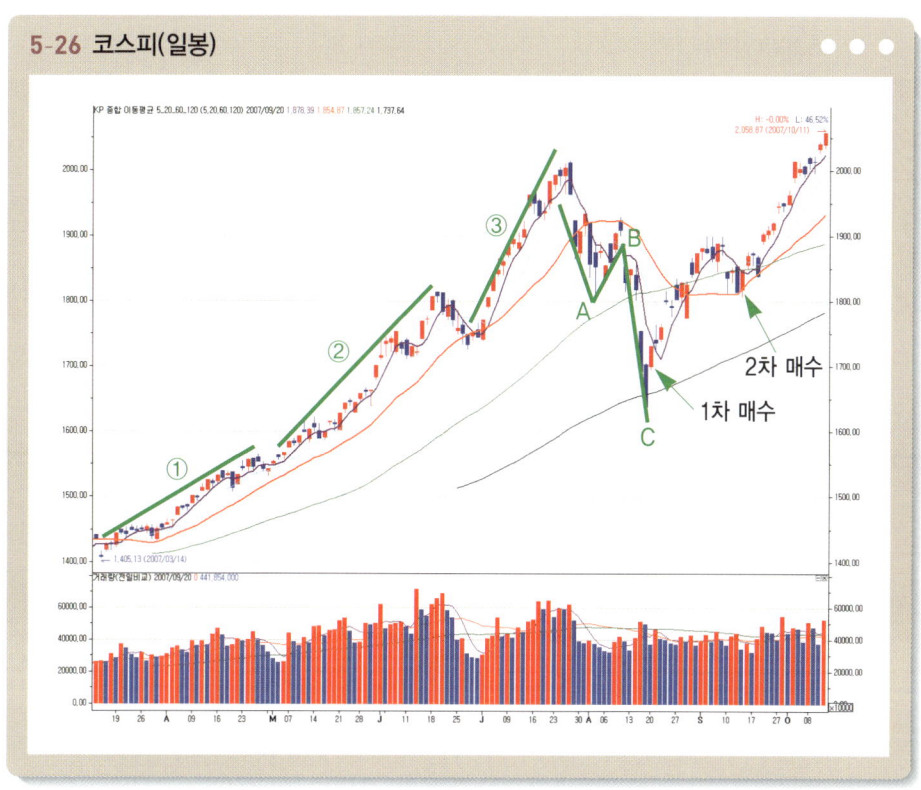

① ABC 조정받은 후, 120선에 의해 지지되는 첫 장대양봉 출현 시 매수하라.
② ABC 조정받은 후, 1차 상승 눌림목에서 다시 상승할 때 매수하라.

3차 상승 고점에서 하락하면서 ABC 조정을 받으면 N자 상승이 시작된다. 이때는 ABC 조정 후 120선에 의해 지지되는 장대양봉이 1차 매수 시점이고, 1차 상승 후 눌림목에서 다시 상승할 때가 2차 매수 시점이다. 눌림목을 돌파하면 2~3차 상승이 지속된다.

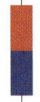

중기 하락세는 일간 차트에서 20선이 하향하면서 시작되고 3차까지 진행된다

5-27 코스피(일봉)

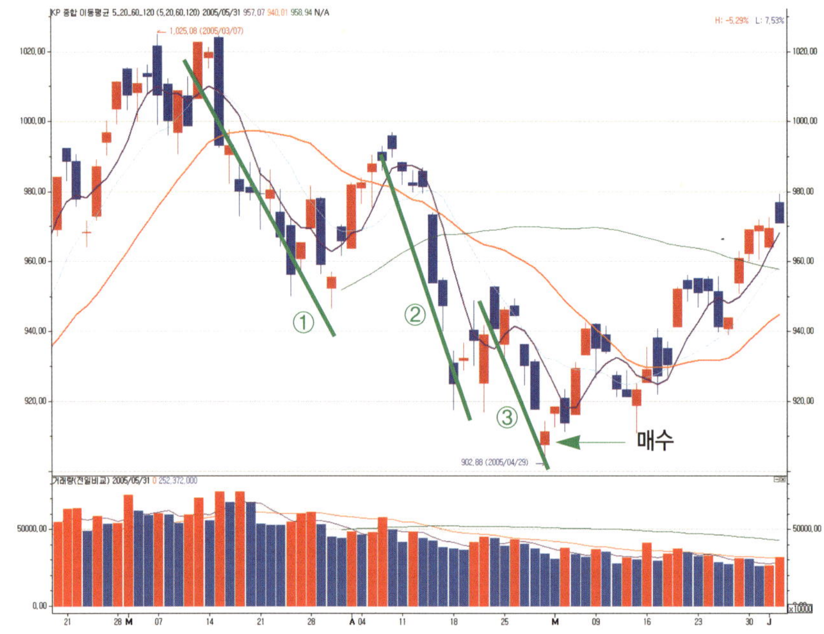

① 중기 하락세는 1개월에서 3개월 기간 내에 끝난다.

② 중기 하락세의 하락폭은 18~30% 수준이다.

코스피는 일간 차트에서 20선이 하향 중일 때 중기 하락세라고 할 수 있다. 3차 상승 고점에서 쌍봉이나 상투 징후가 출현하면서 상승추세가 꺾이며 하락이 시작된다. 하락은 3차까지 진행되는데, 3차 하락 마지막에 장대음봉과 갭 음봉이 출현하면 바닥이 가까워졌다고 본다. 이때는 코스피 지수와 업종 지수, 보유주 차트를 비교하면서 바닥을 확인한다. 바닥에서 매수할 때는 낙폭 과대주, 실적 우량주를 우선으로 한다.

■ 대세 하락세는 월간 차트에서 주가·20선 데드크로스되면서
■ 시작하고 20선이 하향하면서 1~3차까지 진행된다

① 대세 하락 기간은 1988과 1994년의 경우 4년간이었다.
② 대세 하락폭은 1988년과 1994년의 경우 약 50%였다.

대세 하락 시에는 조금 오르고 큰 폭으로 내리는 일이 반복된다. 그러므로 많이 하락했다는 이유만으로 중간에 매수하지 말라. 이 기간에는 주식시장에서 멀리 떨어져서 2~3년 관망하다가 바닥을 다졌다고 확신할 수 있을 때 폭락한 우량주를 사 모으는 지혜가 필요하다.

5-5 N자 상승장세 상승 원점에서 상승 초기 매수하면 확실하게 상승한다

Key Point

01. 20, 33, 60선 중에서 하나의 선을 기준선으로 삼고 매매하라.
01. N자 상승장은 세력이 상승시키는 장이므로 상승 초기 흔들면 매수하라.
01. 세력은 총 발행주식의 10% 이상 매집하고 30~50% 이상 상승시킨다.
01. N자 상승장의 상승 초기 매수하여 3차 상승까지 홀딩하다 고점 도달 후 매도하라.
01. 세력이 하락시키면서 물량을 확보한 종목은 바닥에 이르면 다시 상승시킨다는 것을 기억하라.

N자 상승주나 수직 상승주는 3개월 이상 횡보하다 이동평균선이 수렴하는 시점에 출현하며 전에 급등한 적이 있는 종목이 급등을 시현할 가능성이 높다. 상승 직전 음봉이 밀집하는 구간을 잘 살펴보면 매수 시점을 잡을 수 있다.

세력은 개인들이 알지 못하는 호재를 갖고 있는 종목이나 실적발표를 앞두고 실적이 대폭 개선되는 종목을 몇 개월간 매집한다. 물량 확보 과정에서는 상승을 억제시키면서 개미들이 눈치 채지 못하게 물량을 모아가며 개인투자자를 털어내는 작전을 쓴다. 상승 후 고점에 도달하면 물량을 넘겨주기 위한 방법을 쓴다.

주가에 비중 있는 영향력을 미치는 그룹을 세력이라 할 수 있는데 현재는 외국인보다 기관의 힘이 더 크게 작용한다. 그중에도 투신이 움직이면 주가가 따라 움직인다. 투신의 자금이 가장 큰 규모라고 할 수 있으며 다음이 연금이다. 이들 세력이 관리하는 종목이어야 상승이 지속되고 세력이 없는 종목은 시세를 내지 못하고 하락하는 경우가 많다. 종목을 선택할 때 세력이 해당 종목을 어느 정도나 매집하여 보유하고 있는지 항시 파악한다. 세력이 10% 이상 보유하고 있는 종목은 일시적으로 하락하더라도 곧 반등한다는 것을 꼭 기억해야 한다.

하지만 아무리 세력이라도 장세까지 이길 수는 없다. 약세장이 외부 악재로 진행되는 경우는 주변국 증시도 같이 하락하므로 방법이 없다. 이런 때는 참고 기다리는 방법 외는 없다. 너무 하락이 깊게 될 경우에는 매매를 쉬고 반등이 시작될 때 매수하라.

매매를 할 때는 어떤 이동평균선을 보고 판단할 것인지 기준선을 정해야 한다. 20선이 가장 무난하다고 생각되며, 33선이나 60선을 기준으로 하는 사람도 있다. 경험상으로 자신의 사이클과 가장 잘 맞는 이동평균선을 선택하면 된다. 예를 들어 20선을 기준선으로 잡았다면 주가가 20선과 골든크로스할 때 매수하고, 20선이 상향하면서 지지하는 동안이면 음봉이든 양봉이든 홀딩하다가, 주가가 20선을 데드크로스하면 매도한다. 기준선이 없으면 조금만 상승해도 팔고 싶어지고 음봉이 출현하면 하락할 것 같아 매도하게 되는 등 너무 빈번한 매매를 하게 된다.

■ 주가가 기준선을 골든크로스하면 매수하고
■ 지지되는 한 홀딩하며 데드크로스되면 매도하라

① 5 · 20선 골든크로스 초기 매수하라.
② 20 · 60선 골든크로스 초기 매수하고 상향 20선 지지되는 한 계속 홀딩하라.
20선을 기준선으로 잡는 것이 가장 무난하다. 5 · 20선 골든크로스 후 20 · 60선 골든크로스까지 이어지면 확실히 상승으로 방향을 잡은 것이므로 이 시점에 매수한다. 음봉이든 양봉이든 20선에 지지되는 한 계속 홀딩한다. 항상 주시하고 있다가 20선을 하락 돌파할 때 매도한다. 단, 고점에서 긴 위꼬리나 장대음봉이 출현하면 20선 하락 돌파까지 기다리지 말고 매도해야 한다.

5분 차트에서 시초가부터 단봉으로 모든 이동평균선이 수렴한 후 횡보하다 N자 패턴 나오면 매수하라

5-30 동양제철화학(5분봉)

① 보합, 약간의 갭 하락이나 갭 상승에서 20선의 지지를 받고 상승할 때 초기에 매수하라.

② 모든 이동평균선이 수렴하고 횡보하다 상승이격을 확대하는 초기에 매수하라. 주가는 매수 주체가 있는 종목이 상승을 꾸준하게 이어갈 수 있다. 기관이나 외국인의 매수가 점증하는 종목에서 상승이 지속되고, 기관과 외국인이 공동으로 매수하는 종목에서 급등이 연출된다. 하지만 기관과 외국인이 매수한다 해도 소량에 그치거나 그것도 하락 시 받아내는 정도로는 상승이 안 된다.

주가가 상향하는 20선과
상승이격을 확대하는 초기에 매수하라

① 주가와 20선이 처음부터 일정한 간격을 유지하면서 상승하면 계속 홀딩하라.
② 초기에 이격이 확대되었다가 2시간 뒤 음봉이 출현하면서 하락하면 매도하라.
이격이 확대되기 시작하면 통상 2시간 이상 계속된다. 전일 매수 종목을 선택할 때 일간 차트에서 상승 패턴이 출현한 종목이나 장기 횡보, 장기 하락 뒤 첫 양봉이 출현한 종목으로 압축해놓고 당일 시초가부터 수직으로 상승하면 초기에 매수하라. 세력들의 매수 평균단가가 얼마인지 계산하여 그 이하에 있는 종목을 우선 매수한다. 그들은 물량을 확보하기 위해 일시적으로 평균단가 이하로도 하락시키지만 곧 상승한다.

주가가 처음부터 20선과
일정한 상승이격을 유지하면서 상승하면 계속 홀딩하라

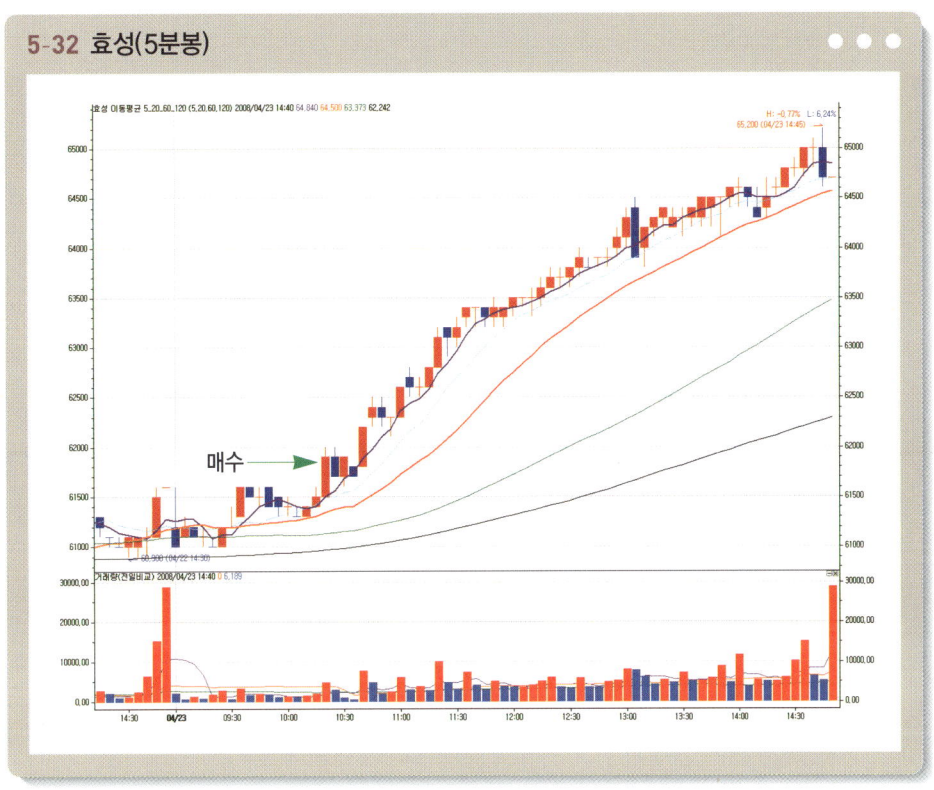

① 20선이 상향을 시작하고 주가가 5선을 타고 일정한 간격을 유지하면서 상승할 때는 초기에 매수하여 계속 홀딩하라.
② 상승이격이 시작되면 보통 2시간 이상 진행된다.
중간에 가끔 음봉이 출현하더라도 단봉으로 끝나고 거래량이 적으면 흔들리지 말고 홀딩한다. 간혹 하루 종일 일정한 이격을 유지하면서 상승하는 경우가 있으며 이런 때는 끝까지 홀딩해야 한다.

수직 급등주는 전고점 돌파 시 매수하라

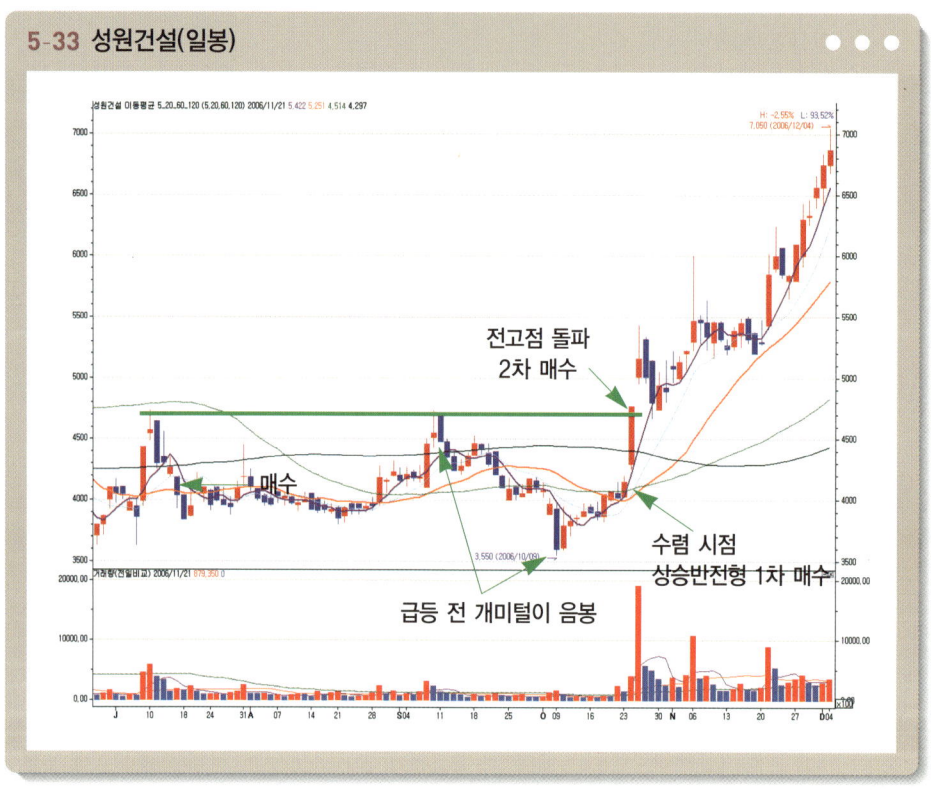

① 장기 횡보하던 주가가 상승이격을 확대하는 초기에 1차 매수하라.
② 거래량이 급증하며 장대양봉으로 전고점을 돌파할 때 2차 매수하라.
급등주의 경우 한참 급등이 진행되는 동안에는 어디에서 급락을 하게 될지 알 수가 없다. 초기에 매수하지 못했다면 추격 매수하지 말고 눌림목에서 전고점을 돌파하는 시점을 노려야 한다.

■ N자 상승하다 음봉 2~5개로 조정받을 때 이동평균선 수렴하고
■ 역망치 후 20선에 지지받는 첫 양봉 출현 시 매수하라

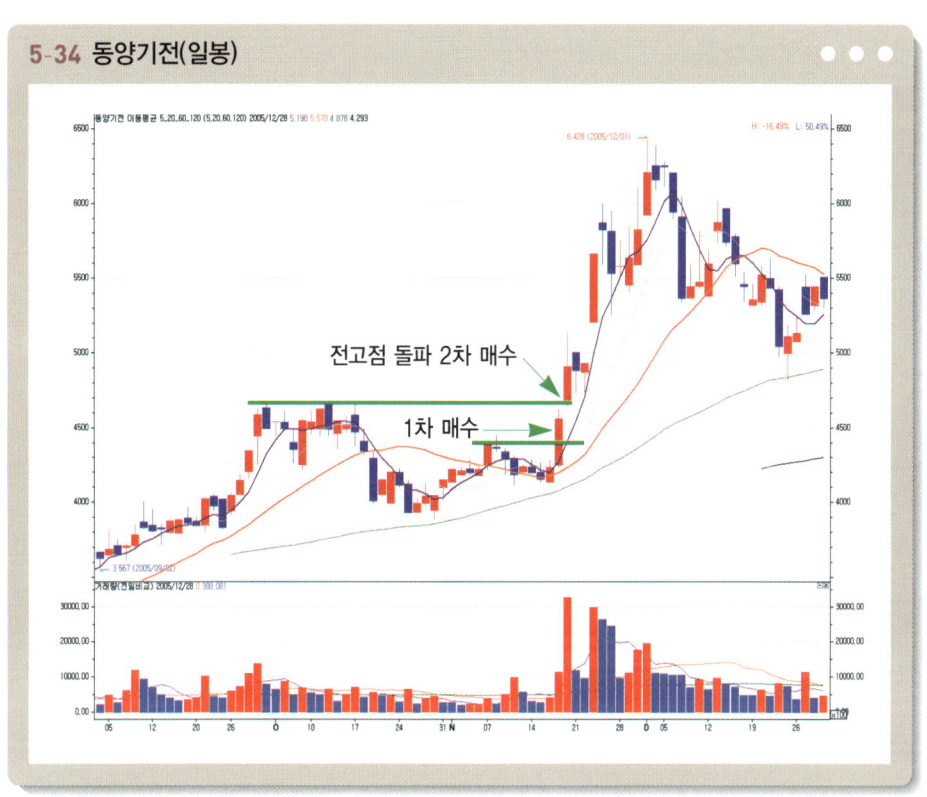

① 거래량 증가한 장대양봉으로 전고점을 돌파할 때 매수하라.
② 거래량이 적고 단봉이 출현하면서 전고점의 저항을 받을 경우 즉시 매도하라.
전고점을 돌파한다는 것은 재상승이 힘이 있다는 것을 인지하고 매수하면 된다. 상승 중 음봉 2~5개가 출현하면서 조정을 받을 수 있다. 5, 20선이 수렴하거나 5, 20, 60선이 수평인 시점에서 20선이나 60선의 지지를 받는 긴 밑꼬리, 도지, 역망치가 출현하면 조정이 마무리되므로 첫 양봉 출현 초기 매수한다. 만약 20, 60선이 하향 중일 때는 일시적으로 20선을 상승 돌파해도 다시 하락하므로 매수해서는 안 된다.

▎N자 상승하다 음봉 2~5개로 조정받을 때 이동평균선 수렴하고
도지 후 20선에 지지받는 첫 양봉 출현 시 매수하라

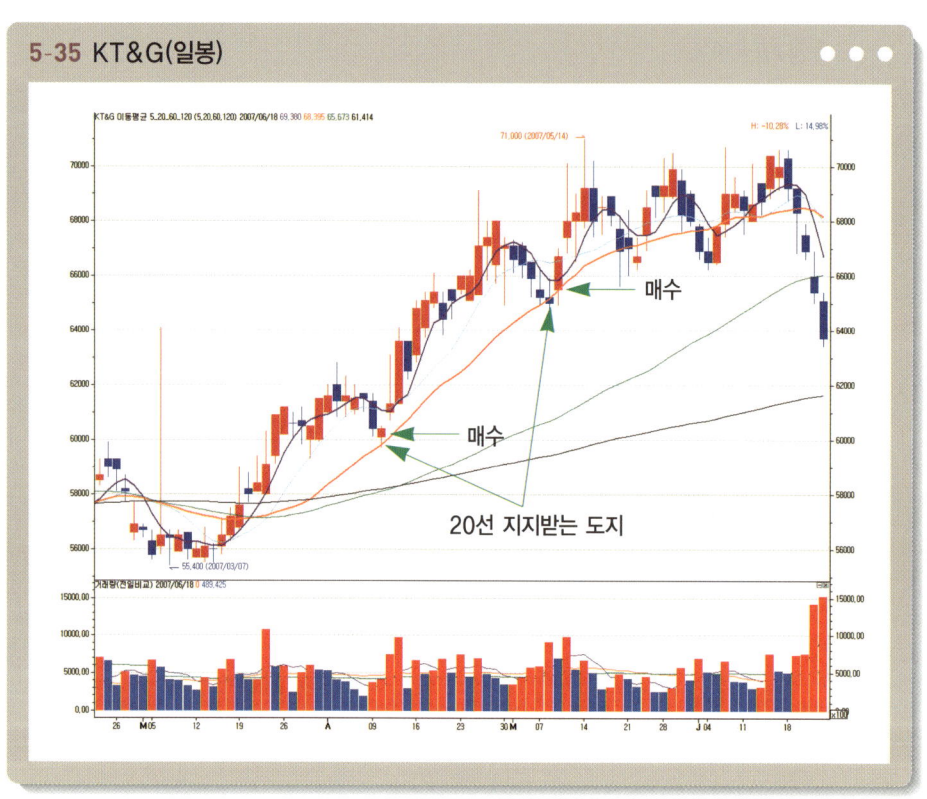

① 상승 도중 음봉 2~5개가 출현하며 조정받을 때는 이동평균선 수렴 시점에서 도지 출현 시 매수하라.
② 20선이 상향 중이라면 일시 이탈해도 다시 돌파하므로 첫 양봉 출현 시 매수하라. N자 상승은 보통 20선의 지지를 받고 등락을 반복하면서 상승하는 패턴이다. 이때 20선과 이격이 벌어지면 음봉이 출현하면서 이격이 좁혀진다. 상승 초기 매수 시점은 5, 20선 수렴 시점이고, 매도 시점은 5, 20선의 이격이 확대되기 시작하는 때, 즉 3차 상승 고점이나 쌍봉 출현 시 또는 주가와 20선의 데드크로스 시점이다.

N자 상승하다 음봉 2~5개로 조정받을 때 이동평균선 수렴하고
긴 밑꼬리 후 20선에 지지받는 첫 양봉 출현 시 매수하라

① N자 상승 중 음봉 2~5개로 조정받을 때 긴 밑꼬리 출현하고
  20선에 지지되면 매수하라.
② 긴 밑꼬리 뒤 양봉이 출현하면 2차 매수하라.
1차 상승 뒤 조정을 받는 동안 음봉이 출현할 때는 거래량이 감소하고, 역망치, 도지, 긴 밑꼬리에 이어 20선의 지지를 받는 양봉이 출현할 때는 거래량이 증가한다. 거래량이 증가하는 장대양봉으로 전고점을 돌파할 때 매수한다. 만약 전고점에서 저항을 받고 하락하면 쌍봉이 되면서 당분간 하락한다.

N자 상승하다 음봉 2~5개로 조정받을 때 장대양봉이 출현하면 다음날 갭 상승 예상하라

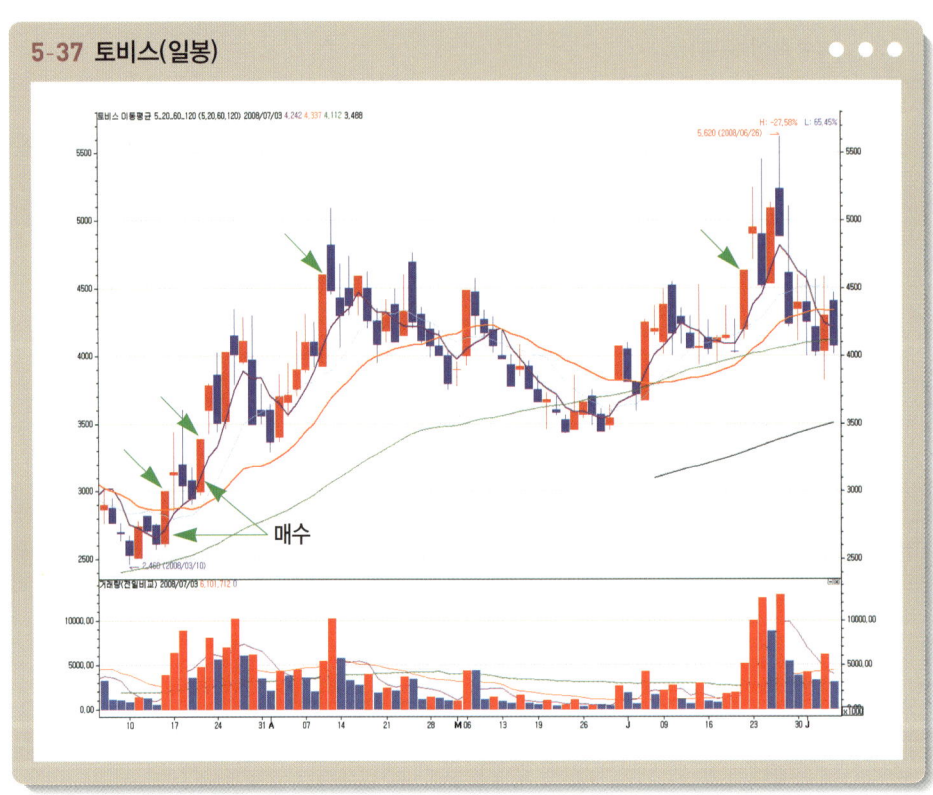

① 눌림목에서 거래량이 감소하고 음봉이 출현하다가
   거래량이 증가하면서 장대양봉이 출현하면 매수하라.
② 다음날 갭 상승했으나 밀린다면 초기 매도하라.

N자 상승 중에 음봉 2~5개가 출현하여 조정을 받을 때 주가와 20선이 수렴한다. 이 과정에서 역망치나 도지, 밑꼬리가 출현하면 거래량 증가하면서 장대양봉이 등장한다. 장대양봉이 출현하면 다음날 갭 상승으로 출발할 확률이 높은데 계속 양봉이 이어지면 홀딩하고 음봉이 나타나면 초기에 매도해야 한다.

■ N자 상승하다 조정 시 이전 상승폭의 2분의 1 지점에서
■ 지지받고 거래량 급증하며 재상승할 때 매수하라

① 동 업종 내 유사 종목이 대부분 1% 이내로 상승할 때
   3% 이상의 첫 장대양봉이 출현하는 종목을 매수하라.
② 거래량이 급증하는 장대양봉이 출현하면서 전고점을 돌파할 때 매수하라.
거래량이 급증하면서 장대양봉이 출현하면 대부분 3개까지는 연속된다. 세 번째 장대양봉이 이전보다 2~3배 크면 상투이므로 상승이 주춤하는 순간 시장가로 매도해야 한다. 급등은 첫째 거래량이 계속 증가해야 하며 양봉의 몸통이 점점 더 커져야 가능하다. 초기의 여러 양봉은 합쳐서 하나의 장대양봉으로 계산한다.

거래량 급증한 장대양봉으로 1차 고점을 돌파할 때 1차 매수하고, 1차 고점에서 지지되는 양봉 출현 시 2차 매수하라

① 1차 상승폭의 2분의 1까지 조정을 받을 때 전고점이 지지되고 양봉이 출현하면 매수하라.
② 20선이 하향하여 횡보하다 상향으로 돌아서고 여기에 지지받는 양봉이 출현하면 매수하여 홀딩하라.

상승분의 50%까지 조정받는 시점에 전고점의 지지를 받으면서 양봉이 출현하면 매수한다. 20선이 하향하다 상향으로 돌아설 때 20선의 지지를 받는 양봉이 출현하면 상승이 시작된다. 주간 차트에서 이러한 패턴이 출현할 경우 신뢰성이 더 높다.

장기 N자 상승주는 20주선 지지되는 한 계속 홀딩하라

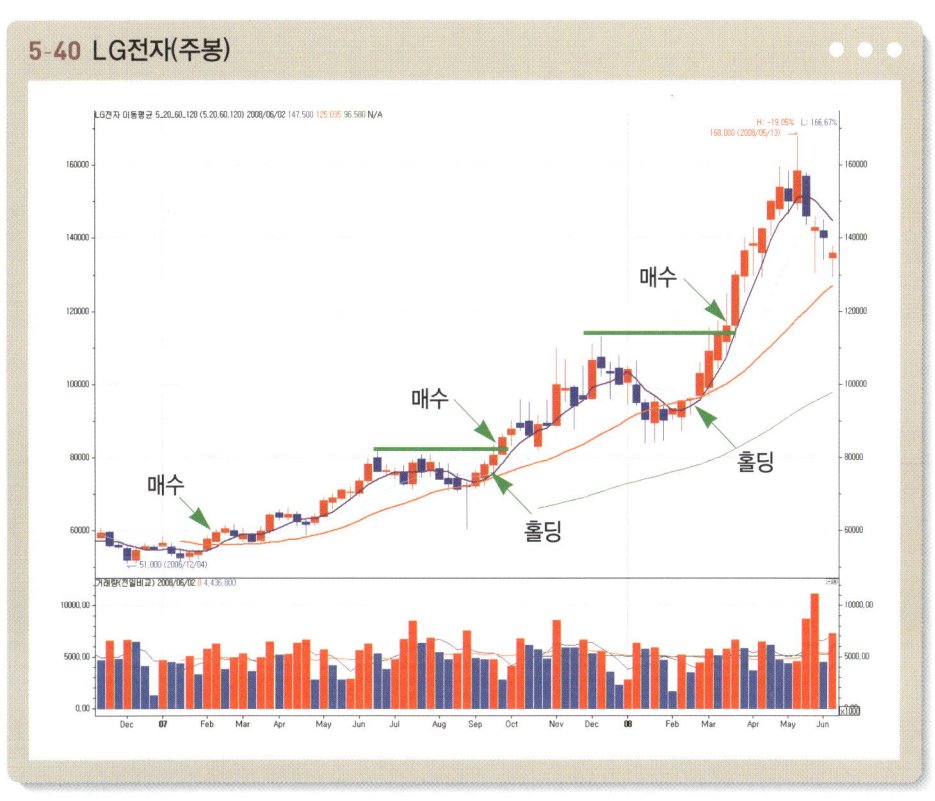

① 5·20·60선 골든크로스 초기 매수하여 홀딩하라.
② 눌림목에서 20선의 지지를 받는 첫 양봉 매수하고 전고점을 돌파할 때 매수하라.
③ 신고점을 갱신하면서 연속 상승하는 종목은 매수하여 홀딩하라.

주간 차트상으로 20주선이 상향하고 20주선 위에서 지지받으면서 상승하는 종목을 초기 매수하여 홀딩한다. 너무 단기 이동평균선에 매달리다 보면 큰 수익이 나지 않는다. 일간 차트를 주로 보면서 주간 차트를 참고로 해야 홀딩 시점이냐 매도 시점이냐를 확실하게 알 수 있다. 20주선이 데드크로스되면 기계적으로 매도해야 한다.

6장 · 시초가 · 종가 매매 기법

1. 시초가 매매 1 : 다우 1% 이상, 코스피 2% 이상 갭 하락 시
2. 시초가 매매 2 : 다우 1% 이상, 코스피 2% 이상 갭 상승 시
3. 시초가 매매 3 : 다우 ±50포인트, 코스피 ±10포인트로 보합 시
4. 종가 매매 : 다음날 코스피 상승 예상 시

6-1 시초가 매매 1 : 다우 1% 이상, 코스피 2% 이상 갭 하락 시

Key Point

01. 미국 주가가 폭락하고 코스피 지수도 큰 폭의 갭 하락으로 출발하면 그날 바닥에서 매수세가 유입되면서 크게 반등한다.
02. 갭 하락 시점에서 장대양봉이 출현하면 주저 말고 매수하라.
03. 갭 하락 시 첫 번째 매수 대상은 제일 많이 하락한 종목이 아니라 제일 빨리 반등하는 종목이다.
04. 세력이 많이 보유한 종목일수록 적게 하락하고 크게 상승한다.
05. 시초가 갭 하락 후 단봉으로 횡보하거나 하향하면 반등 기대 말고 매수하지 말라.

다우 지수가 1% 이상, 코스피 지수가 2% 이상 갭 하락하여 시작될 경우 폭락 종목들이 속출하게 된다. 보유하고 있는 종목이 5%만 하락해도 더 폭락할 것 같은 조급한 마음에 매도하게 되는데 얼마 안 있어 저가 매수세가 유입되면서 반등하는 경우가 대부분이다. 코스피가 크게 갭 하락한 후 장대양봉이 출현하면 매수의 기회로 이용할 일이며 매도는 하면 안 된다. 시초가 폭락 시점이 그날의 바닥이라는 것과 바닥에서 상승이 시작된다는 것을 기억하고, 매도해야 할 사정이 있더라도 조금 기다렸다 반등 시 매도하라.

코스피가 급반등을 시작하면 대부분의 종목들이 따라서 반등하는데, 많이 하락한 종목보다 제일 빨리 반등하는 종목 즉, 장대양봉의 크기가 큰 종목을 선택해 매수한다. 많이 하락했기 때문에 상승 여지가 많다고 생각해서 매수했다가는 다른 종목이 올라가는데도 힘을 못 쓰는 데 낙담하게 될 것이다. 평소에 세력이 매집한 종목들을 파악하여 관심종목에 등록해놓으면 이런 기회에 큰 수익을 낼 수 있다. 세력이 관리하는 종목은 조금 하락하고 많이 상승한다.

하지만 며칠 동안 연속적으로 상승한 후에 갭 하락한 것이라면 반등을 기대할 수 없다. 갭 하락 시점에서 첫 번째 장대음봉이 출현하거나 단봉이 연속되면서 횡보하거나 하향할 때는 매수해서는 안 된다. 시초가 이후 하락이 계속되면 3차 하락까지 기다린다. 3차 하락 후 쌍바닥이나 장대양봉이 출현하면서 5·20선이 골든크로스될 때 매수하라.

시초가에 조급한 마음으로 잘못 매수하면 다른 종목은 다 급반등하는데 내가 매수한 종목만 하락할 수 있다. 이런 경우를 피하기 위해 잠시 늦더라도 꼭 상승을 확인하고 매수에 가담하라.

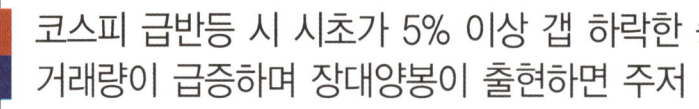

코스피 급반등 시 시초가 5% 이상 갭 하락한 종목 중에서 거래량이 급증하며 장대양봉이 출현하면 주저 말고 매수하라

6-1 현대모비스(5분봉)

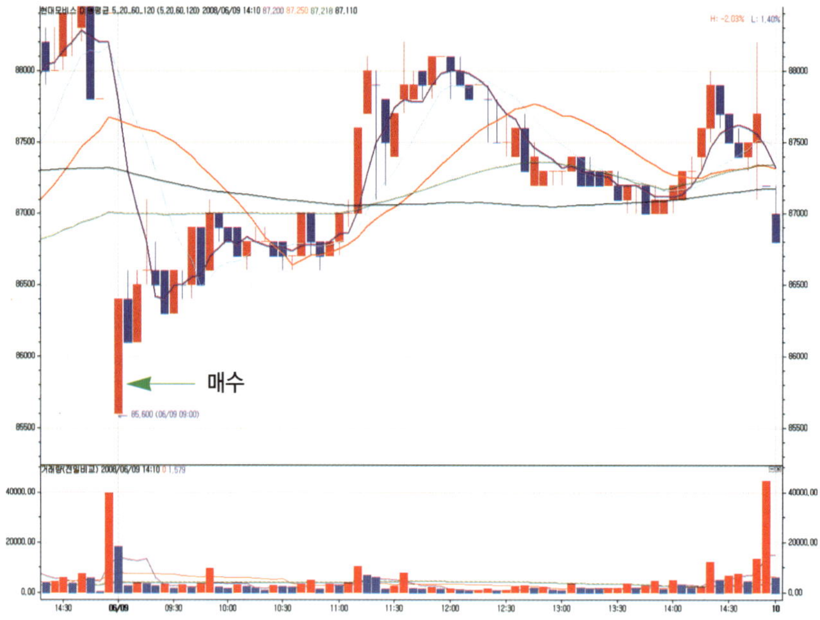

코스피 갭 하락 후 급반등 시 ①

① 갭 하락 시점에서 코스피와 업종 지수가 장대양봉을 보이며 급반등할 때 가장 빨리 반등하는 종목을 우선 매수하라.

② 반등 초기 매수할 때는 시장가로 주문하라.

코스피가 급반등하면 개별 종목에서도 반등이 시작된다. 코스피 업종 지수가 상승을 계속하는 동안에는 일시적으로 음봉이 출현해도 홀딩하면서 좀 더 지켜볼 필요가 있는데 다시 양봉이 출현할 가능성이 높다.

■ 코스피 급반등 시 시초가 5% 이상 갭 하락한 종목 중에서
■ 거래량이 급증하며 밑꼬리가 출현할 때는 주저 말고 매수하라

코스피 갭 하락 후 급반등 시 ②

① 코스피 업종 지수가 장대양봉으로 급반등되면
　갭 하락 시점에서 밑꼬리가 출현하는 종목을 초기에 매수하라.
② 해당 종목의 일간 차트상 이전 2~3일간 양봉이었다면
　시초가 급반등 시 고점에서 첫 음봉 출현 시 신속히 매도하라.

밑꼬리는 매수세의 등장을 의미하며 양봉이 출현하면서 상승한다. 단, 일간 차트상 2~3개의 양봉이 출현했던 종목은 상승의 한계에 와 있으므로 음봉이 출현하면 매도 압력이 세진다.

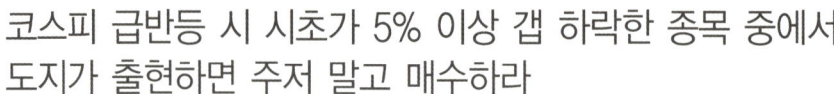

코스피 급반등 시 시초가 5% 이상 갭 하락한 종목 중에서 도지가 출현하면 주저 말고 매수하라

6-3 현대해상(5분봉)

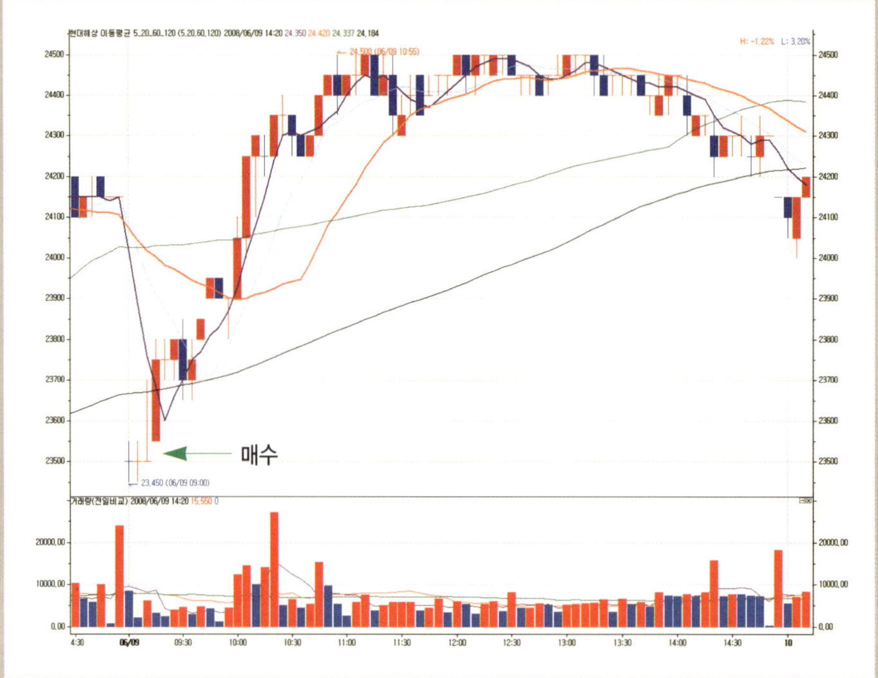

코스피 갭 하락 후 급반등 시 ③

① 5% 이상 갭 하락 시점에서 갭 하락 쌍도지가 출현하는 종목은 신속히 매수하라.

② 도지 뒤에 장대양봉 출현 초기도 매수 기회다.

도지가 출현하면 매도세가 다했다는 것이다. 이때 매수세가 조금만 강해도 장대양봉을 만들면서 상승할 수 있다. 특히 갭 하락 시점에서 도지가 출현하면 상승 가능성이 높다.

코스피 급반등 시 시초가 5% 이상 갭 하락한 종목 중에서 거래량이 급증하며 역망치가 출현하면 주저 말고 매수하라

코스피 갭 하락 후 급반등 시 ④

① 갭 하락 시점에서 역망치가 출현하는 종목은 초기에 매수하라.
② 갭 하락 역망치에서 1차 매수하고 5선익 지지를 받는 양봉에서 2차 매수하라.

크게 갭 하락한 시점에서 역망치가 출현하는 것은 세력이 물량을 확보하기 시작했다는 증거이므로 신속히 매수한다. 역망치 2~3개가 연속적으로 출현하거나 상승반전형이 나타날 때도 안심하고 매수한다.

 코스피 급반등 시 시초가 5% 이상 갭 하락한 종목 중에서 거래량이 급증하며 상승반전형이 출현하면 주저 말고 매수하라

코스피 갭 하락 후 급반등 시 ⑤

① 먼저 코스피와 업종 지수가 급반등하는지 확인하라.
② 5% 이상 갭 하락한 뒤 상승반전형이 출현한 종목은 신속히 매수하라.
③ 급등주는 시장가로 매수하라.

역망치에서 위꼬리는 매수 세력이 물량을 확보하면서 일부 급매물을 소화하는 과정에서 만들어진다. 이 급매물도 소화하고 계속 매수하고 있다는 증거가 이어지는 망치의 등장이다. 이 패턴을 상승반전형이라고 하며 저점에서 출현할 경우 상승 가능성이 높다.

코스피 급반등 시 시초가 5% 이상 갭 하락한 종목 중에서 쌍바닥이 출현하면 주저 말고 매수하라

6-6 LG전자(5분봉)

코스피 갭 하락 후 급반등 시 ⑥

① 2차 저점에서 양봉 출현 시 매수하라.

② 20선의 지지를 받는 양봉 출현 시 2차 매수하라.

시초가에 갭 하락한 후 쌍바닥이 완성됐다면 전저점을 지지한 것이므로 더 이상 하락하지 않는다는 의미다. 20선이 상향으로 돌아서고 연속적으로 양봉이 출현하면 상승 초기이므로 매수한다. 상승 후 고점에서 음봉이 2개 이상 출현하면 매도한다.

시초가 갭 하락 후 단봉으로 횡보하면 그날 반등 기대하지 말고 매매하지 말라

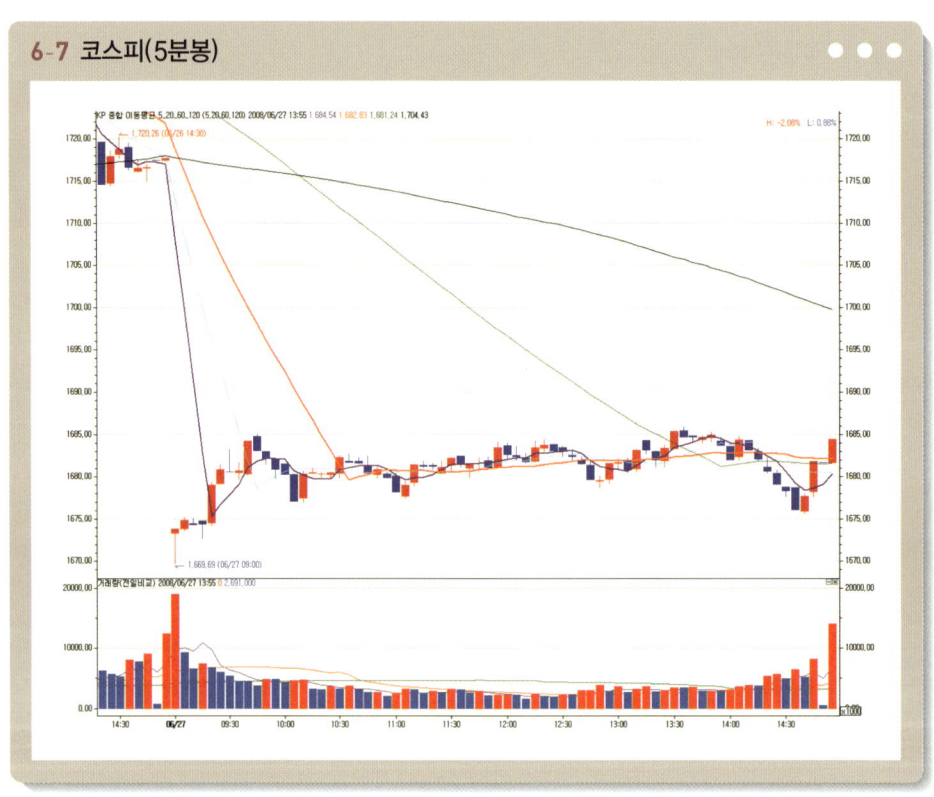

코스피 갭 하락 후 횡보나 하향 시 ①

① 코스피 지수가 20포인트 이상 갭 하락하여 출발하면 이동평균선이 완전 역배열 상태가 되고 하락이격이 확대된다. 이때는 매수하지 말라.

② 20선이 하향하거나 횡보할 때는 상승을 기대하기 어렵다.

3~4일 정도 하락했을 때의 갭 하락은 반발 매수세로 반등이 일어난다. 하지만 이전 며칠 동안 상승한 상태라면 코스피 지수가 갭 하락하더라도 반등을 기대할 수 없다.

시초가 갭 하락 후 단봉으로 횡보하거나 하향 초기에는 매수하지 말라

6-8 코스피 증권업(5분봉)

코스피 갭 하락 후 횡보나 하향 시 ②

① 갭 하락 뒤 모든 이동평균선이 역배열되고 하향하면 하루 종일 하락할 것을 예상하라.
② 매도는 폭락한 시초가에 하지 말고 1차 반등 시점에서 하라.

갭 하락 시초가부터 단봉이 출현하며 횡보하거나 하향할 경우는 상승을 기대하기 어렵다. 모든 이동평균선이 하향할 때는 1차 반등 시점이 매도 기회다. 매도 후에는 재매수하지 않는다.

시초가에 장대음봉이 출현하면서 하락이 시작되면 3차 하락 시까지 매수하지 말라

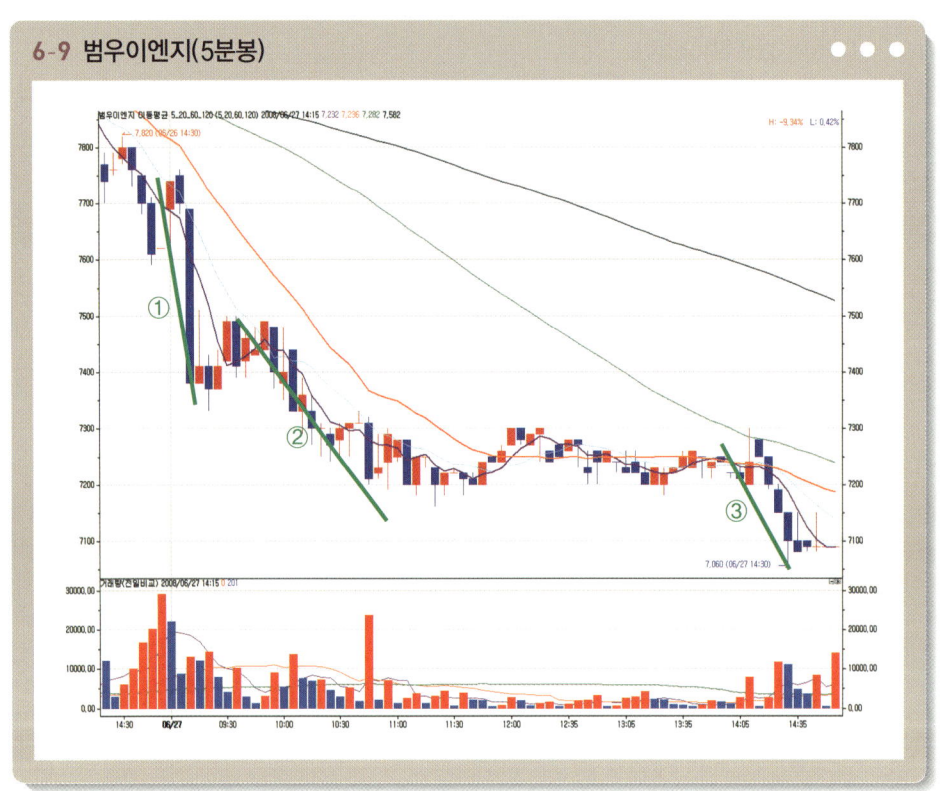

코스피 갭 하락 후 횡보나 하향 시 ③

① 시초가에 장대음봉이 출현하면서 20선이 하향하면 상승을 기대할 수 없으므로 매수하지 말라.

② 20, 60선이 하향하면 일시적으로 20선을 상승 돌파해도 다시 하락한다.

모든 이동평균선이 하향하면서 역배열 상태가 되면 그날은 하락이 계속된다. 모든 이동평균선이 한곳에 수렴되는 시점에서 상승이 시작되는데, 하락이격이 확대되면 좁혀질 때까지 기다려야 한다.

■ 시초가에 음봉이 출현하고 그 종가에서 이어
■ 또 음봉이 출현할 때는 하락 예상하고 매수하지 말라

코스피 갭 하락 후 횡보나 하향 시 ④

① 첫 음봉 뒤 종가에서 음봉이 연속되면 매수하지 말라.
② 다음 음봉이 출현하면서 20선과 데드크로스되고 20선이 하향하기 시작하면 신속히 매도하라.

첫 음봉이 출현하고 다음 음봉이 종가에서 연속되면서 5, 10선이 하향하고 20선이 하향하기 시작하면 신속히 매도하고 매수해서는 안 된다. 5·10선, 5·20선, 10·20선, 20·60선의 데드크로스가 순차적으로 진행되면서 하락이 지속된다.

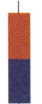

시초가에 장대음봉으로 갭 하락한 뒤 단봉이 연속되면서 하락하면 매수하지 말라

6-11 코스피(5분봉)

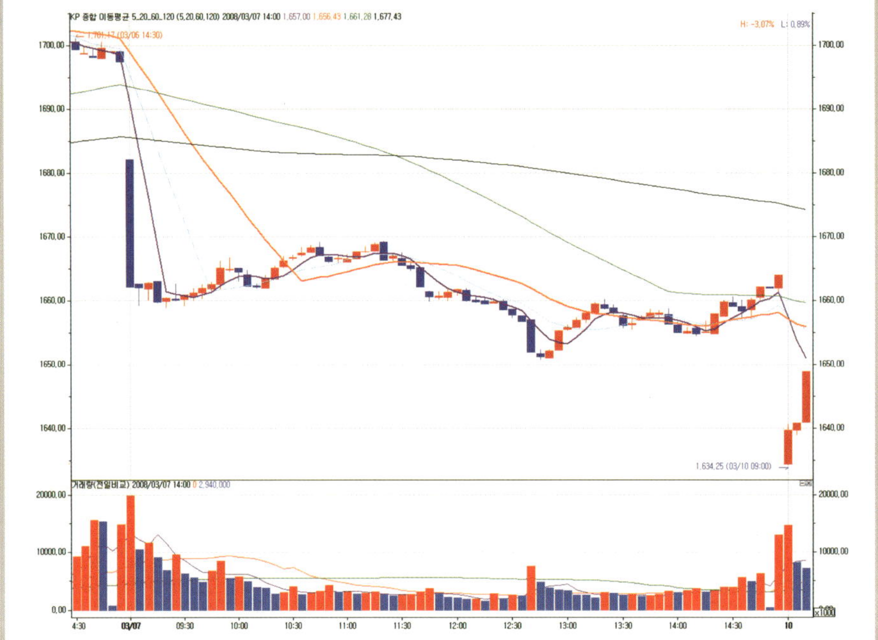

코스피 갭 하락 후 횡보나 하향 시 ⑤

① 시초가 갭 하락 시점에서 장대음봉이 출현하면 매물벽이 되어 종일 하락한다.

② 단음봉이 연속되면서 하락할 때는 매수하지 말라.

크게 갭 하락한 시점에서 장대음봉까지 출현했다는 것은 그만큼 매도세가 강하다는 의미다. 이때는 완만한 하락이 하루 종일 계속된다. 장대음봉에서의 매물이 계속 흘러나와 상승을 방해하기 때문이다. 시초가부터 이동평균선이 역배열되면 3차까지 하락한다.

시초가 갭 하락 후 음봉이 연속되면서 이동평균선이 역배열되고 하락이격을 확대하면 매수하지 말라

코스피 갭 하락 후 횡보나 하향 시 ⑥

① 시초가 갭 하락 뒤 첫 번째 장대음봉이 출현하면 하락이 지속된다.
② 5선이 하락 돌파되면 장대음봉으로 하락한다.

시초가에 갭 하락한 후 첫 번째 장대음봉이 출현하면 하락이 시작된다. 하락이 계속되다가 3차 하락 끝에 쌍바닥이 출현하면 상승한다. 하락이 확실한 장세에서는 시장보다 강한 종목을 선택하고 아주 소액으로 매매해야 한다. 그리고 어느 때보다 리스크에 신경 써야 한다.

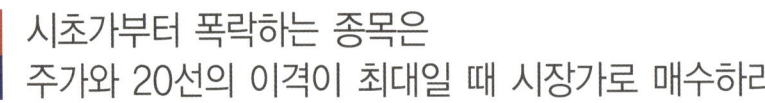
시초가부터 폭락하는 종목은
주가와 20선의 이격이 최대일 때 시장가로 매수하라

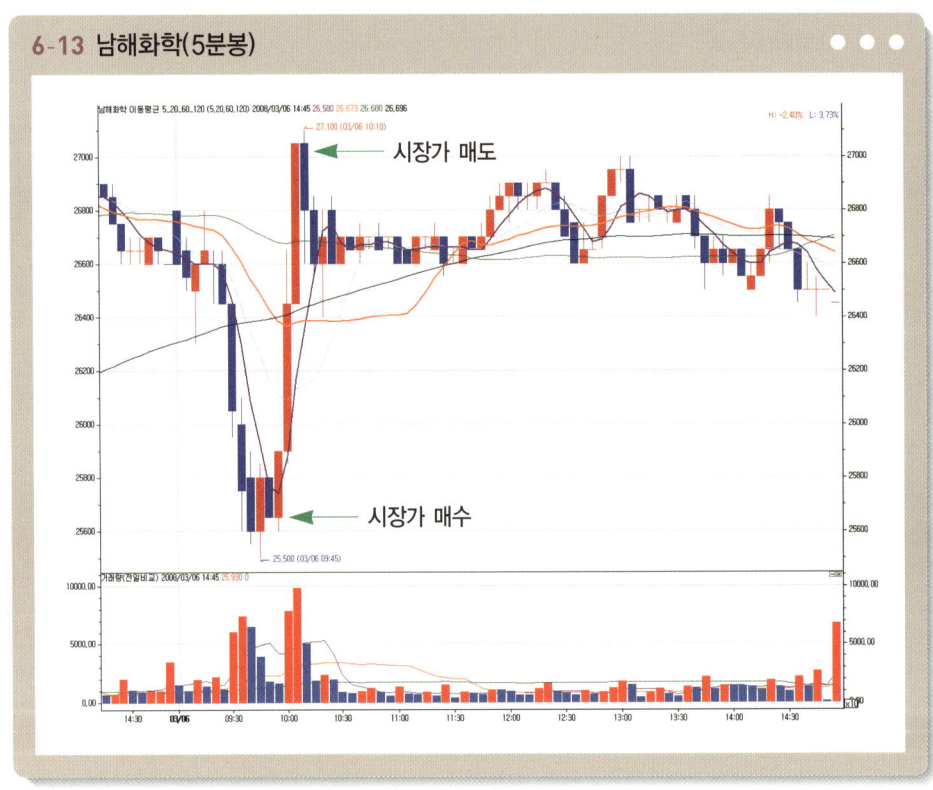

코스피 갭 하락 후 횡보나 하향 시 ⑦

① 시초가부터 수직으로 폭락하는 종목은 주가와 20선의 이격이 최대인 지점에서 첫 양봉 출현 시 시장가로 매수하라.
② 상향 5선의 지지를 받고 양봉이 출현하면 매수하라.

수직으로 폭락하는 종목은 V자 상승을 할 가능성이 있다. 주가와 20선 이격이 최대일 때 마지막 음봉이 긴 밑꼬리로 바뀌거나, 갭 하락 역망치나 도지에 이어 첫 양봉이 출현할 때 매수해야 큰 이익을 기대할 수 있다.

6-2 시초가 매매 2 : 다우 1% 이상, 코스피 2% 이상 갭 상승 시

Key Point

01. 시초가 갭 상승 고점에서는 필연적으로 매도 물량이 쏟아지면서 하락한다.
02. 시초가 갭 상승 예상되면 동시호가 매수나 추격 매수하지 말라.
03. 시초가 갭 상승 시점에서 단양봉이 출현하면서 상향하는 5, 10선의 지지를 받고 상승하면 초기에 매수하여 홀딩하라.
04. 장 시작 전 호재 출현으로 업종 내 전 종목의 상승이 예상되면 1등주를 동시호가에 매수하라.

다우 지수가 1% 이상, 코스피 지수가 2% 이상 갭 상승하면 개별 종목들이 대부분 크게 갭 상승한 상태다. 갭 상승 고점에서 양봉 1~2개가 출현하면 개인들이 집중적으로 매수에 동참하는데 세력들은 고점에서 대량으로 물량을 쏟아낸다. 그러면서 장 대음봉이나 긴 위꼬리가 출현하게 되는데 이때는 절대 매수에 동참해서는 안 된다.

하지만 코스피 지수가 약간의 갭 상승으로 출발하여 단양봉이 이어지고 상향하는 5, 10선의 지지를 받으면 상승주가 출현한다. 이때는 상승 초기 매수하여 홀딩한다. 단, 3~4일간 상승이 지속된 후 코스피 지수가 갭 하락으로 출발하는 날은 하락폭이 깊고 하루 종일 하락이 지속될 수 있다.

코스피 갭 상승 후 상향하는 이동평균선의 지지를 받을 때는 초기에 매수하라

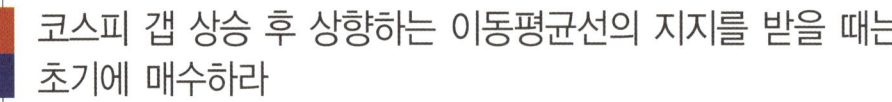
6-14 코스피(5분봉)

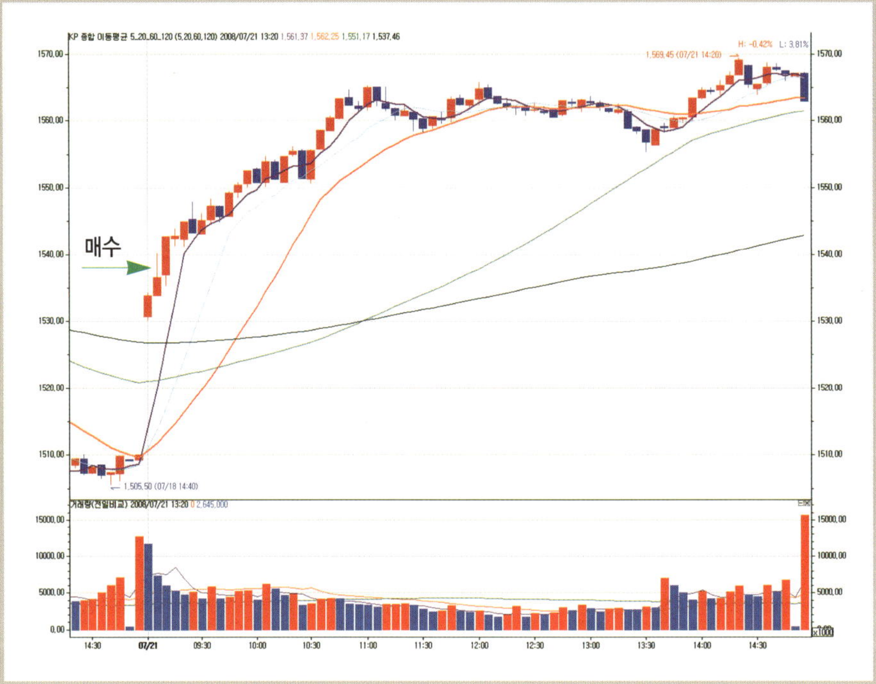

코스피 갭 상승 후 상승 지속 시 ①

① 시초가에 갭 상승한 후 단양봉이 연속되면서 상향하는 5, 10, 20선의 지지를 받으면 초기에 매수하라.

② 상승 후 수평 횡보하다 일시적으로 20선을 하락 돌파하더라도 60선이 바로 밑에 있으면 홀딩하라.

시초가 갭 상승 후 장대음봉이나 긴 밑꼬리가 나타나면 하락을 예상한다. 반면 단양봉이 출현하면서 위치를 높여가고 상향 5선의 지지를 받는다면 매수하여 홀딩한다.

장 시작 전에 호재가 나올 때는
업종 내 1등주를 동시호가에 매수하라

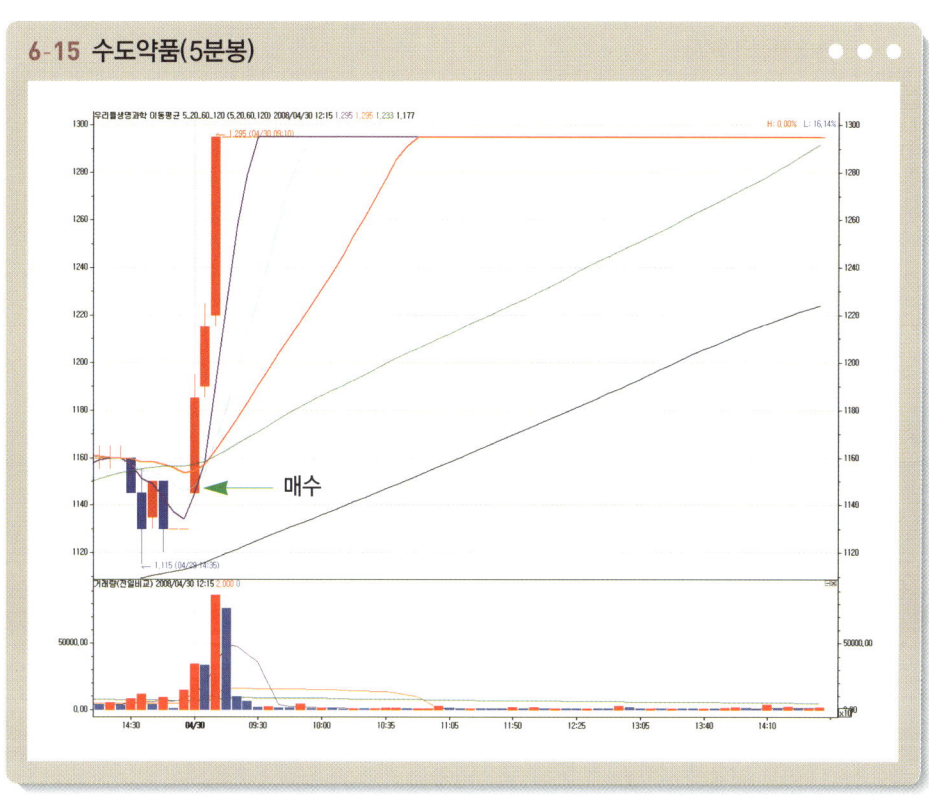

6-15 수도약품(5분봉)

코스피 갭 상승 후 상승 지속 시 ②

① 고가 우량주로서 전일 상승 패턴이 출현한 종목이 장전 호재까지 나오면 주저 말고 동시호가에 매수하라.

② 고가 우량주로서 3차 하락 단계의 5, 7, 9음봉 뒤 갭 하락 마감된 종목에서 장전 매수호가가 지속적으로 높아지면 동시호가에 매수하라.

동시호가 매수주문을 할 때는 장 시작 1분 전에 7% 이내 상승이면 시장가로 주문한다. 지정가주문을 내면 급등 시 체결이 안 되는 경우가 있다.

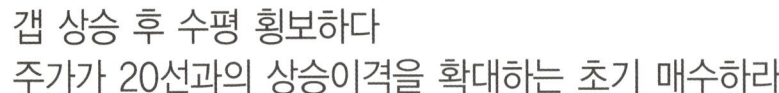
갭 상승 후 수평 횡보하다
주가가 20선과의 상승이격을 확대하는 초기 매수하라

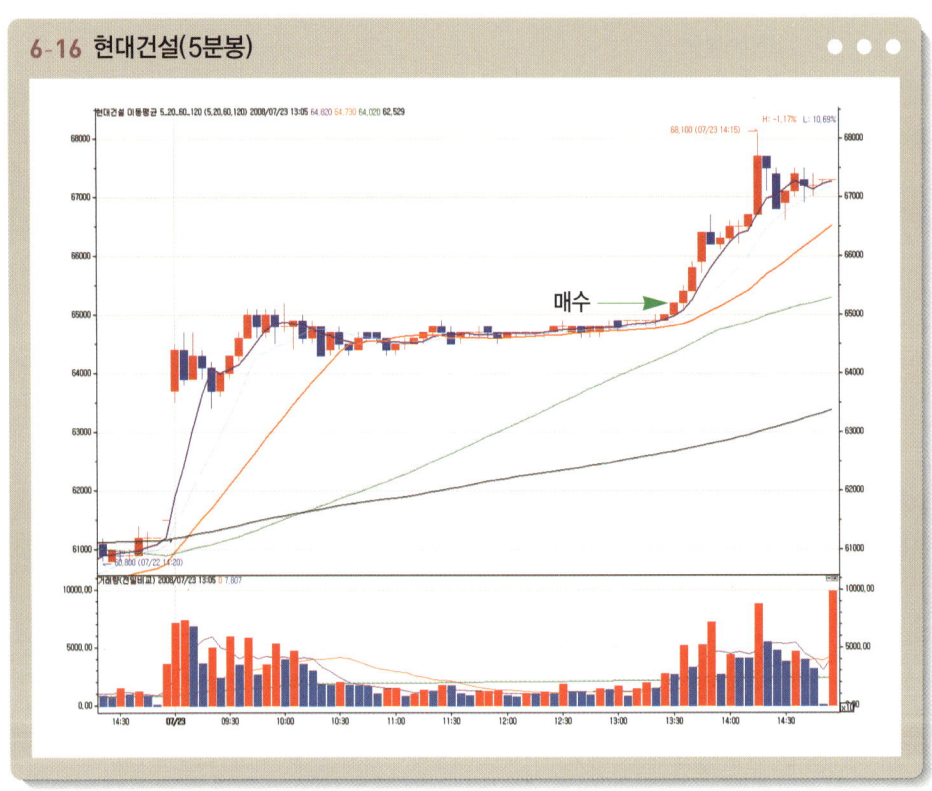

코스피 갭 상승 후 상승 지속 시 ③

① 시초가에 상승하여 수평 횡보하는 경우는 다시 상승한다.

② 주가와 20선 이격을 확대시키는 장대양봉 출현 시 매수하라.

5분 차트상으로 수평 횡보를 3~4시간씩 계속하면 개인투자자들은 지루하여 매도하는 경우가 많다. 개인들이 다 빠져나가는 시점에 세력은 장대양봉을 출현시키면서 상승시킨다.

시초가 1차 상승 시 매수하여 3차 상승 시까지 홀딩하라

코스피 갭 상승 후 상승 지속 시 ④

① 1차 상승 후 조정을 받는 모습이 수직보다 수평일 때 상승 가능성이 더 높다.
② 20선이 상향 후 조정 중 수평을 유지하다 상향으로 돌아서면 다시 상승한다.
가격 조정보다 수평으로 기간 조정을 받을 때가 이후 상승폭이 더 큰데 그만큼 매수세가 강하다는 뜻이다. 수평 횡보 시 20, 60, 120선 순으로 수렴이 되며 통상 60선에 근접하면 다시 상승이 시작된다. 주가와 20선의 이격이 확대되기 시작하는 첫 장대양봉 출현 시 매수한다.

갭 상승 단봉+도지 이후 장대양봉이 출현하면서 상향하는 5선이 지지할 때 매수하라

코스피 갭 상승 후 상승 지속 시 ⑤

① 갭 상승 단봉+도지 출현 이후 5선이 상향할 때 매수하라.
② 도지 이후 장대양봉 출현 시 매수하라.

시초가에 갭 상승한다고 해서 모든 종목에서 매물이 쏟아져나오는 것은 아니다. 특정 세력이 대량 매수하거나 호재가 출현한 종목 업종 지수가 상승할 때 이동평균선이 상향하는 종목은 매수한다. 또 업종 지수는 하향하는데 단독으로 20선이 상향하면서 상승하는 종목도 매수 가능 종목이다. 그러나 항시 급락에 대비하고 있어야 한다.

코스피 지수가 30포인트 이상 갭 상승한 후
단봉으로 횡보하면 동시호가나 시초가 매수하지 말라

코스피 갭 상승 후 횡보나 하향 시 ①

① 시초가 갭 상승 고점에서 코스피와 같이 단봉으로 횡보하는 종목은 매수하지 말라.

② 갭 상승 후 첫 장대음봉이나 연속 단봉 출현 종목은 하루 종일 하향 횡보한다. 시초가에 크게 갭 상승한 경우 첫 번째 출현하는 장대음봉과 긴 위꼬리는 하락을 암시한다. 단봉으로 횡보할 때도 하향을 예상할 수 있다. 시초가에 크게 갭 상승한 경우에는 장대양봉이 출현하면서 5분선이 상향할 때 상승한다.

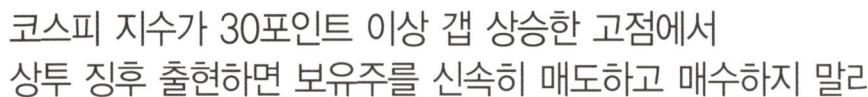 코스피 지수가 30포인트 이상 갭 상승한 고점에서
상투 징후 출현하면 보유주를 신속히 매도하고 매수하지 말라

6-20 대한뉴팜(5분봉)

코스피 갭 상승 후 횡보나 하향 시 ②

① 코스피 지수가 30포인트 이상 갭 상승한 후 장대음봉이 출현하면 초기에 매도하라.
② 장대음봉 뒤 하락하면 계속 하락한다.

미국 주가가 크게 상승하는 날 코스피 역시 30포인트 이상 갭 상승하면 거의 모든 종목이 갭 상승하지만 고점에서 세력의 매도 물량이 쏟아지면서 급락한다. 장대음봉 또는 긴 위꼬리가 출현하면 매물이 계속 흘러나와 상승을 저지시키므로 매수하면 안 된다.

시초가 5% 이상 갭 상승한 종목은
고점에서 장대음봉 출현 초기 매도하고 매수하지 말라

코스피 갭 상승 후 횡보나 하향 시 ③

① 급등 고점에서 개미들이 대량 매도하는 저가주를 우선적으로 매도하라.
② 보유주 중 2~3일 상승한 종목을 우선적으로 매도하라.
시초가에 5% 이상 갭 상승한 종목이 고점에서 장대음봉, 긴 위꼬리, 갭 하락 단음봉으로 횡보하다 하향할 때는 보유하고 있을 경우 신속히 매도하고 매수는 절대 하지 말라. 급락하는 날은 통상 개인들만 매수하고 기관, 외국인들은 매도한다. 개인만 매수하는 날은 지수 상승을 기대할 수 없다.

시초가 5% 이상 갭 상승한 종목은
고점에서 긴 위꼬리 출현 시 매도하고 매수하지 말라

코스피 갭 상승 후 횡보나 하향 시 ④

① 시초가 갭 상승한 후 첫 양봉 2개까지는 매수하지 말라.
② 5·20선 데드크로스는 폭락 전 마지막 매도 기회다.

시초가에 갭 상승하면 필연적으로 매도세의 물량이 쏟아지면서 첫 장대양봉이 긴 위꼬리 음봉이 되거나 첫 양봉 뒤 음봉이 출현한다. 그러므로 갭 상승 시에는 첫 양봉에 속지 말아야 한다. 양봉을 1~2개 출현시킨 뒤 개미들의 매수세가 들어오면 세력은 매도 물량을 쏟아낸다.

■ 시초가 5% 이상 갭 상승한 종목은
고점에서 단봉 횡보나 하향 시 매도하고 매수하지 말라

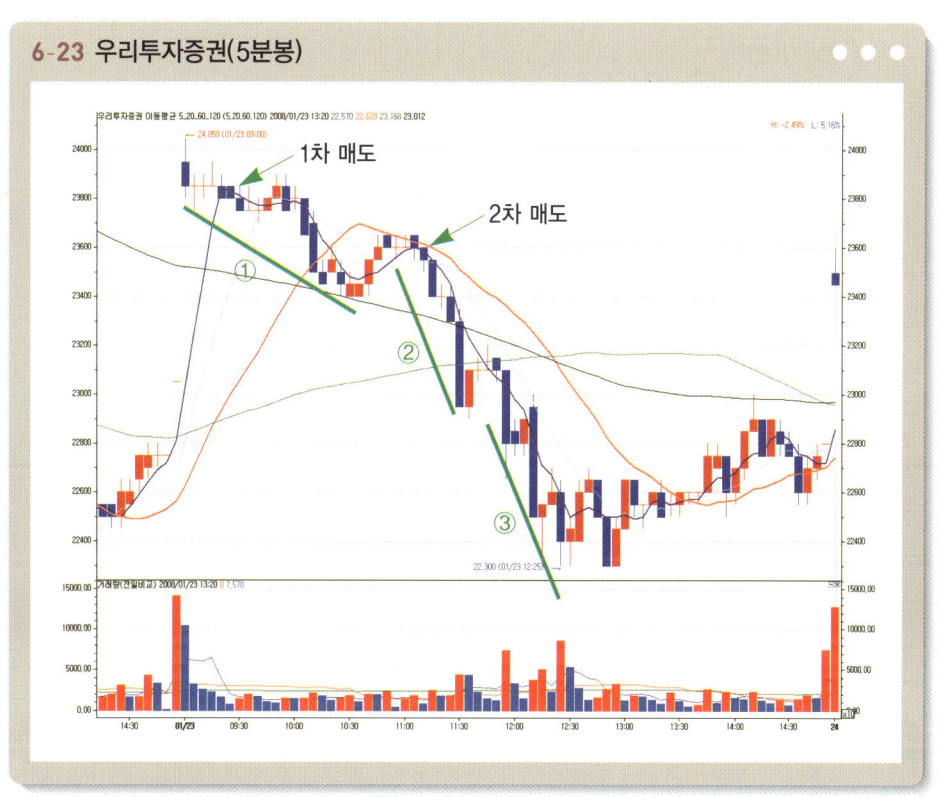

코스피 갭 상승 후 횡보나 하향 시 ⑤

① 시초가 갭 상승한 종목에서 연속 단봉 출현 시 초기 매도하라.
② 시초가 갭 상승한 종목에서 단봉이 이어지다가 장대음봉이 출현하면 매도하라.
시초가에 크게 갭 상승하면 더 이상 상승할 여력이 없어 단봉으로 횡보하는 날은 상승보다 하락으로 방향을 잡을 확률이 높다. 이 점을 기억하고, 보유 중이었다면 신속히 매도하고 절대 매수는 하지 않는다. 고점에서 횡보할 때는 하락을 예상하고, 5·20선이 데드크로스되면서 장대음봉이 출현하면 신속히 매도해야 한다.

시초가 5% 이상 갭 상승한 종목은 고점에서 양봉 1~2개가 출현해도 추격 매수하지 말고 매도하라

코스피 갭 상승 후 횡보나 하향 시 ⑥

① 첫 양봉에 이어 긴 위꼬리 출현 시 매수하지 말라.

② 두 번째 출현하는 낮은 고점은 매도의 마지막 기회이며 결코 매수 시점이 아니다. 시초가 고점에서 양봉이 출현하면 보유하고 있던 물량을 매도할 기회이며 절대 매수 시점이 아니다. 조급하게 추격 매수했다가는 후회하게 된다. 양봉 뒤 음봉이 연속되다가 반등이 오는데 이때가 차선의 매도 기회이므로 반드시 매도하라. 전고점을 넘지 못하고 반락하면 크게 하락한다.

갭 상승한 후 고점에서 긴 위꼬리와 장대음봉이 출현하고 이동평균선이 데드크로스되면 초기에 매도하라

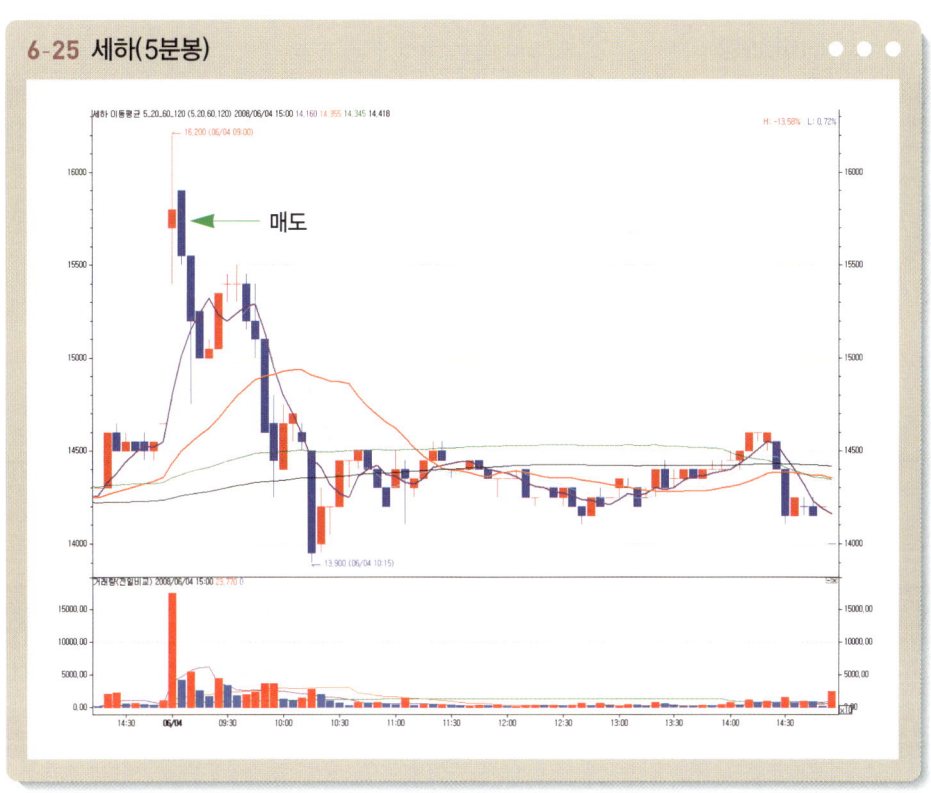

6-25 세하(5분봉)

코스피 갭 상승 후 횡보나 하향 시 ⑦

① 시초가 갭 상승 시점에서 매물 압박을 받고 밀려 긴 위꼬리가 만들어질 때는 초기에 매도하라.

② 긴 위꼬리 다음 장대음봉 출현 시 즉시 매도하라.

시초가에 외국인이 해당 종목을 매수하는지 매도하는지를 반드시 확인하여 매도를 시작하는 종목은 매수하지 말고, 고점에 이르거든 보유 물량을 매도하라. 갭 상승 시에는 조급하게 시초가 매수하지 말고 양봉 2개까지도 추격 매수해서는 안 된다.

시초가부터 장대음봉이 연속되어 매물벽이 형성되면 보유 물량 매도하고 매수하지 말라

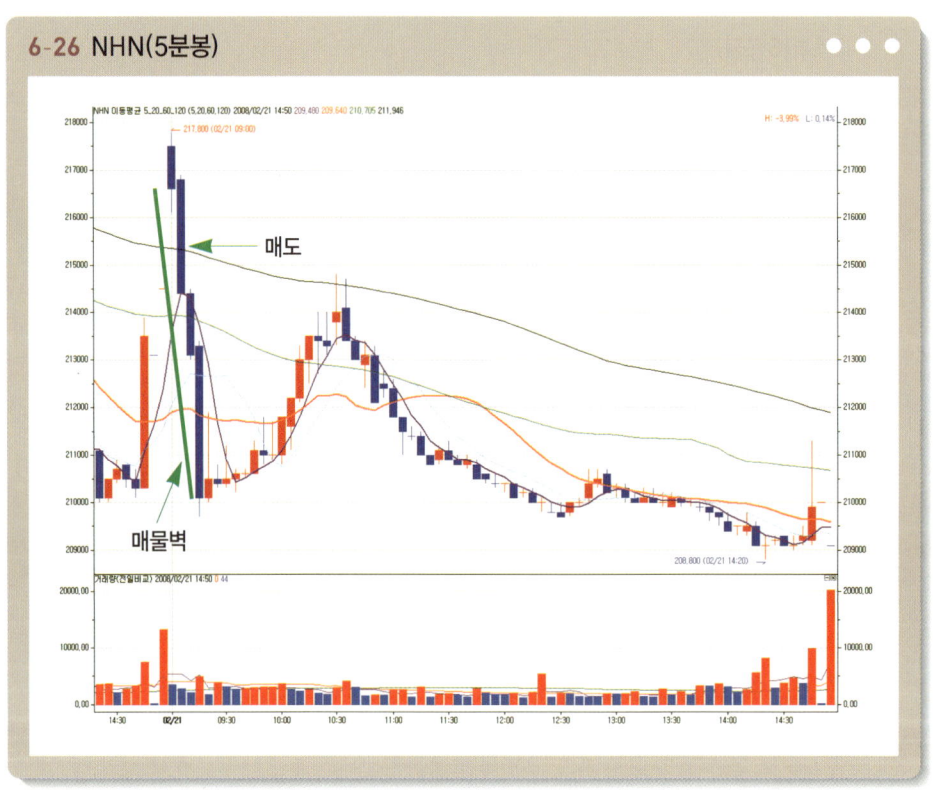

6-26 NHN(5분봉)

코스피 갭 상승 후 횡보나 하향 시 ⑧

① 갭 상승 시점에서 장대음봉이 연속되어 매물벽이 형성되면 하루 종일 매물이 흘러나와 상승을 저지하므로 매수하지 말라.

② 매물대 출현하고 20선이 하향하면 3차 하락이 진행되기까지 매수하지 말라. 3차 하락이 완만하게 진행되면 매수 기회가 없고, 급격하게 진행되어 주가와 20선의 이격이 크게 벌어지면 매수 기회를 잡을 수 있다. 하지만 시초가 장대음봉이 연속되면서 급락했던 종목은 반등 시 매도 기회로 삼을 것이며 결코 추격 매수해서는 안 된다.

갭 상승한 후 장대음봉이 연속되면서 이동평균선이 역배열되면 매도하고 매수하지 말라

6-27 코스피 보험업(5분봉)

코스피 갭 상승 후 횡보나 하향 시 ⑨

① 시초가 갭 상승 뒤 120선 저항받고 하락하면 초기에 매도하라.
② 시초가에 장대음봉이 출현하면서 주가와 20선이 데드크로스하면 초기에 매도하라.

시초가에 이동평균선이 역배열되면서 하락이격이 확대되면 초기에 보유 물량을 처분하고 매수해서는 안 된다. 코스피와 동시에 20·60선 데드크로스되면서 하향할 때는 하락이 계속될 가능성이 있다.

갭 상승한 후 장대음봉이 출현하고 횡보할 때는 하락할 것을 예상하고 매수하지 말라

6-28 KT&G(5분봉)

코스피 갭 상승 후 횡보나 하향 시 ⑩

① 시초가 갭 상승으로 출발했으나 장대음봉으로 하락한 후 수평 횡보하면 다시 하락한다.
② 반등 시 이동평균선을 돌파하지 못하면 계속 하락이 진행된다.

시초가에 장대음봉이 출현하면 계속 매물이 흘러나와 그날 상승을 기대할 수 없다. 반등 시도가 있더라도 통상 이동평균선의 저항을 받고 하락한다. 하단 이동평균선의 저항을 받고 2차 하락하면 장대음봉이 출현하면서 폭락한다.

갭 상승한 후 단봉으로 횡보하거나 하향할 때는 매수하지 말라

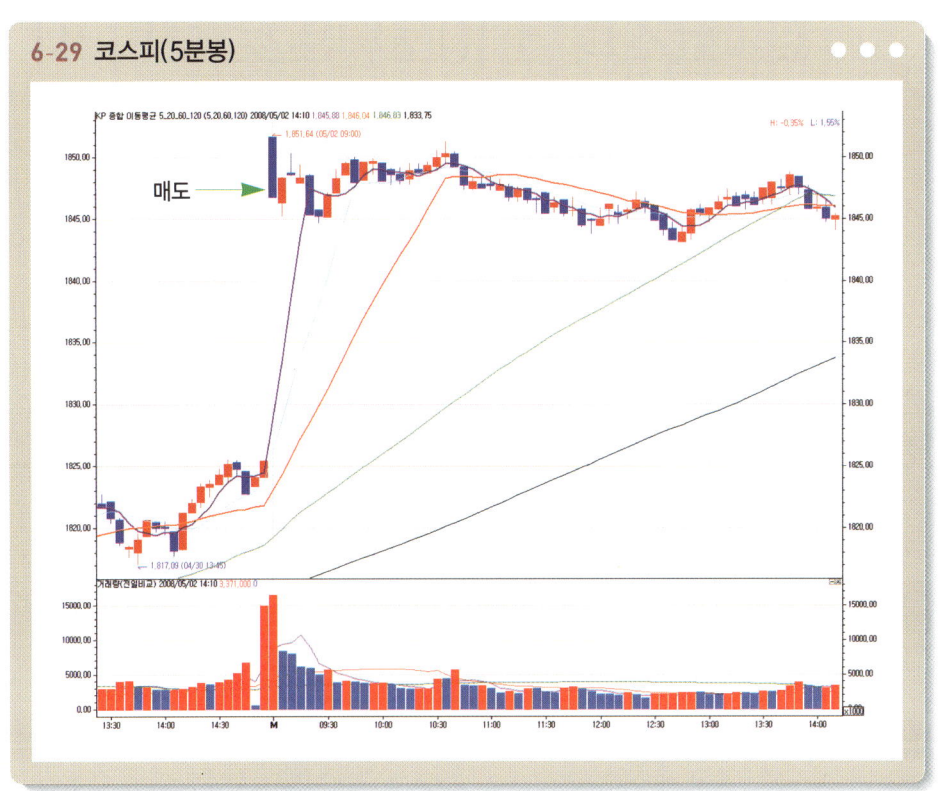

6-29 코스피(5분봉)

코스피 갭 상승 후 횡보나 하향 시 ⑪

① 시초가 갭 상승으로 출발했으나 장대음봉으로 하락한 후 단봉으로 횡보하면 매수하지 말라.

② 상승 고점에서 횡보하면 더 이상 상승을 기대하지 말라.

시초가에 장대음봉으로 밀린 뒤 연속으로 단봉이 출현하며 횡보할 때는 상승을 기대할 수 없다. 갭 상승, 보합, 갭 하락 시점 모두 마찬가지다. 코스피와 동시에 20·60선이 데드크로스되면서 하향하면 계속 하향할 가능성이 있다.

시초가 매매 3 : 다우 ±50포인트, 코스피 ±10포인트로 보합 시

Key Point

01. 동이 트기 전 컴컴한 새벽에 조급하게 나서지 말고 날이 밝아지면 천천히 시작하라.
02. 코스피와 업종 지수의 추세가 상승이나 하락을 결정할 때까지 기다려라.
03. 20선이 상향으로 돌아서면 매수하고 하향 시는 쌍바닥 출현 시까지 기다려라.

다우 지수가 ±50포인트, 코스피 지수가 ±10포인트라면 보합 수준이므로 어느 방향으로 갈지 예상할 수가 없다. 애매한 장세에서는 절대 매수 진입하지 말라. 확실하게 하락이 마무리된 후 상승 패턴이 출현하면 매수하고, 그 외에는 오늘은 쉬겠다는 생각으로 임하라. 매매를 할 때는 먼저 코스피 지수와 업종 지수의 방향을 살핀 다음 종목을 선택한다. 70% 이상의 종목이 코스피 지수와 같은 방향으로 움직이기 때문에 지수가 하락세일 때 무리하게 매수하는 것은 위험하다.

5분 차트에서 첫 번째 출현하는 봉으로 그날의 장세를 예상할 수 있다. 갭 상승 뒤 위꼬리 장대음봉이나 긴 위꼬리에 갭 하락 음봉이 이어질 때는 하락을 예상하고, 보합이나 갭 하락 시점에서 장대양봉이 출현하면 상승을 예상할 수 있다. 여하튼 20선이 상향으로 방향을 틀면 매수하고 하향할 때는 쌍바닥 출현 시까지 기다려라.

정배열 상태에서 20선이 상향하고 보합에서 2~9음봉+밑꼬리 후 첫 양봉 출현 시 매수하라

6-30 삼성중공업(5분봉)

① 두 번째 음봉이 120선의 지지를 받으면 다음 출현하는 첫 양봉 매수하라.
② 5, 10, 20선 지지받는 양봉 출현 시 2차 매수하라.

시초가에 위꼬리 음봉이 출현하면 밑꼬리가 출현할 때까지 또는 지지선에서 지지될 때까지 기다려야 한다. 밑꼬리 음봉의 종가가 120선의 지지를 받고, 이후 양봉이 이어지면 매수한다. 시초가부터 20선이 상향 중이면 상승을 예상하고 매수해도 된다.

정배열 상태에서 20선이 상향하고 갭 상승 고점에서 2~9음봉+밑꼬리 후 첫 양봉 출현 시 매수하라

① 갭 상승 음봉이 출현한 후 음양 단봉이 연속되다 20선의 지지를 받고 양봉이 출현하면 매수하라.
② 전고점을 돌파하는 장대양봉 출현 시 2차 매수하라.

20선이 상향하는 중에 갭 상승 단음봉이 연속되면 먼저 아래 지지선에서 지지되는가를 확인한다. 지지가 되고 양봉이 연속되면서 5선이 상향으로 돌아서면 상승한다. 위의 차트는 주가가 20선의 지지를 받으며 상승이 진행되는 N자 상승 패턴이다.

■ 정배열 상태에서 20선이 상향하고 갭 하락 저점에서
■ 2~9음봉+밑꼬리 후 첫 양봉 출현 시 매수하라

① 갭 하락 음봉 이후 60선의 지지를 받는 양봉 출현 시 매수하라.
② 첫 음봉을 상승 돌파하는 장대양봉 출현 시 매수하여 홀딩하라.
갭 하락 음봉으로 시작했지만 아래의 20, 60선에 의해 지지되면 매수하여 홀딩한다.
20, 60선이 상향하는 동안은 계속 홀딩한다.

정배열 상태에서 20선이 상향하고 갭 상승 고점에서 양봉+2~9음봉+밑꼬리 후 첫 양봉 출현 시 매수하라

6-33 삼성중공업(5분봉)

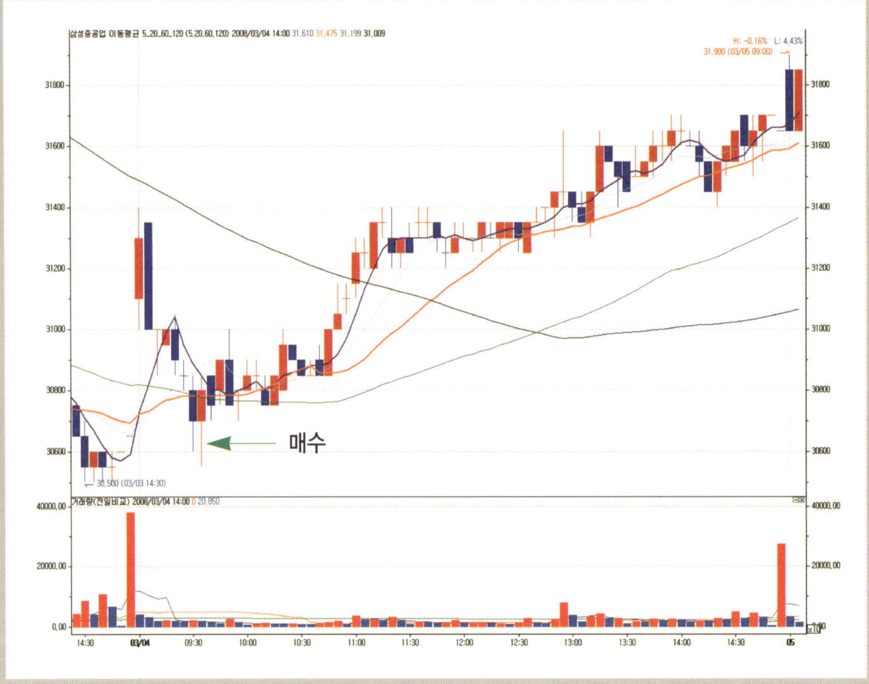

① 갭 상승 첫 양봉 위에 이동평균선이 있으면 매수하지 말라.

② 갭 상승 양봉 뒤에 연속 음봉으로 하락하다 5, 10, 20, 60선이 수렴된 이동평균선에 지지되면 안심하고 매수하라.

갭 상승 양봉은 원칙적으로 2개까지는 매수하지 말고 관망한다. 갭 상승 양봉에 이어 음봉이 연속되더라도 밑에 이동평균선이 한곳에 모여 있으면 지지될 것으로 예상한다. 한 개의 이동평균선보다 여러 개가 지지하는 힘이 강하다.

정배열 상태에서 20선이 상향하고 보합에서 상향 5선의 지지를 받는 첫 양봉 출현 시 매수하라

① 시초가 보합에서 양봉이 연속으로 출현하는 초기에 매수하라.
② 양봉으로 상승하다 단음봉이 출현하더라도 거래량이 적고 5선에 지지되면 홀딩하라.

코스피와 업종 지수가 동시에 시초가부터 양봉으로 상승할 때는 초기에 매수하여 홀딩한다. 홀딩하는 동안에는 코스피 지수와 업종 지수를 동시에 감시한다. 지수 차트와 종목 차트에서 주가와 20선이 데드크로스되면 신속히 매도한다.

정배열 상태에서 20선이 상향하고 갭 하락 저점에서 양봉이 연속되다 상향 5선의 지지를 받는 첫 양봉 출현 시 매수하라

① 시초가 갭 하락 후 양봉이 연속되면 초기에 매수하라.
② 정배열 상태에서 20선이 상향하고 갭 하락 양봉이 출현하면 매수 시점이다.
20선이 상향하고 이동평균선이 정배열되어 있으면 시초가에 갭 하락 시점부터 주시하라. 양봉이 출현하면 매수하고 음봉이 연속적으로 출현하면 관망한다. 매수했을 경우 1~2시간 상승하다 위꼬리에 이어 장대음봉이 출현하면 매도해야 한다.

정배열 상태에서 20선이 상향하고 고점에서 양봉이 연속되면 5선의 지지를 받는 첫 양봉 출현 시 매수하라

6-36 LS(5분봉)

① 시초가부터 단봉으로 횡보하다 장대양봉 출현 시 매수하라.
② 시초가에 상승한 후 횡보할 때는 홀딩하면 다시 상승한다.
5, 10, 20선이 상향하고 있고 시초가부터 단봉으로 박스권을 횡보할 때는 매수하고 기다린다. 20선이 한번 상향으로 돌아서면 최소한 2시간 동안 지속되며 일시적으로 주가가 20선을 하락 돌파해도 다시 상승 돌파한다.

역배열 상태에서 20선이 하향하고 보합에서 2~9음봉+밑꼬리 또는 쌍바닥 출현 시 매수하라

① 음봉이 연속되면 쌍바닥이 출현할 때까지 기다렸다가 5 · 20선이 골든크로스하면 매수하라.
② 쌍바닥 2차 저점이 120선 지지되면 매수하라.

코스피와 업종 지수에서 동시에 20선이 하향하기 시작하면 쌍바닥을 기다려야 한다. 쌍바닥 2차 저점이 더 높게 출현하거나 20 · 60선에 지지되면 진바닥이므로 안심하고 매수한다. 이 시점에서 20선이 상향으로 돌아서야 한다.

■ 역배열 상태에서 20선이 하향하고 갭 하락 저점에서
■ 2~9음봉+밑꼬리 또는 쌍바닥 출현 시 매수하라

① 음봉이 연속되다 장대음봉이 출현하고 나서 밑꼬리 양봉이 출현하면 매수하라.
② 20선이 하향 중이거나 횡보할 때는 매매를 짧게 하라.

갭 하락 음봉이 연속되다가 쌍바닥이 완성되거나 긴 장대음봉에 이어 밑꼬리가 출현하면 바닥이다. 하락 후 5·20선이 골든크로스하면서 상승할 때도 매수 기회다. 계속 홀딩하다 주가가 10선을 하락 돌파할 때 매도한다.

 역배열 상태에서 20선이 하향하고 갭 상승 고점에서
2~9음봉+밑꼬리 또는 쌍바닥 출현 시 매수하라

6-39 현대백화점(5분봉)

① 쌍바닥 2차 저점이 더 높은 위치에서 출현하면 매수하라.
② 2차 저점에서 5·20선 골든크로스 후 첫 장대양봉 출현 시 매수하라.
시초가에 갭 하락 장대양봉이 출현하면 매수한다. 이후 상승 중에 이동평균선의 저항을 받고 하락할 때는 전저점에서 지지되는가를 주시한다. 전저점에서 지지되고 2차 저점에서 장대양봉이 출현하면 주저 말고 2차 매수하라.

■ 시초가 보합에서 음봉이 연속 출현하면서 이동평균선이
■ 역배열되고 하락이격이 확대되는 초기에는 매수하지 말라

① 시초가 보합에서 긴 위꼬리가 출현하면 매수하지 말라.
② 긴 위꼬리 다음에 장대음봉이 출현하면 하락할 것을 예상하라.
시초가 보합에서 긴 위꼬리가 만들어진 뒤 장대음봉이 출현하면 이동평균선이 역배열되고 하락이격이 확대되기 시작한다. 보유 중이라면 신속히 매도하고 매수해서는 안된다. 초기에 역배열 상태에서 하향하기 시작하면 쉽게 되돌릴 수 없다. 하락장에서 최선책은 초기에 매도하고 매매를 하지 않는 것이다. 20선이 깨지면 물량을 던지는 개인들이 많기 때문에 20선이 하향하면 상승이 어려울 뿐 아니라 급하게 하락한다.

시초가 보합에서 단봉으로 횡보하거나 하향하기 시작하면 매수하지 말라

① 시초가 보합에서 이동평균선 밑으로 음봉이 출현하면 초기에 매도하라.
② 시초가에 5선을 하락 돌파하는 첫 음봉이 출현하면 매도하라.
불확실한 장세에서는 급하게 매매하지 말고 추세가 어떻게 형성되는지를 확인한 후 움직여야 한다. 20, 60선이 하향하면 보합에서 하향으로 추세가 결정되는데 이런 때는 매수하지 말고 보유주를 신속히 매도해야 한다.

6-4 종가 매매 : 다음날 코스피 상승 예상 시

Key Point

01. 다음날 지수 상승이 예상되는 증상

- 다우 지수가 연속 3~4일간 하락(하루는 1% 이상) 중
- 코스피 지수가 연속 3~4일간 하락(하루는 1% 이상) 중
- 오전보다 오후에 나스닥 선물 지수가 더 상승(+3P)하는 날

02. 종가 매수 종목 선택

- 3차 하락 후 바닥 패턴이 출현한 종목
- 장기 횡보 후 주가와 20선의 이격이 확대되기 시작하는 종목
- 5, 20선 수평 시점에서 N자 상승 초기 종목
- 저점에서 첫 갭 상승 양봉이 출현한 종목
- 계속 신고가를 갱신하면서 급등히는 종목

03. 종가 매수 직전 확인사항

- 외국인, 기관이 5% 이상 보유하고 매수가 점증하고 있는가
- 호재나 악재가 있는가

- 고가 우량주이면서 20선이 상향하고 있는가
- 저항선이 있는가

다음날 상승을 예상할 수 있다면 종가에 매수하여 다음날 최고가에 매도해 단기간에 큰 수익을 낼 수 있다. 하지만 불확실할 때는 종가에 매수하지 말고 다음날 시초가나 장중 최저가에 매수하는 것이 좋다. 종가 매수는 위험을 안고 하는 매매라는 것을 알아야 한다. 확실한 상승 패턴이 출현한 종목일지라도 돌발 악재가 발생하여 다음날 코스피 지수가 갭 하락하면 방법이 없다. 지수를 이기는 종목이 없으므로 손해를 감수해야 하는 것이다. 리스크를 최소화하기 위해서는 종목 선정에 만전을 기하는 수밖에 없다.

다음날 시초가가 상승할지 하락할지 예상할 수 있는 방법으로는 지수 연동법이 있다. 미국 주가와 코스피가 3일 이상 하락하여 더 이상 하락해도 하락 반응이 크게 나타나지 않을 정도이고, 하락일 중에 1~2일은 큰 폭으로 하락했을 것, 그리고 나스닥 선물 지수가 당일 오전보다 오후에 더 상승하면 다음날 지수 상승을 예상할 수 있다.

다음은 종목 선택 방법이다. 시장에서 주목받기 시작하는 테마에 포함된 종목이면 좋다. 예를 들어 대체에너지 개발이나 자원 개발주 등은 유가 상승과 함께 주목받았고 성장성도 무궁무진하다고 볼 수 있다. 여기에 회사의 순익이 매분기마다 증가하는 회사로 기관과 외국인이 지속적으로 매수하는 종목, 투신이나 연금의 보유율이 10% 이상이면 금상첨화라 하겠다.

그런 종목 중에서 상승이 예상되는 패턴이 출현했는지를 확인하는 것이 다음 단계다. 3차까지 하락을 마치고 횡보 중에 반전형 패턴이 출현했거나 쌍바닥이 완성된 종목, 5·20·60선이 골든크로스되면서 양봉으로 상승을 지속하는 종목, 계단식으로 상승하면서 신고가를 갱신하는 종목 등이다. 시장에서 인기가 있고 많이 알려졌으며 어느 정도의 거래량을 갖춘 종목으로 압축한다.

그리고 마지막으로는 해당 종목에 대한 점검이다. 악재나 호재는 없는지 뉴스를 검색하고 차트상으로 현재가 위에 저항선은 없는지, 20선은 상향하고 있는지 등을 살핀다.

2시 이후 쌍바닥 2차 저점에서 갭 하락 역망치가 출현하면 종가에 매수하라

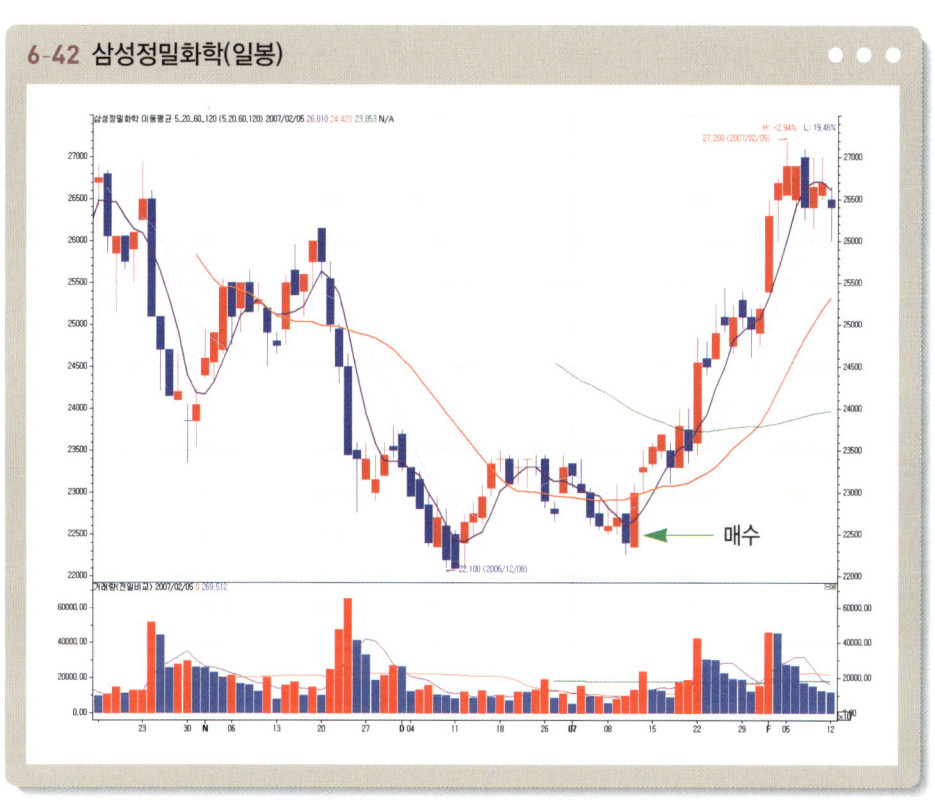

① 다음날 코스피가 상승할 것으로 예상될 때 2시 이후 쌍바닥 2차 저점에서 20, 60선의 지지를 받는 첫 양봉 출현 시 매수하라.
② 다음날 시초가에 갭 상승하면 분봉을 보고 최고전에서 매도하라.
다음날 시초가가 갭 상승한 후 음봉이 출현하며 하락하면 초기에 매도하고, 시초가가 보합이나 갭 하락으로 시작하여 양봉 몸통이 커지면 홀딩한다. 매매 시점은 5분 차트로 포착한다.

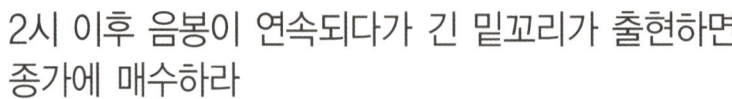
2시 이후 음봉이 연속되다가 긴 밑꼬리가 출현하면 종가에 매수하라

① 다음날 코스피가 상승할 것으로 예상될 때 2시 이후 연속 음봉 뒤에
  갭 하락 밑꼬리, 갭 하락 도지, 갭 하락 장대음봉, 갭 하락 장대양봉이 오면 매수하라.
② 다음날 시초가 갭 상승 시점에서 매도하라.

일간 차트에서 3차 하락을 마무리하는 확실한 패턴이 출현하면 주저 말고 종가에 매수하라. 이때는 다우 지수나 코스피 지수를 참고하여 이전 3~4일 동안 상승했다면 다음날 하락을 예상해야 하고 종가 매수는 하지 말아야 한다. 주가가 너무 상승하면 호재가 반영되지 않고 조그만 악재에도 크게 하락하므로 이에 대비해야 한다.

2시 이후 단봉 6개가 출현하는 종목을 종가에 매수하라

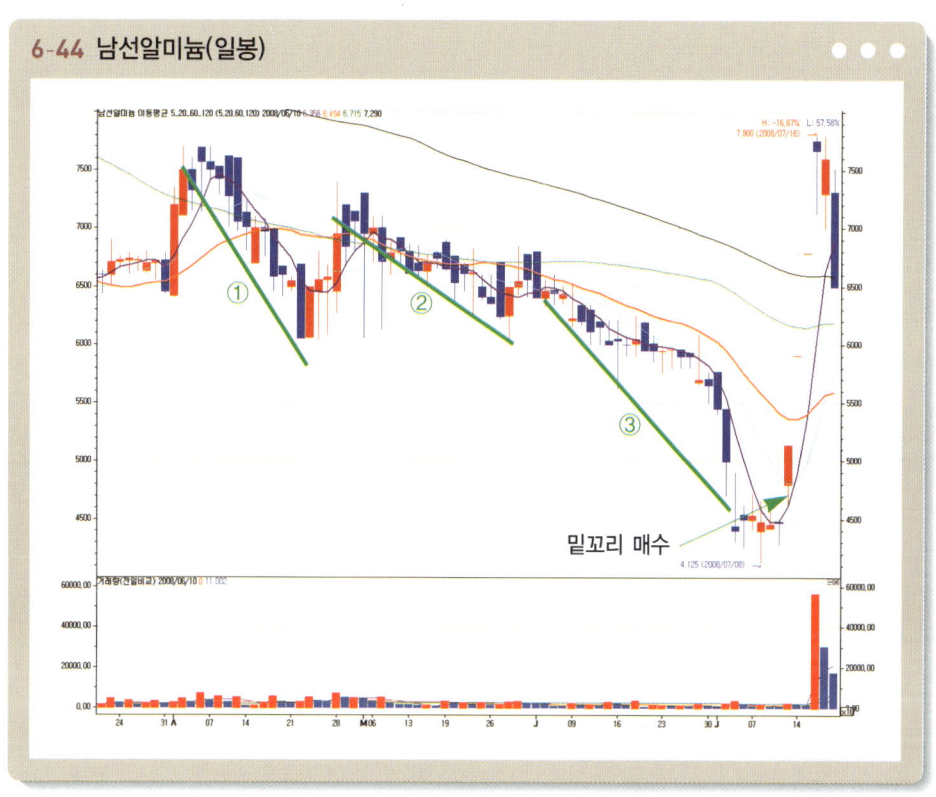

① 다음날 코스피가 상승할 것으로 예상될 때 2시 이후 갭 하락 시점에서 단봉 5~11개가 출현하고 거래량이 급감하는 종목을 매수하라.
② 단봉 5~11개 이후 첫 장대양봉이 이어지면 출현 초기에 매수하라.

갭 하락 시점에서 단봉이 연속 출현하는 것은 더 이상 하락이 진전되지 않게 누군가 매집한다고 할 수 있다. 이후 장대양봉이 20, 60선의 지지를 받고 출현하면 2차 매수 기회다.

7장 • 급등주 포착 매매 기법

1. 급등주는 이런 종목에서 출현한다
2. 장기 수평 횡보 후 급등 패턴 포착, 매수하여 홀딩하라
3. 3차 하락 후 급등 패턴 포착, 매수하여 홀딩하라
4. 20선 상향 중 급등 패턴 포착, 매수하여 홀딩하라
5. 급등주는 분차트로 매매 시점 포착하라

7-1 급등주는 이런 종목에서 출현한다

Key Point

01. 3개월 이상 횡보 중이고 과거 급등한 적이 몇 번 있으며 세력들의 매집이 끝난 종목에서 출현한다.
02. 장대음봉이 연속되면서 가파르게 3차까지 하락하는 동안 개미털이가 끝난 종목에서 출현한다.
03. 3~5년간의 대세 하락이 진행되는 동안 월간 차트에서 3차 하락이 끝나고 반등할 때 급등 종목이 출현한다.
04. 3개월 이상 장기 횡보하는 종목과 인위적으로 급락시키는 종목을 관심종목에 등록하고 감시하라.
05. 그중에서 첫 상한가 치는 종목은 전고점을 돌파할 때 과감히 매수하여 홀딩하라.

급등주 매매는 자기 자본의 10분의 1 정도의 아주 소액으로 부담 없이 해야 끝까지 홀딩할 수 있다. 많은 금액을 투자했을 경우에는 조금이라도 흔들면 불안해서 견뎌내지 못한다. 매수할 때는 기준선을 5선이나 10선으로 정하고 기준선이 지지되면 끝까지 홀딩해야 큰 이익을 볼 수 있다. 또 한 가지는 하락이 시작되면 매도 기회를 주지 않고 급락이 계속되기 때문에 고점에 도착하면 매일 시초가에 손실제한주문을 걸어놓고 주시해야 한다는 점이다.

급등주는 장기 횡보하던 종목에서 주로 출현하고 그 다음으로 폭락주에서 많다.

소위 작전세력이 개입하여 매집이 끝난 종목에서 시세가 나온다. 작전세력은 자본과 과거 경험을 토대로 상승시키기 때문에 1년에 몇 번밖에 볼 수 없는 엄청난 폭등을 연출시킨다. 이런 폭등주를 잘 매수하여 홀딩하면 상상할 수 없을 정도의 큰돈을 움켜쥘 기회가 된다.

이런 기회를 포착할 수 있는 안목이 있어야 하는데 평상시 종목들을 유심히 관찰하는 방법밖에 없다. 장기 횡보하거나 폭락한 종목에서는 지루함 때문에, 또 공포 때문에 개미들이 모두 떨어져나간다. 폭락주에서는 더 이상 하락이 진행되지 않는 상태로 단봉 횡보가 계속되는데 이때가 세력들이 물밑에서 매집하고 있는 시기, 즉 폭락 후 단봉 횡보는 급등 전 출현하는 세력의 매집 패턴이다. 단봉으로 횡보하던 주가가 갑자기 단봉 고점을 일시에 돌파하며 장대양봉이 출현하면 이때가 매수 시점이다. 일단 매수를 했으면 장대음봉이 일시적으로 출현해도 홀딩하고 고점 도달 시까지 견뎌야 한다. 눌림목에서의 거래량을 주시해야 하며, 매집이 끝난 종목은 거래량 없이 날아간다.

또 9·11테러 같은 대형 악재가 출현하여 며칠간 폭락하다 폭락이 진정되는 시점에서 매수하여 급반전을 노리는 방법도 있다. 단 며칠 동안에 큰돈을 벌 수 있는 기회다. 이런 때는 시장가 매수 준비를 해놓고 계속 감시하면서 매수 기회를 포착한다. 매도 시에도 마찬가지로 최고가에서 밀릴 때 시장가로 매도한다.

7-2 장기 수평 횡보 후 급등 패턴 포착, 매수하여 홀딩하라

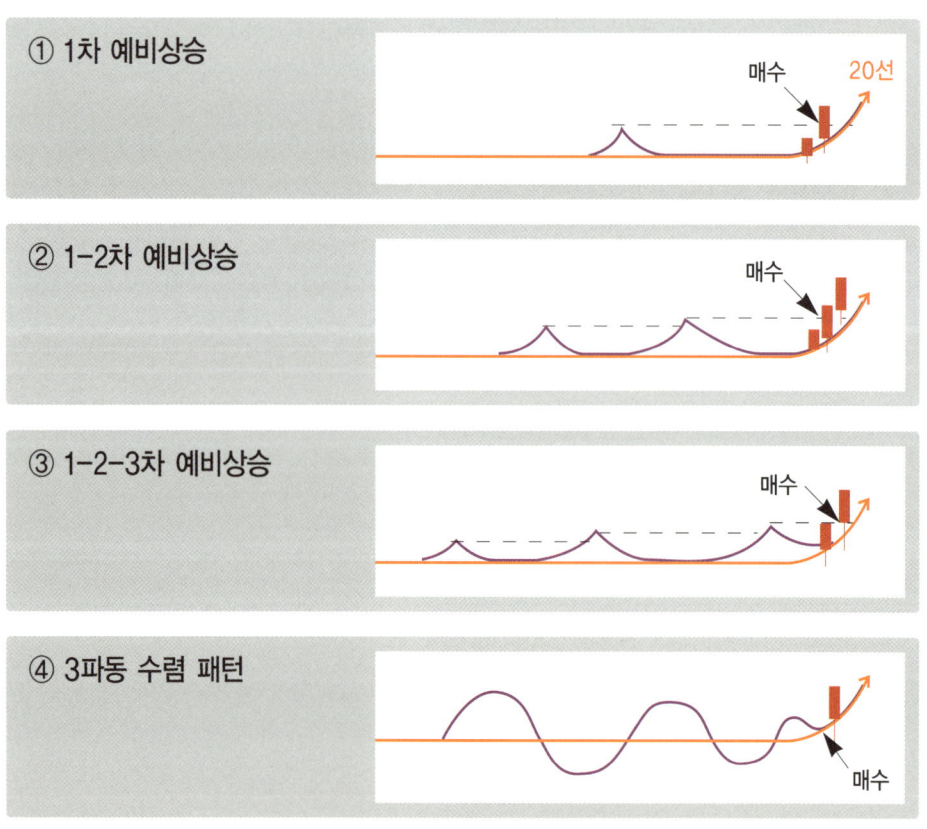

① 1차 예비상승

② 1-2차 예비상승

③ 1-2-3차 예비상승

④ 3파동 수렴 패턴

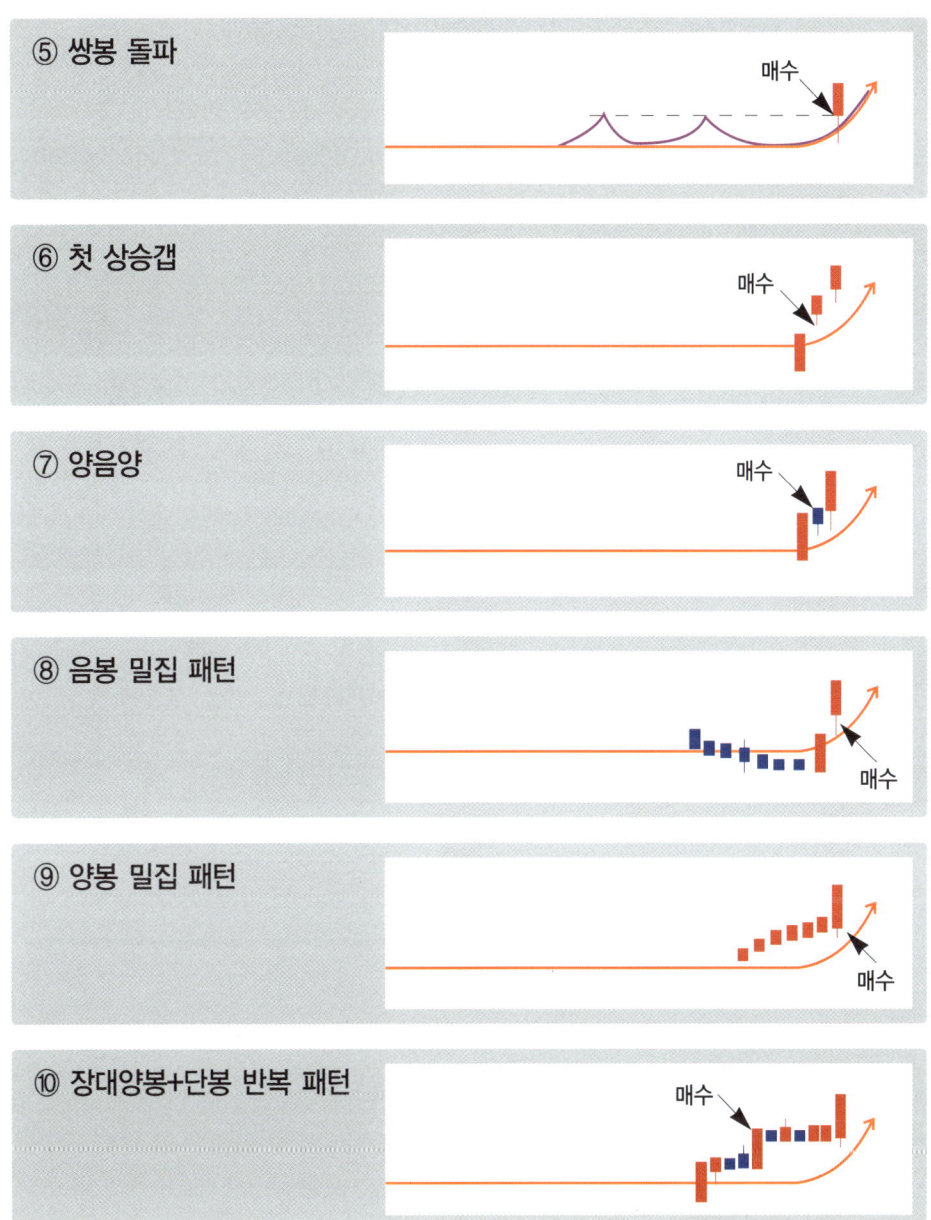

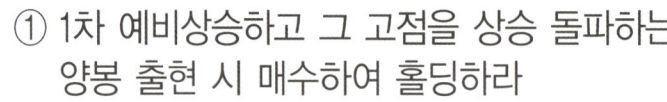

① 1차 예비상승하고 그 고점을 상승 돌파하는 양봉 출현 시 매수하여 홀딩하라

7-1 바른손(일봉)

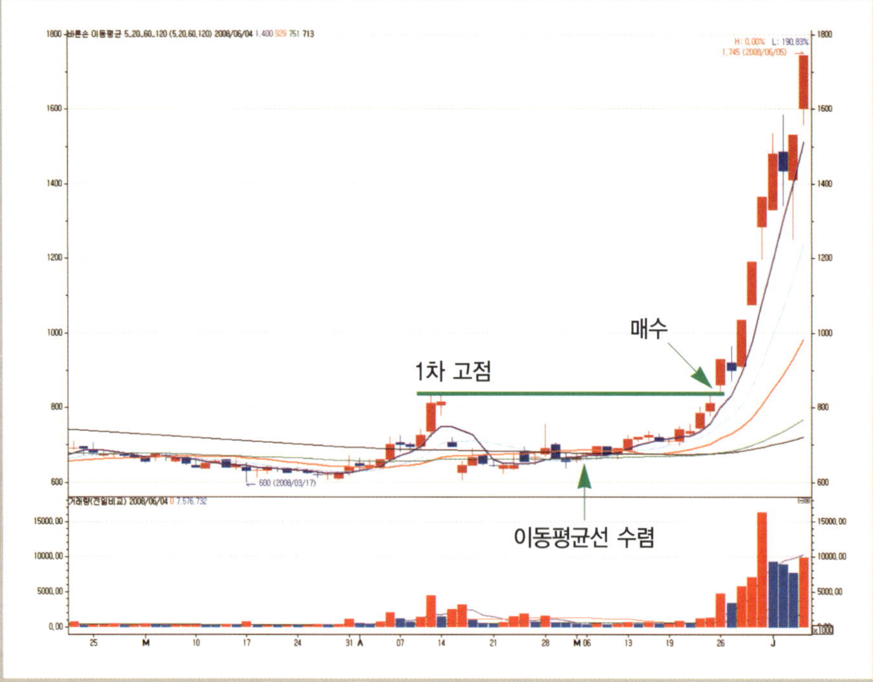

수개월 동안 수평 횡보하는 동안 1차 예비상승이 진행됐다. 이후 모든 이동평균선이 수렴한 후 장대양봉이 출현하면서 1차 예비상승 고점을 상승 돌파하면 매수에 가담한다. 주가와 20선의 이격이 확대되기 시작하는 때가 매수 시점이다. 위 차트에서 보듯 600원대에서 횡보하던 바른손 주가가 1개월도 못 되어 1,745원까지 상승했다.

② 1-2차 예비상승하고 그 고점을 상승 돌파하는 양봉 출현 시 매수하여 홀딩하라

수개월 동안 수평 횡보하는 동안 예비상승이 2차까지 진행됐다. 이후 2차 고점을 장대양봉이 상승 돌파하면서 20선이 상향으로 돌아서며 상승에 가속도가 붙었다. 차트에서 보이는 기간 밖의 상황을 얘기하자면 남광토건은 이후 상승을 이어가 2007년 6월에 155,000원의 고점을 찍었다.

③ 1-2-3차 예비상승하고 그 고점을 상승 돌파하는 양봉 출현 시 매수하여 홀딩하라

7-3 한국기술산업(일봉)

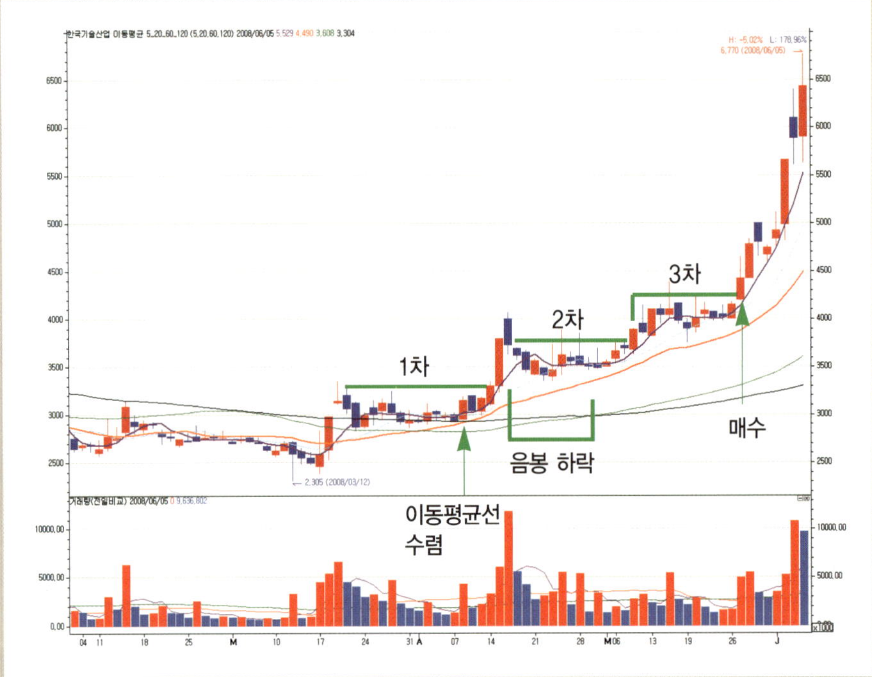

수개월 동안 횡보하다가 계단식으로 1-2-3차 상승해온 차트다. 이후 장대양봉이 출현하면서 급등했다. 위의 종목은 한국기술산업으로 2,305원에서 2개월여 만에 6,770원까지 급등했다.

④ 3파동 출현 뒤 이동평균선 수렴 시점에 장대양봉 출현 시 매수하여 홀딩하라

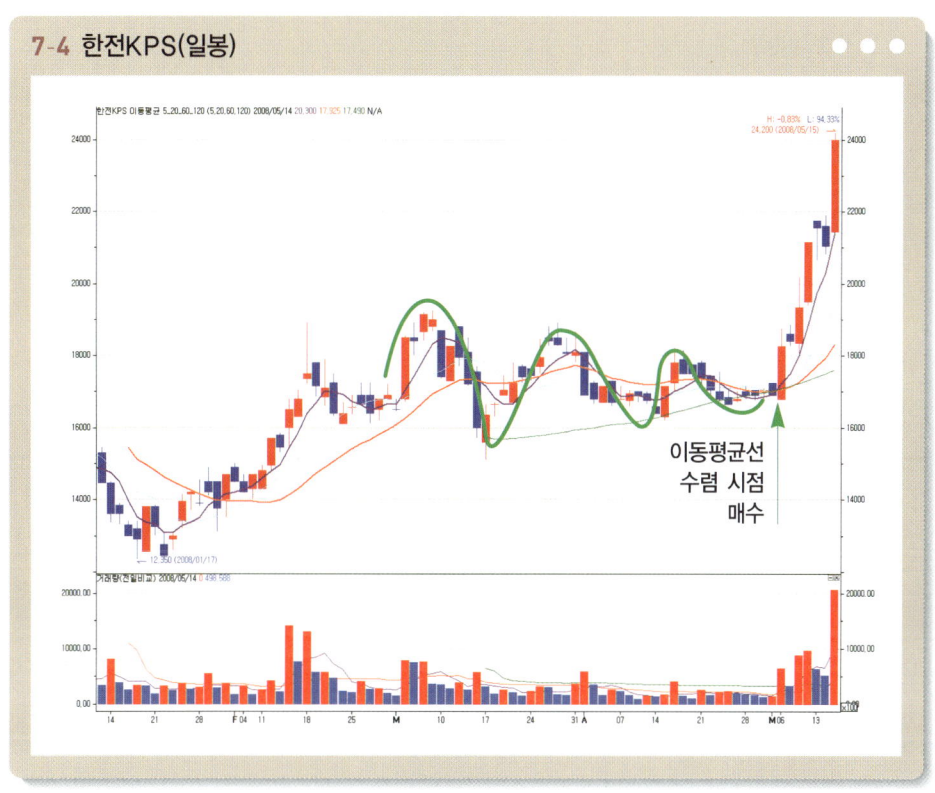

7-4 한전KPS(일봉)

초기 상승하다 횡보하는 경우는 재상승한다. 그리고 횡보하는 동안 3파동이 출현하면서 이동평균선이 완전 수렴하고 장대양봉이 출현하면 상승 가속도가 붙어 급등한다. 한전KPS는 17,000원에서 불과 7거래일 만에 24,200원까지 급등했다.

⑤ 쌍봉 출현 뒤 쌍봉을 상승 돌파하는 장대양봉 출현 시 매수하여 홀딩하라

7-5 루보(일봉)

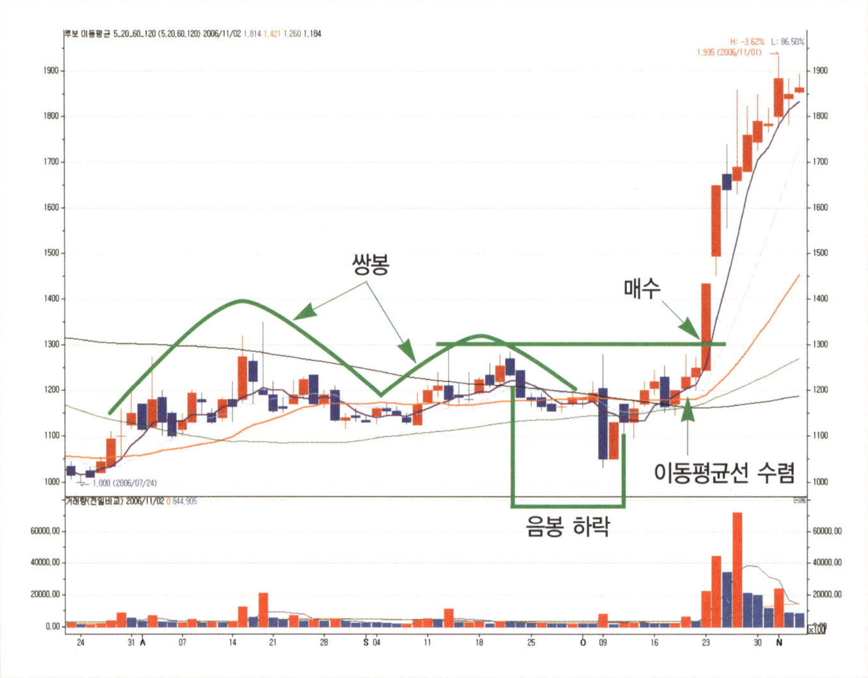

수개월 동안 수평 횡보하는 중에 쌍봉이 출현하고 그 쌍봉을 상승 돌파하면 매수하여 홀딩하라. 쌍봉 출현 후 음봉을 연속 출현시키면서 개미들을 털어내고 수직 상승한다. 1,200원짜리가 6개월 만에 51,400원까지 급등한 대표적인 작전주다.

⑥ 첫 상승갭 출현 시 매수하여 홀딩하라

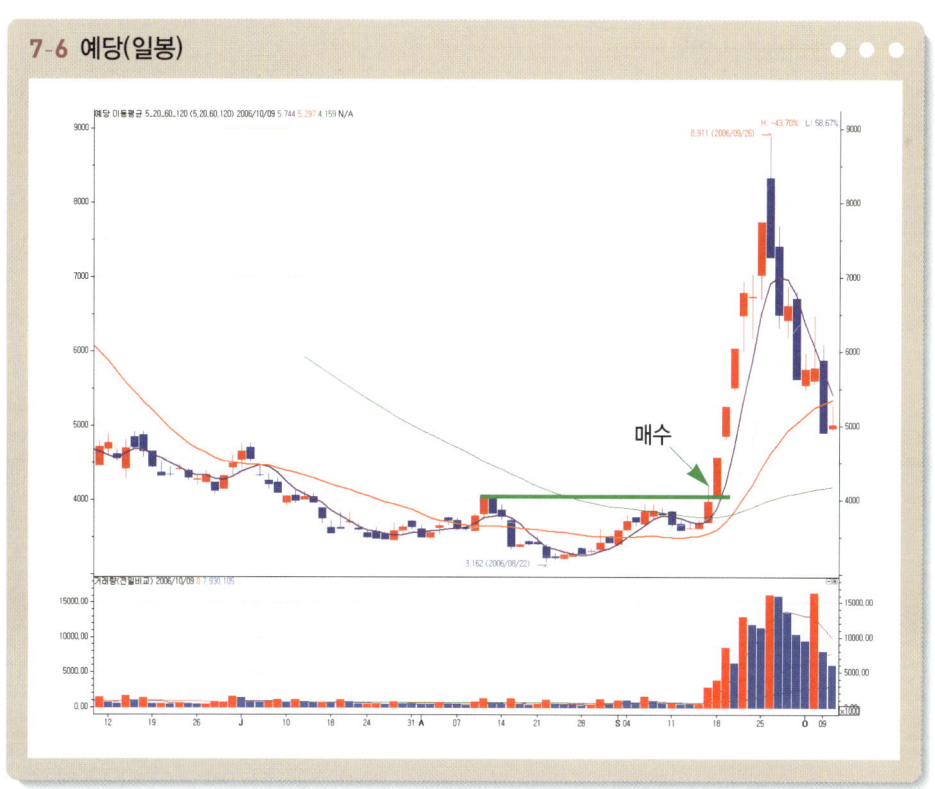

7-6 예당(일봉)

수개월 횡보 중 저점에서 20, 60선의 지지를 받고 첫 장대양봉이 출현하면 무조건 매수하라. 다음날 갭 상승이 계속되면 홀딩하라. 갭 상승 후 음봉이 나오면서 하락하면 매도하라.

⑦ 양음양 출현하면 매수하여 홀딩하라

7-7 현대미포조선(일봉)

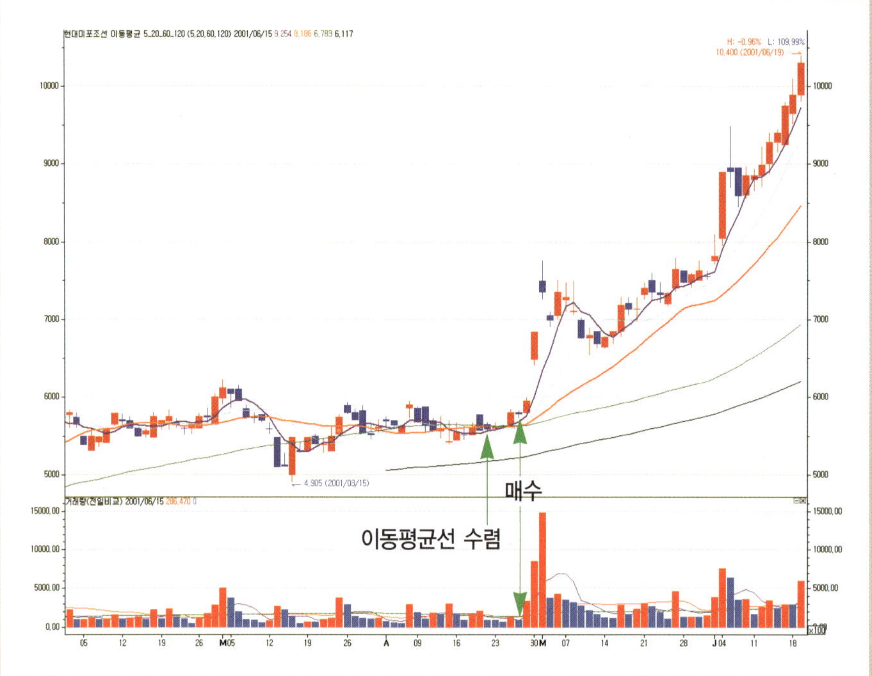

수개월 동안 횡보 중에 20선을 중심선으로 모든 이동평균선이 수렴되는 시점에 장대양봉이 출현하면 무조건 매수하라. 다음날 음봉 밑꼬리가 장대양봉 몸통의 2분의 1 이상에서 지지되면 2차 매수 시점이다.

⑧ 음봉 밀집 패턴 뒤 첫 양봉 출현 시 매수하여 홀딩하라

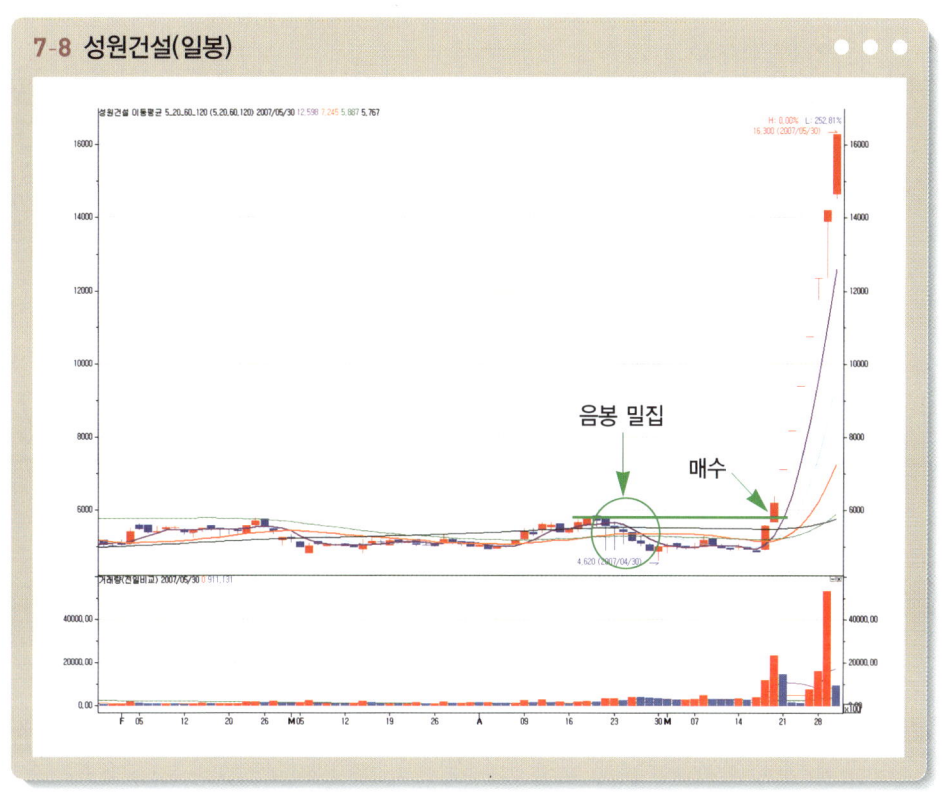

7-8 성원건설(일봉)

수개월 동안 횡보하는 중에 물량 확보를 끝내지 못한 경우 상승 직전에 연속 5~9개의 음봉을 출현시키는 경우가 있다. 그 과정에서 개미들의 물량을 확보한 뒤 장대양봉과 함께 급등시킨다. 3개월 이상 수평 횡보 중에 음봉 밀집 패턴이 나타나면 매수 기회로 이용하라.

 ⑨ 양봉 밀집 패턴 출현 시
　　매수하여 홀딩하라

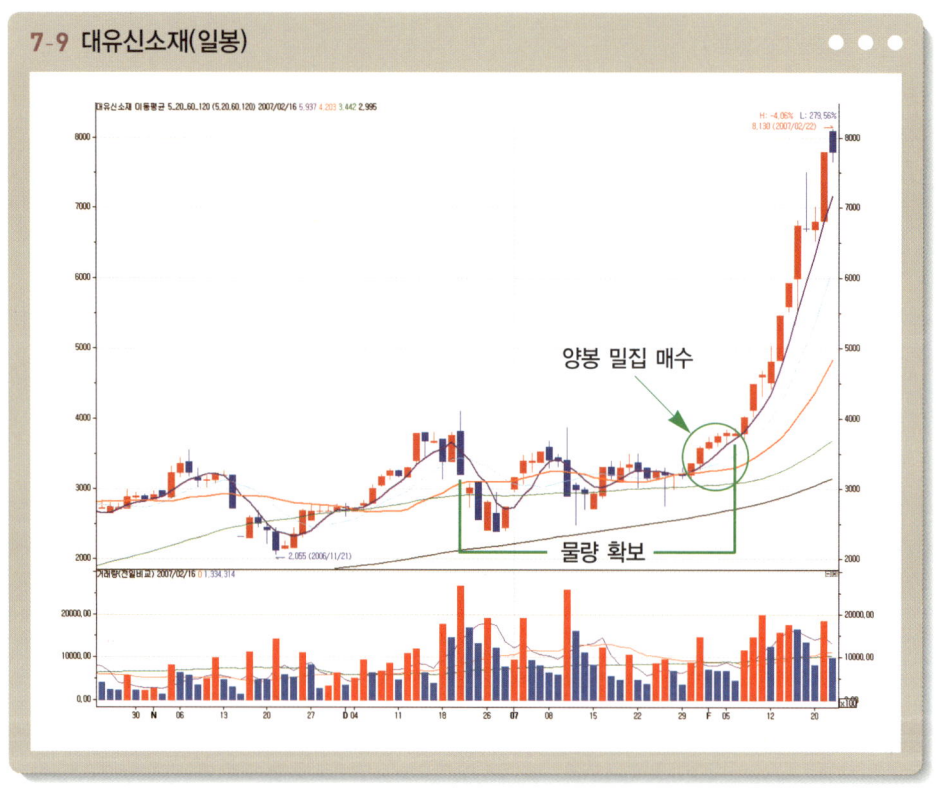

수개월 동안 횡보하면서 이동평균선이 수렴하고 양봉 밀집 패턴이 출현하는 것은 세력이 마지막 물량을 확보하려는 것이다. 이때가 상승 직전 마지막 매수 기회다.

⑩ 장대양봉과 단봉이 반복 출현하면 매수하여 홀딩하라

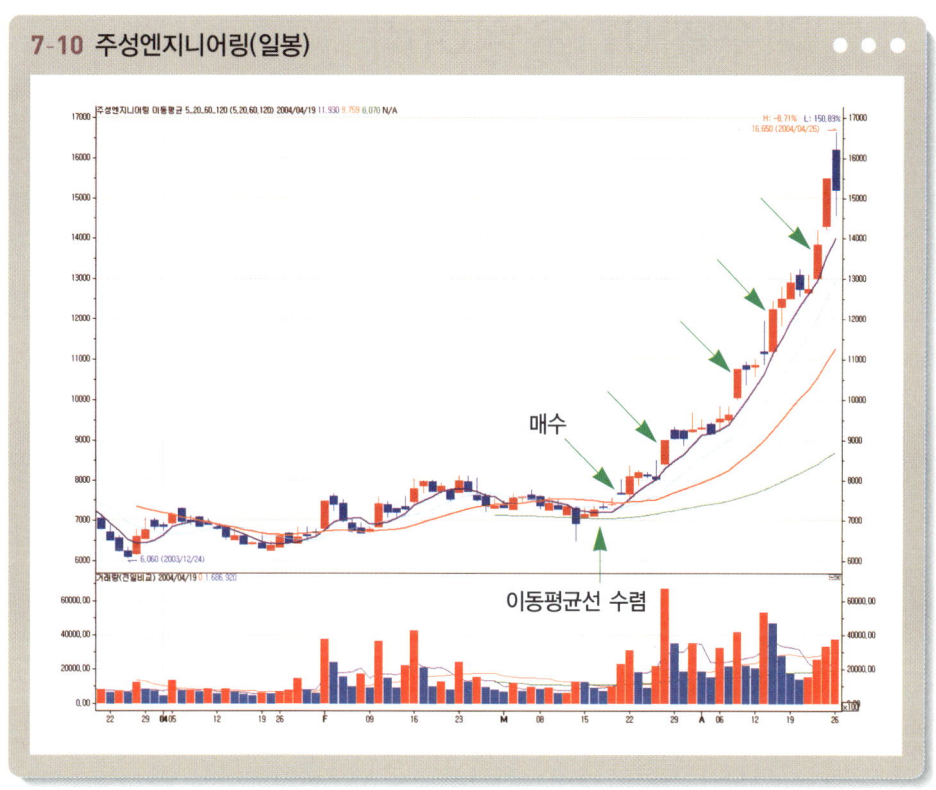

수개월 동안 횡보하면서 이동평균선이 수렴되고 그 시점에서 장대양봉과 몇 개의 단봉이 출현한다. 이 과정이 반복되다가 급등한다. 주성엔지니어의 일간 차트로 6,000원에서 1개월 만에 16,650원까지 급등했다.

7-3 3차 하락 후 급등 패턴 포착, 매수하여 홀딩하라

① 하락추세선 상승 돌파 첫 양봉

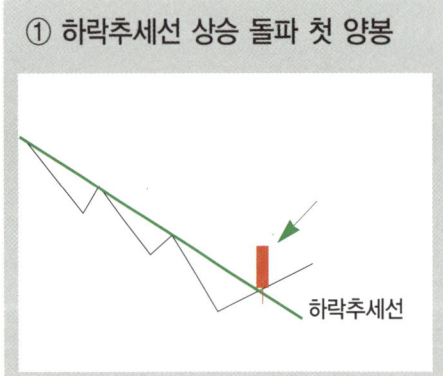

하락추세선

② 주간 차트에서 5·20선 골든크로스시키는 첫 양봉

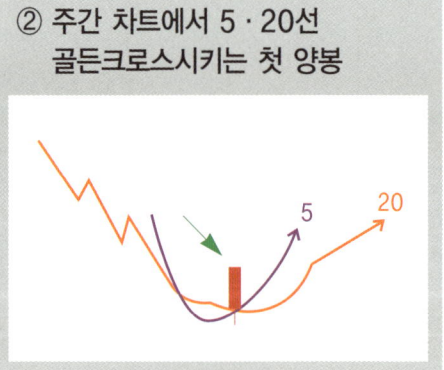

③ 3바닥

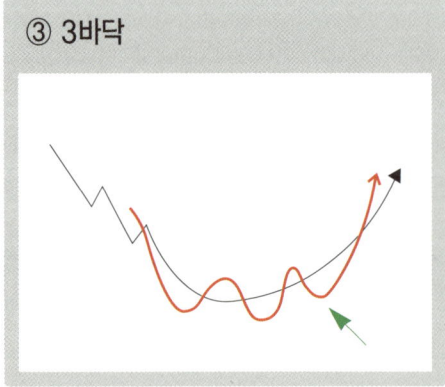

④ 전고점 지지받는 양봉

⑤ 단봉 횡보 중 첫 장대양봉

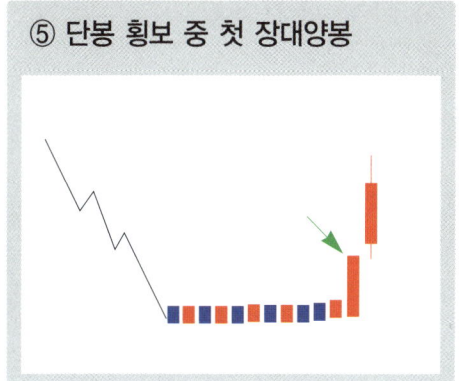

⑥ 갭 하락 긴 밑꼬리

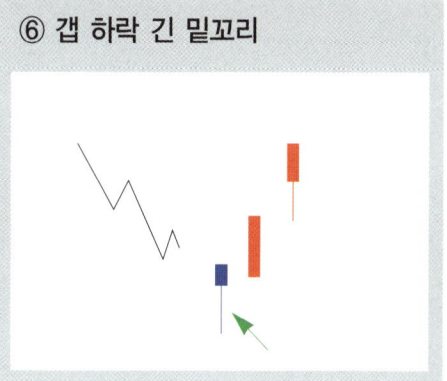

⑦ 갭 하락 역망치

⑧ 갭 하락 도지

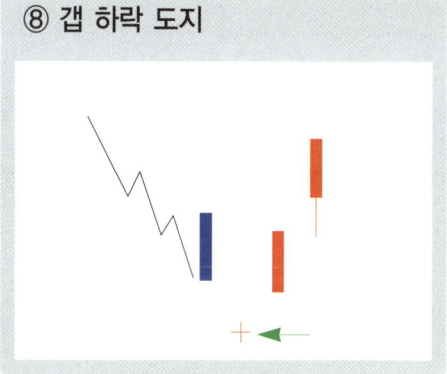

⑨ 갭 하락 장대양봉

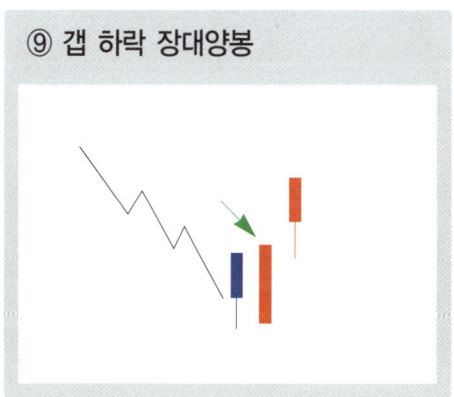

⑩ 갭 하락 장대음봉+도지

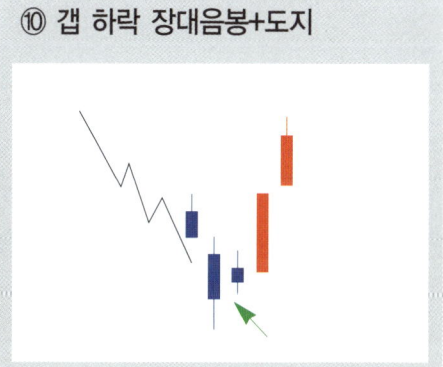

① 하락추세선 상승 돌파하는 첫 양봉 출현 시 매수하여 홀딩하라

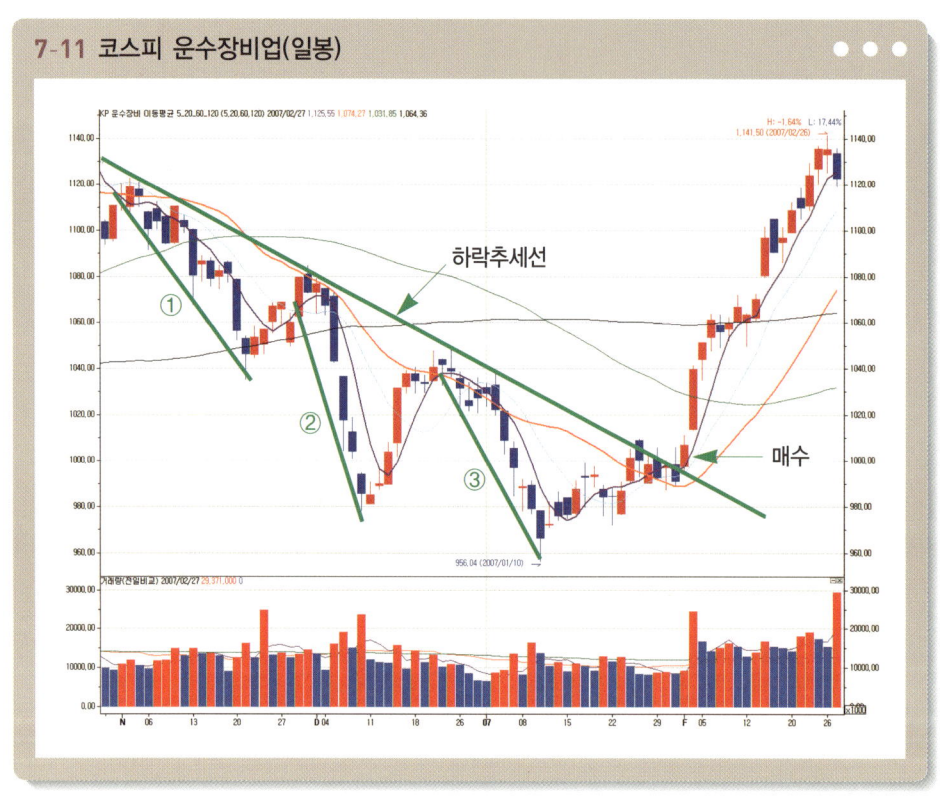

장기 하락이나 3차 하락이 끝나고 반등할 때, 하락추세선을 상승 돌파하는 장대양봉이 5·20선 골든크로스와 거의 동시에 출현하면 상승이 시작된다.

② 주간 차트에서 5·20선 골든크로스시키는 첫 양봉 출현 시 매수하여 홀딩하라

주간 차트에서 장기 하락이나 3차 하락 후 주가와 20선을 골든크로스시키는 장대양봉이 출현하면 하락이 마무리되고 이때부터 장기간 상승한다. 차트에서 보다시피 LG전자는 3차 하락 후 주가와 20선이 골든크로스 시점 51,000원에서 159,500원까지 1년 이상 상승이 계속되었다.

 ③ 3바닥 출현 뒤 5·20·60선 골든크로스시키는
첫 양봉 출현 시 매수하여 홀딩하라

3차 하락 후 쌍바닥이나 3바닥이 출현하고 주가가 20선과 60선을 골든크로스하는 시점에서 상승이 시작된다. 이때가 매수 시점이고 두 바닥 사이의 고점을 상승 돌파할 때가 2차 매수 시점이다. 위 차트의 태영건설은 저점 4,330원에서 불과 3개월 만에 7,300원까지 상승했다.

④ 주간 차트에서 전고점 지지받고 상승하는 첫 양봉 출현 시 매수하여 홀딩하라

1차 고점을 상승 돌파할 때가 1차 매수 시점이고, 2차 고점에서 하락하다 조정 시 1차 고점에서 지지받고 상승할 때가 2차 매수 시점이다. 가장 확실한 상승 패턴이며 장기간 상승이 지속된다는 것을 기억하고 이 패턴을 찾아서 해당 종목을 매수하라.

⑤ 단봉 횡보 중 첫 장대양봉 출현 시 초기에 매수하여 홀딩하라

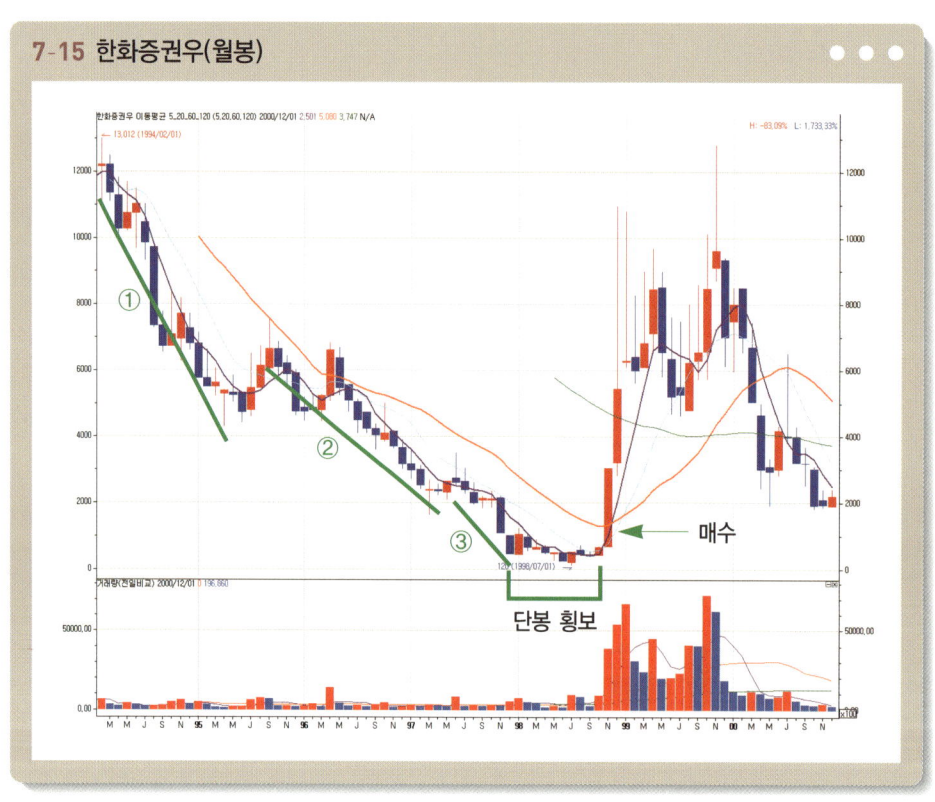

월간 차트상으로 4년간 3차 하락했고 단봉으로 11개월간 횡보하는 과정에서 150원까지 폭락했다. 이후 상승을 시작하여 2개월 만에 13,700원까지 91배 급등한 한화증권 우선주다(참고로 이때 삼성증권은 20배 상승했다). 분차트나 일간 차트, 주간 차트에서도 마찬가지로 3차 하락 후 단봉으로 횡보할 때는 누군가 매집하는 단계이며 곧 상승이 시작된다는 것을 예상하고 매수하라.

⑥ 갭 하락 긴 밑꼬리 출현 시
초기에 매수하여 홀딩하라

7-16 현대제철(일봉)

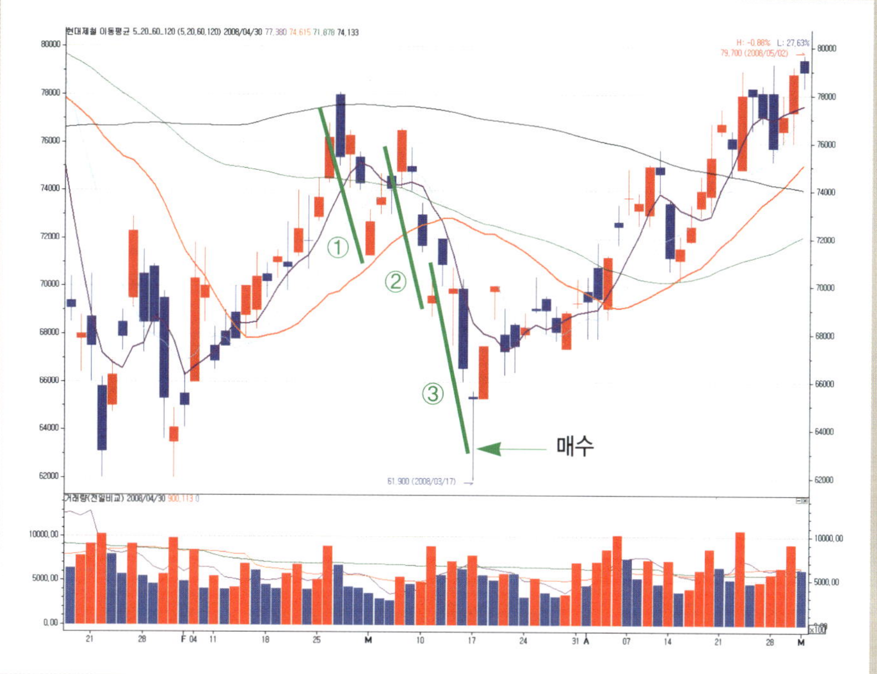

3차 하락이나 폭락 후 갭 하락 긴 밑꼬리가 출현하는 것은 매수세의 힘이 강력함을 뜻한다. 최저 가격에서부터 매수가 시작되어 상승이 지속된다.

⑦ 갭 하락 역망치 출현 시
　　초기에 매수하여 홀딩하라

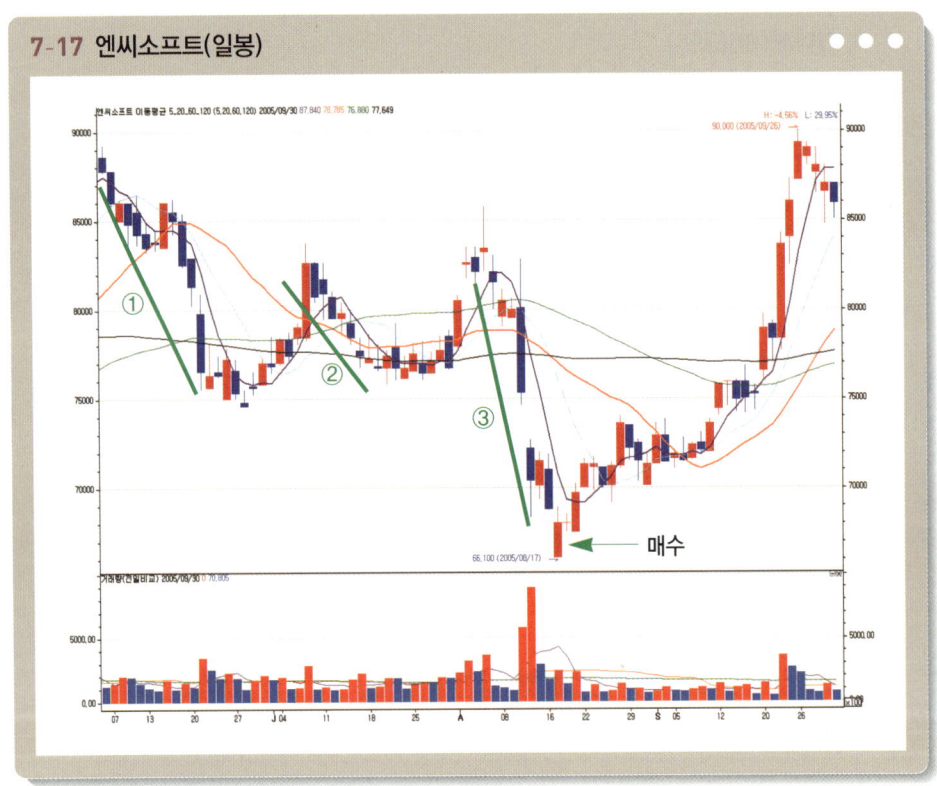

3차 하락이나 가파른 장대음봉이 출현한 후 갭 하락 역망치가 출현하는 것은 세력의 매집 패턴으로 이때부터 상승이 시작된다. 역망치 위꼬리 부분에서 도지가 출현하는 것은 매물을 모두 소화했다는 신호다.

⑧ 갭 하락 도지 출현 시 초기에 매수하여 홀딩하라

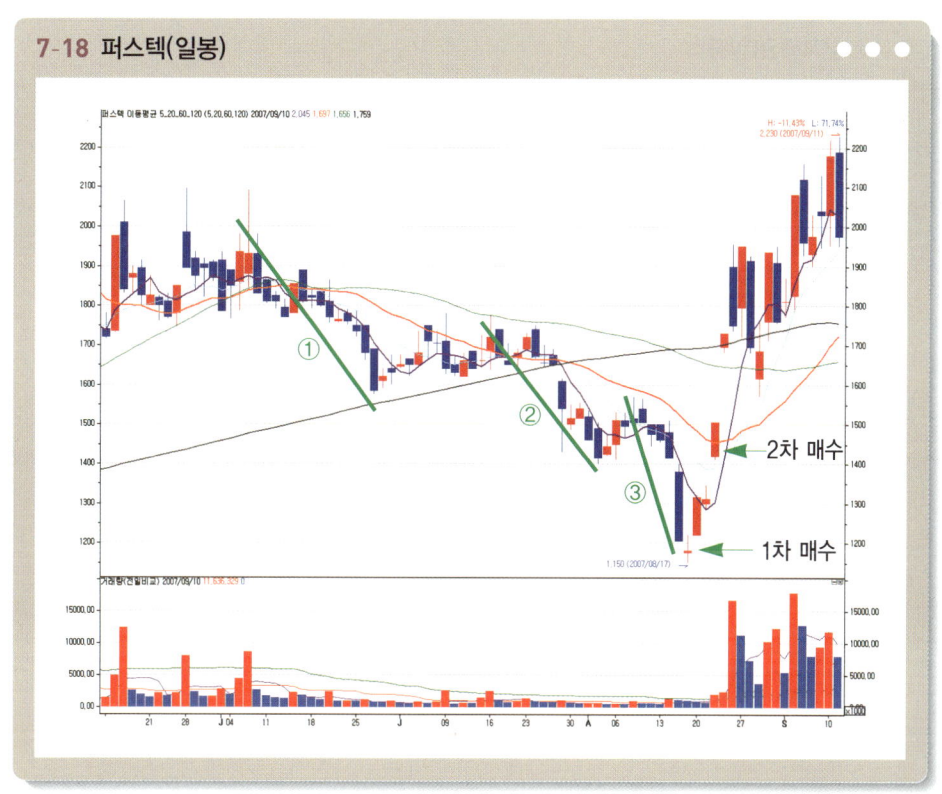

3차 하락 후 갭 하락 도지가 출현하는 것은 이제 매도세가 소진되었다는 신호로 상승이 시작될 것을 예고하는 패턴이다. 반면 3차 상승 고점에서 도지가 출현할 때는 두 가지로 해석할 수 있다. 매수세가 소진되었거나 강력한 매수세가 매도 물량을 받아낸다는 의미인데 이때는 거래량이 급증한다.

⑨ 갭 하락 장대양봉 출현 시 초기에 매수하여 홀딩하라

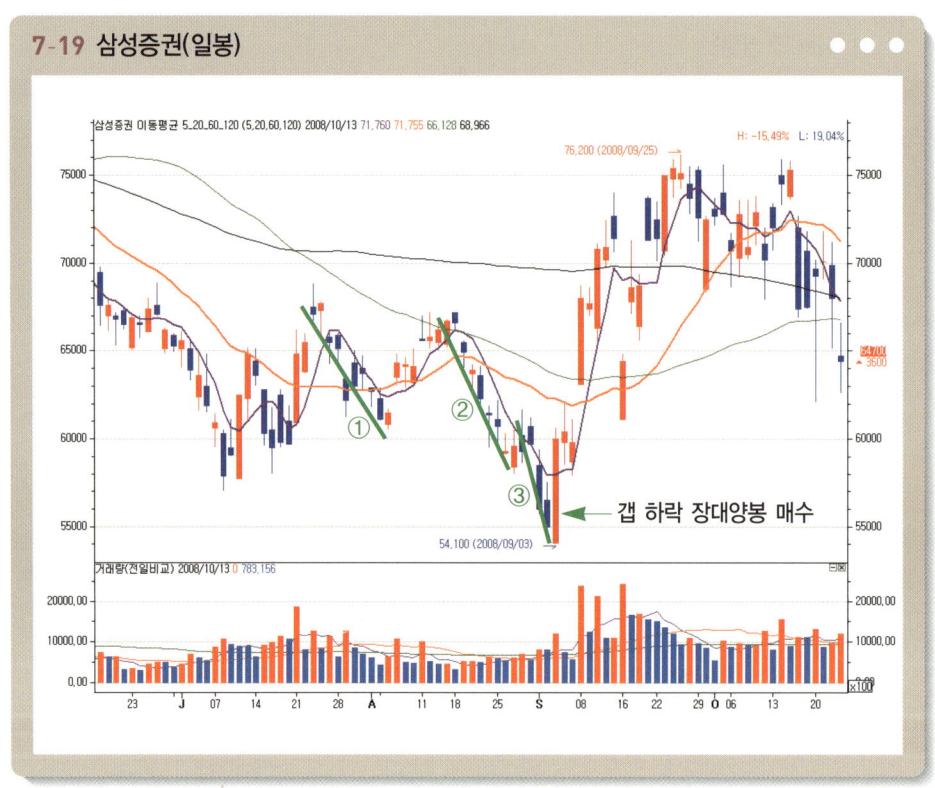

3차 하락이나 폭락 후 갭 하락 장대양봉, 갭 상승 장대양봉, 보합에서 장대양봉 출현은 강력한 매수세의 등장을 의미하며 이후 상승이 시작된다.

⑩ 갭 하락 장대음봉+도지 출현 시 매수하여 홀딩하라

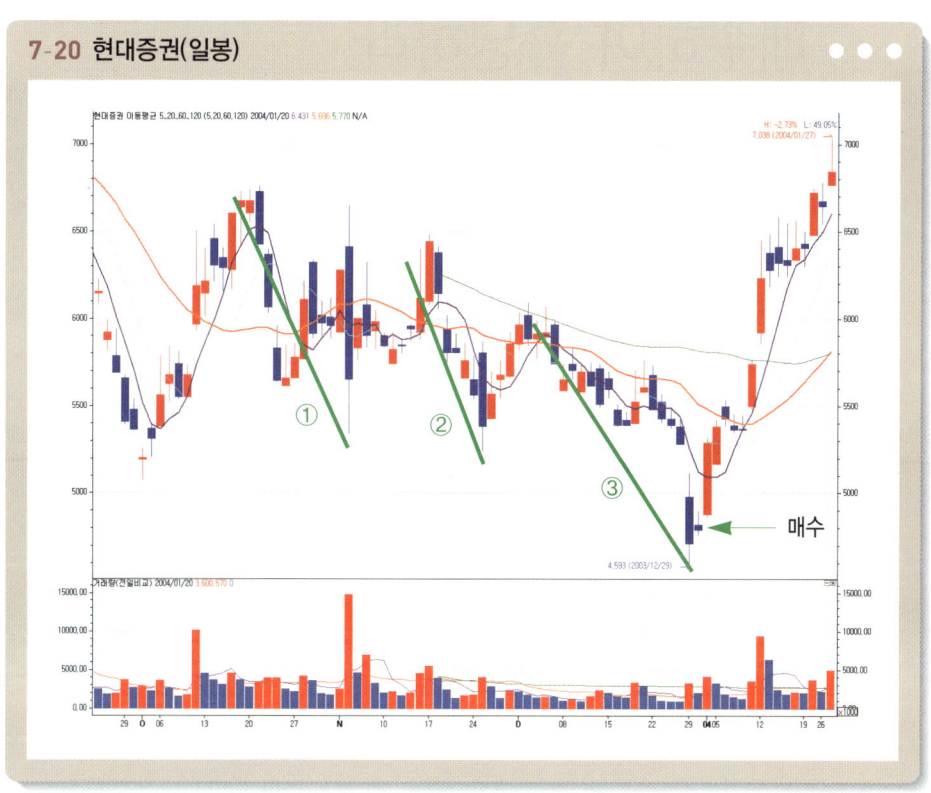

3차 하락이나 음봉이 연속되어 가파르게 하락한 후 갭 하락 장대음봉이 출현하면 매도 물량이 한꺼번에 쏟아져 나온다. 이때는 다음날의 추이를 봐야 하는데 다음날 도지가 장대음봉 몸통 중앙에서 출현하면 상승이 시작된다.

7-4 20선 상향 중 급등 패턴 포착, 매수하여 홀딩하라

① 모든 이동평균선을 일시 돌파하는 역망치

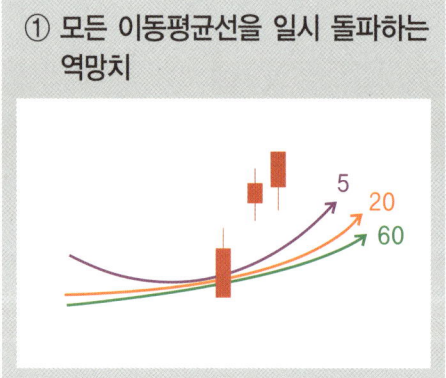

② 양음양

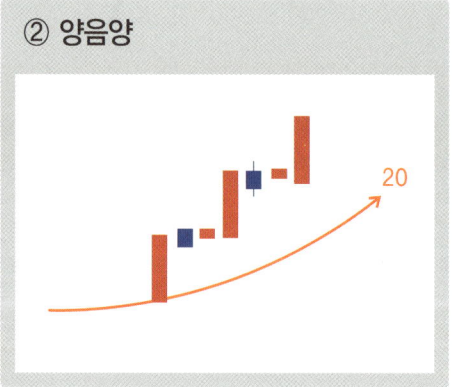

③ 20, 60선 지지받는 장대양봉+6단봉

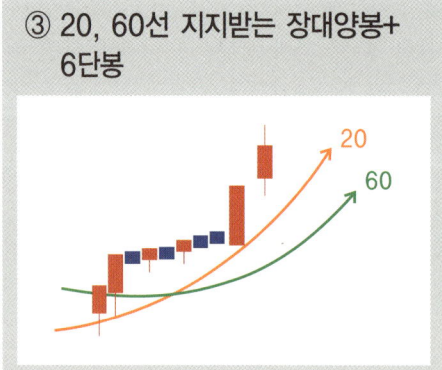

④ 재료를 수반한 급등주

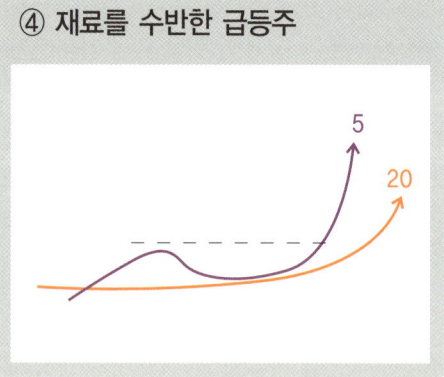

⑤ 장대양봉1+단봉

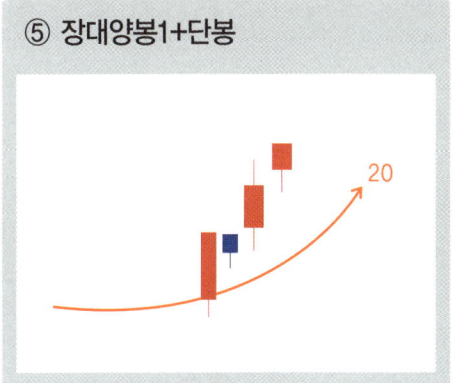

⑥ 장대양봉2+단봉

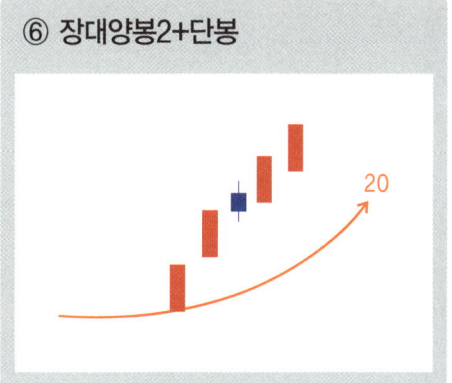

⑦ 2차 골든크로스시키는 장대양봉

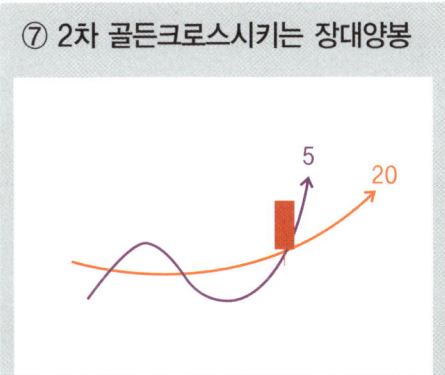

⑧ 미사일 패턴

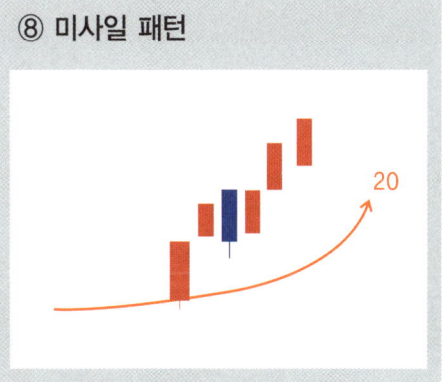

⑨ 거래량 급증하며 상승 시작

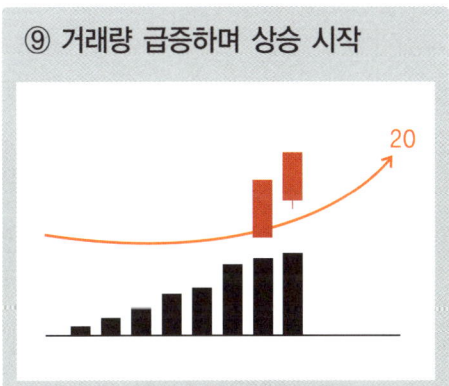

⑩ 첫 장대양봉

① 수렴된 모든 이동평균선을 일시 돌파하는 역망치 출현 시 매수하여 홀딩하라

장기 하향 횡보하다 모든 이동평균선이 장기 이동평균선을 중심으로 모이면 힘이 축적된다. 이 시점에 긴 역망치나 장대양봉이 일시에 모든 이동평균선을 상승 돌파하면 상승이 시작된다. 이때가 매수 시점이다.

② 저점에서 상승 초기 양음양이 반복 출현하면 초기에 매수하여 홀딩하라

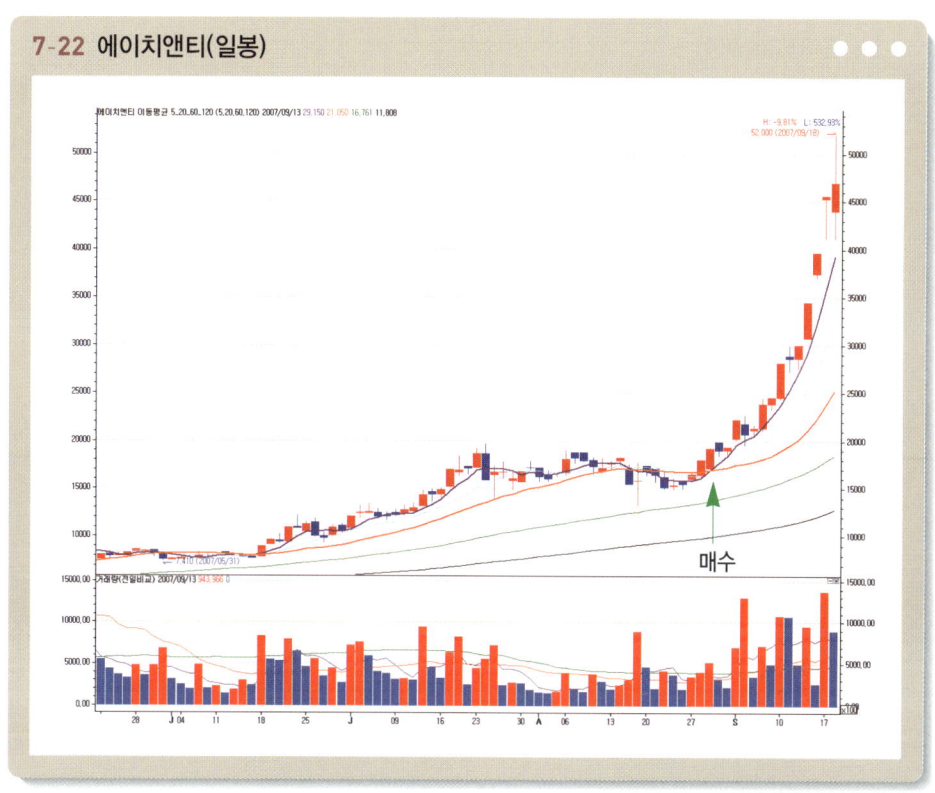

20선의 지지를 받는 첫 장대양봉이 출현하면 무조건 매수하라. 이후 상승 패턴이 출현한다. 위 차트에서는 양음양 패턴이 세 번이나 반복 출현하면서 급등하고 있다. 17,050원에서 52,000원까지 1차 상승하고 눌림목을 준 후 89,700원까지 급등했다. 2007년 소위 태양에너지를 배경으로 한 대표적 작전주다.

③ 20, 60선의 지지를 받는 장대양봉 뒤에 6단봉 출현 시 거래량 적은 단봉에서 매수하여 홀딩하라

20선이나 60선의 지지를 받고 장대양봉이 출현한 후 장대양봉 몸통의 2분의 1 이상에서 단봉 6개가 이어지고 장대양봉이 출현하면서 급등했다. 단봉은 5개에서 11개까지 다양하게 출현할 수 있으며 6개가 출현하면 상승하는 예가 많다. 급하게 음봉으로 하락하다 갭 하락 단봉 6개가 출현한 후 다음날 갭 상승하면 상승이 지속된다. 6번째 단봉에서 거래량이 급감하면 다음날 갭 상승한다. 위와 같은 예를 LG전자(2008. 7. 29~8. 5)에서도 볼 수 있다.

④ 재료를 수반한 급등주는
급등 초기 매수하여 홀딩하라

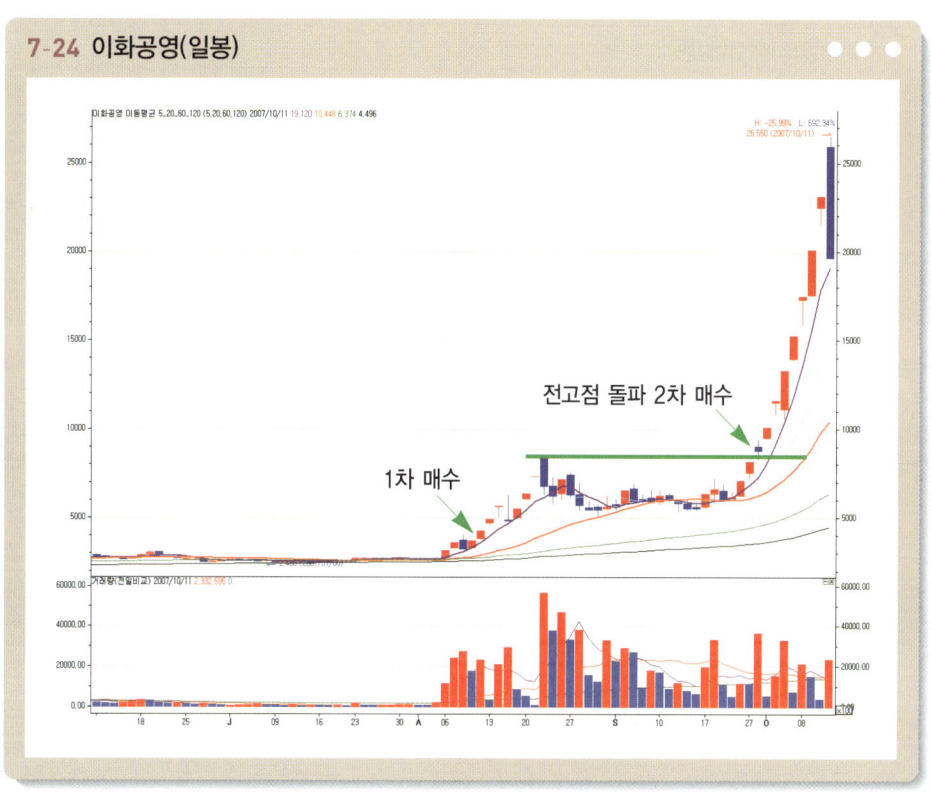

이명박 정부 출범 전부터 대운하 재료를 수반하고 급등하기 시작한 이화공영이다. 2007년 8월 3,145원에서 상승을 시작하여 3개월 후인 10월에 26,550원까지 1차 상승했다. 차트에는 나와 있지 않지만 이후 하락 횡보하다 12월에 67,400원까지 급등했다.

⑤ 20, 60선 지지받는 장대양봉에 이어 그 몸통의 2분의 1 이상에서 지지받는 단봉 출현 시 매수하여 홀딩하라

수개월간 상승하지 못하고 횡보하다 저점에서 20선과 60선의 지지를 받고 장대양봉이 출현하면 1차 매수한다. 눌림목 후 장대양봉이 출현하고 다음날 장대양봉 몸통 꼭대기에서 단봉 밑꼬리가 출현하면 매수하라. 다음날부터 장대양봉으로 상승한다.

⑥ 20, 60선 지지받는 2개의 장대양봉 뒤에 직전 장대양봉 몸통의 2분의 1 이상에서 지지되는 음봉 매수하여 홀딩하라

20선과 60선이 상향 중일 때 20선의 지지를 받고 장대양봉이 출현하면 매수하여 홀딩하라. 다음날도 장대양봉이 출현하고, 이 몸통의 2분의 1 이상에서 다음날 음봉이 지지되면 세 번째 장대양봉이 출현하면서 급등한다. 세 번째 장대양봉 이후 음봉이 출현하더라도 세 번째 장대양봉 몸통의 2분의 1 이상에서 지지되면 매수하라. 이후 급등한다.

⑦ 2차 골든크로스시키는 장대양봉 출현 시
　　매수하여 홀딩하라

상승 초기 1차 골든크로스된 후 상승하지 못하고 바로 하락했다가, 거래량 급증하면서 장대양봉이 출현하여 2차 골든크로스시키면 매수하여 홀딩하라.

⑧ 저점에서 상승 초기 미사일 패턴 출현 시 매수하여 홀딩하라

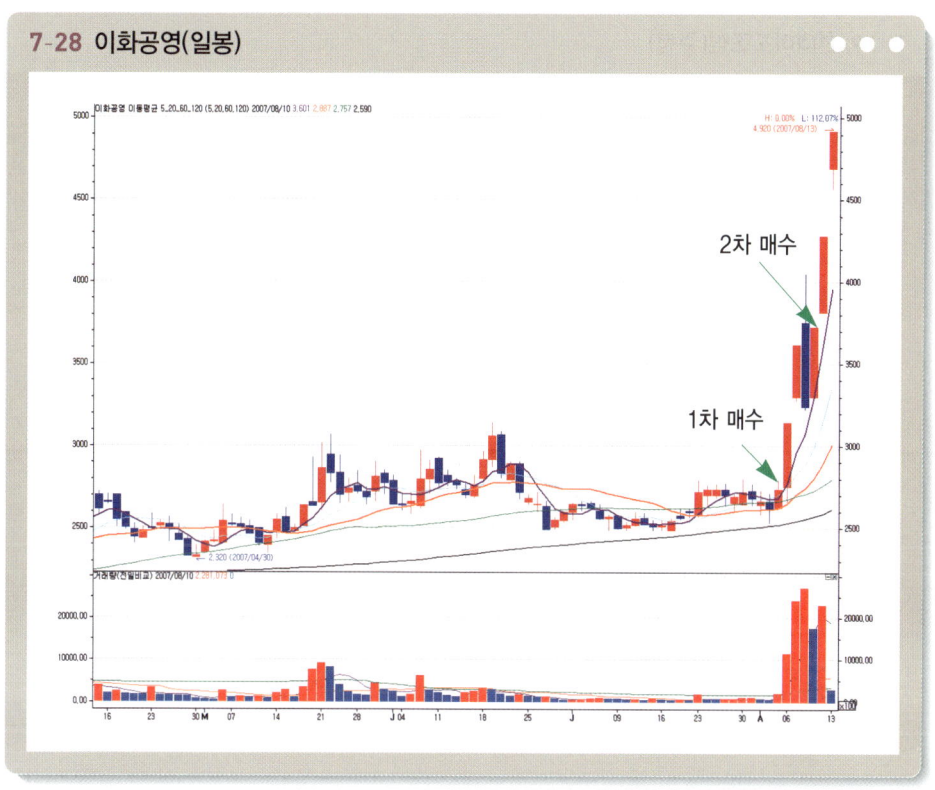

저점에서 수개월간 횡보하다 20, 60선 동시 지지받는 장대양봉이 출현하고, 다음날 장대음봉, 다음날 장대양봉이 이어지면 급등한다. 장대음봉 좌우로 장대양봉이 있어 미사일처럼 생긴 이 패턴이 출현하면 다음날부터 급등한다.

⑨ 거래량이 수개월 동안 급증하면서 상승하기 시작하면 매수하여 홀딩하라

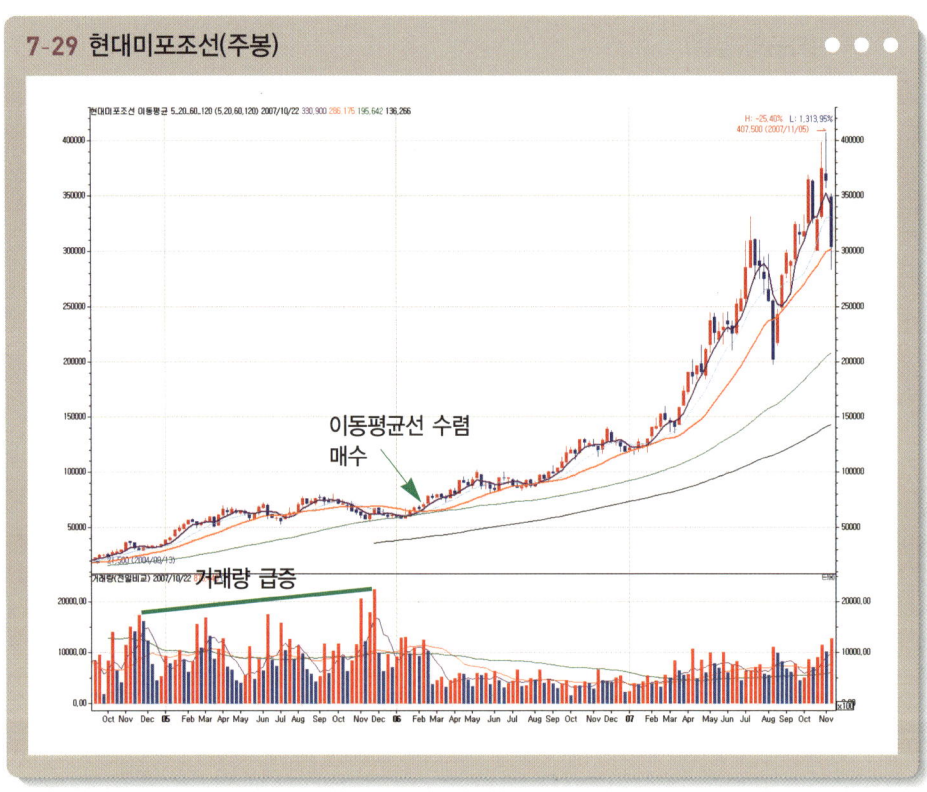

몇 년간 계속 횡보하던 종목에서 거래량이 급증하는 것은 세력이 매집 중이기 때문이다. 주간 차트로 봐서 주가와 20주선의 이격이 확대되기 시작할 때 매수하여 홀딩하면 크게 상승한다. 현대미포조선 주가는 2004년 21,500원에서 3년 후인 2007년에는 407,500원까지 상승했다. 주식투자에서 큰돈을 번 사람들은 대부분 저가에 매수하여 2~4년씩 보유했던 사람들이다.

⑩ 저점에서 상승 초기 첫 장대양봉 출현 시 매수하여 홀딩하라

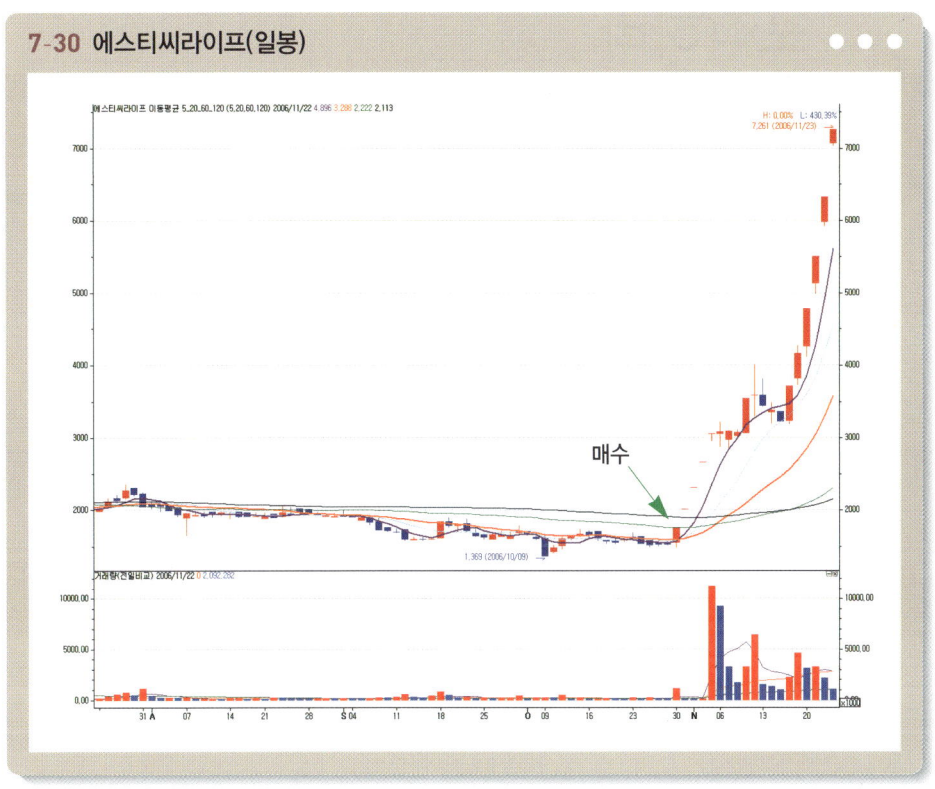

수개월간 바닥을 기다가 모든 이동평균선이 수렴되는 시점에서 첫 장대양봉이 출현하면 매수하여 홀딩하라. 횡보 기간만큼 급등하는 종목이 많다. 대부분의 급등 종목은 장기 횡보 종목에서 출현하므로 수개월 횡보하는 종목을 관심종목에 등록해놓고 계속 감시한다.

7-5 급등주는 분차트로 매매 시점 포착하라

1. 시초가 갭 상승 후 하락 시

시초가	하락	지지 패턴	상승
• 갭 상승 후 긴 위꼬리 출현	• 음봉 연속 3~9개	• 쌍바닥 • 밑꼬리 • 20, 60, 120선 지지	• 거래량 급증+장대양봉

2. 20선 상향 시

시초가에서 지지 패턴 출현	상승
• 갭 상승 단양봉 • 보합에서 장대양봉 • 5, 10, 20선 상향	• 거래량 급증+장대양봉

3. 시초가 5% 이상 갭 하락 시

시초가에서 지지 패턴 출현	상승
• 장대양봉 • 역망치 • 도지 • 긴 밑꼬리 • 쌍바닥 • 상승반전형 • 단봉 횡보	• 거래량 급증+장대양봉

4. 오전 횡보나 하락 후 오후 상승 시

시초가	지지 패턴	상승
• 3~4시간 횡보 • 3차 하락	• 이동평균선 수렴 후 주가와 5·20·60선 골든크로스	• 거래량 급증하며 주가와 20선 이격 확대

위꼬리 출현 후 음봉이 연속되며 하락할 때는 주시하다가 양봉 밑꼬리 출현 시 매수하라

7-31 고려아연(5분봉)

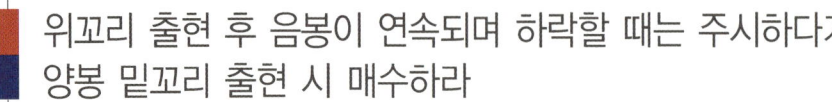

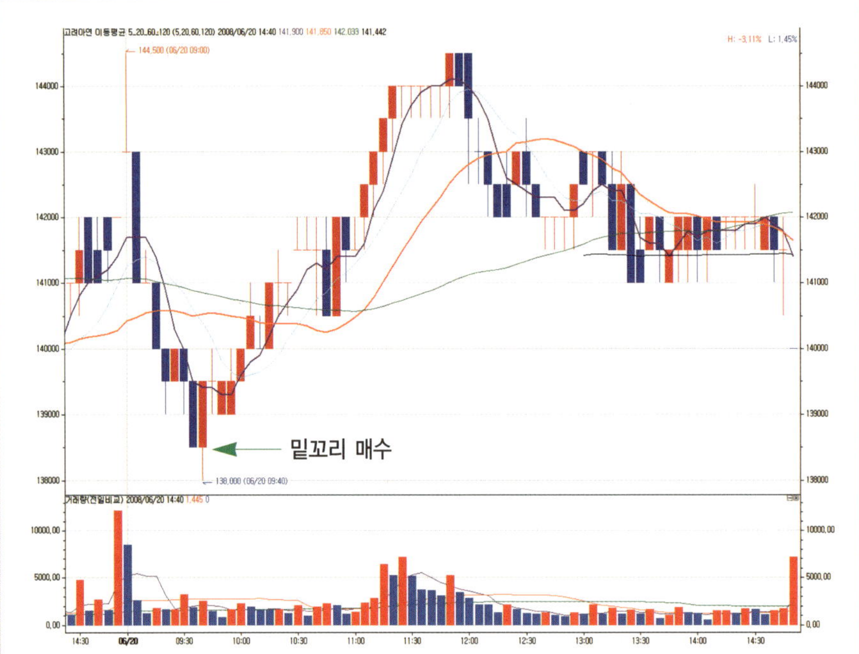

시초가 갭 상승 후 하락하는 경우 ①

시초가 갭 상승했지만 위꼬리가 출현하고 이후 음봉이 이어지면서 하락할 때는 매매에 나서지 말고 기다려라. 어디서 지지가 되는지 주시하다 밑꼬리가 출현하고 양봉이 이어질 때 매수하라. 이후 주가가 이동평균선을 상승 돌파한 뒤 이동평균선의 지지를 받고 출현하는 양봉이 2차 매수 시점이다.

양봉 위꼬리 출현하면 기다렸다가 음봉에서 밑꼬리가 20선 지지받을 때 매수하라

시초가 갭 상승 후 하락하는 경우 ②

시초가에서 양봉 위꼬리가 출현하면 하락하기 쉽다. 추이를 보며 기다렸다가 음봉 밑꼬리가 20선에 지지될 때 매수하라. 상승하여 상한가에 안착하면 급락에 대비해 손실제한주문을 걸어두라.

단봉이 연속되다가 20선 지지되는 첫 장대양봉 출현 시 매수하라

시초가 갭 상승 후 하락하는 경우 ③

시초가에 갭 상승 도지가 출현한 후 양봉과 음봉 도지가 연속되면서 횡보할 때는 지지선을 기다려라. 이후 20선에 지지되는 첫 장대양봉이 출현할 때 매수하라.

■ 장대음봉 출현 후 음봉이 연속되며 하락할 때는 주시하다
■ 60선에 지지되는 장대양봉 출현 시 매수하라

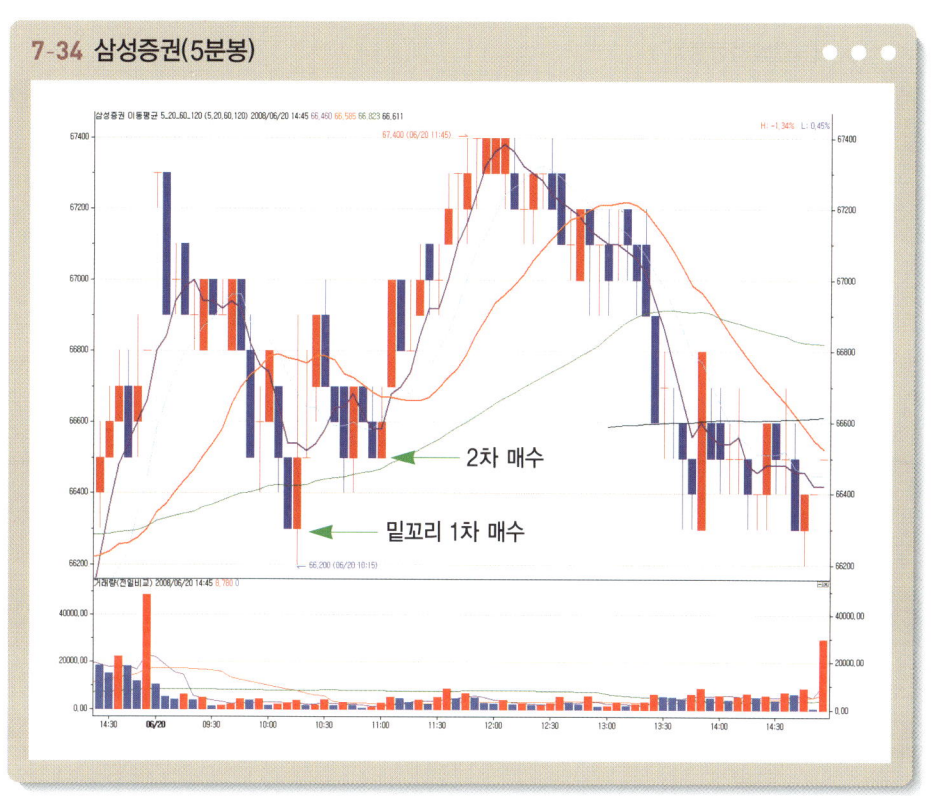

시초가 갭 상승 후 하락하는 경우 ④

시초가 갭 상승했지만 장대음봉이 되면서 연속 하락하면 매매에 나서지 말고 기다려라. 이후 60선에 의해 지지되는 장대양봉이 출현하면 1차 매수하고, 쌍바닥 2차 저점이 60선의 지지를 받으면 2차 매수하라.

■ 양봉 위꼬리 출현 후에는
■ 120, 60선 지지되면 매수하라

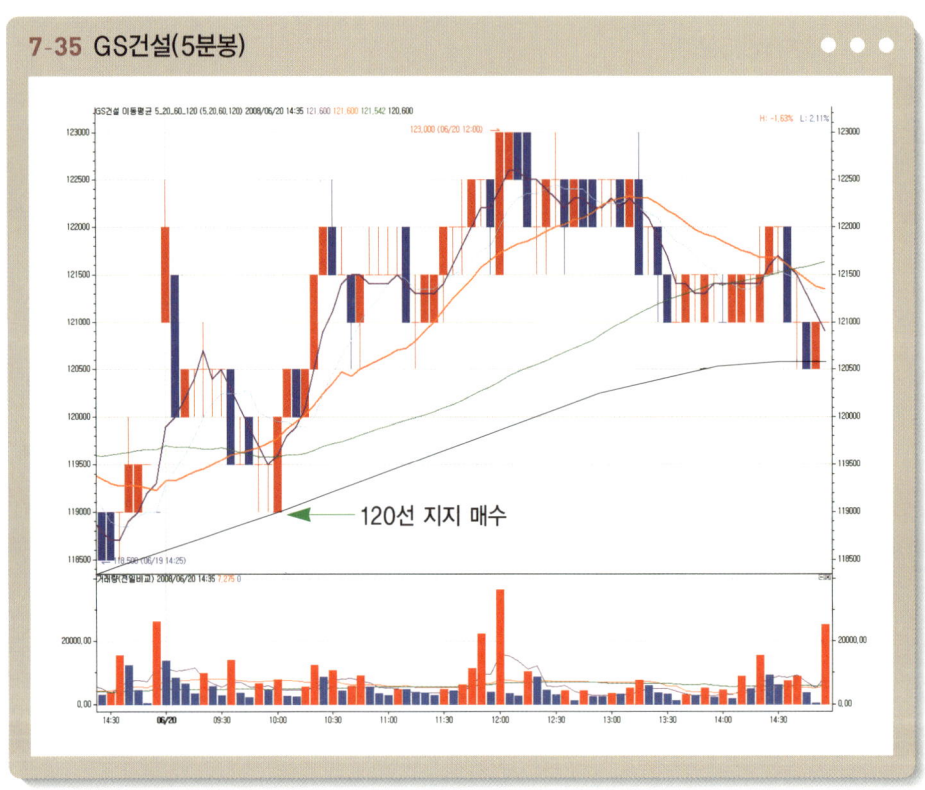

시초가 갭 상승 후 하락하는 경우 ⑤

시초가 갭 상승했지만 위꼬리가 달리는 양봉이 출현하면서 하락하면 매매에 나서지 말고 기다려라. 계속 하락하다 120선의 지지를 받는 음봉 뒤에 60선의 지지를 받고 양봉이 출현할 때 매수하라.

음봉 출현 후 보합에서 양봉이 연속되면서 상향 5분선 지지받으면 매수하라

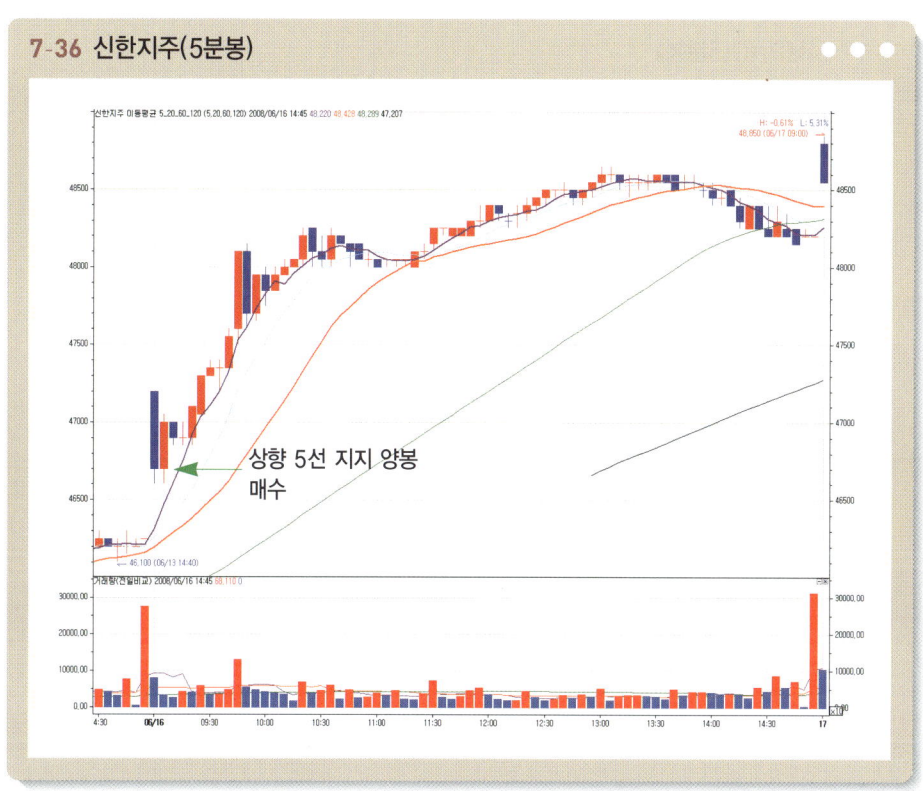

시초가 약간 갭 상승 후 20선 상향하며 연속 상승하는 경우 ①

시초가 약간 갭 상승했지만 음봉이 출현하고 보합에서 단봉이 이어지면 추이를 기다려라. 이후 상향 5분선의 지지를 받는 양봉이 연속되면 상승 초기이므로 매수하라. 바로 밑에서 10선과 20선이 상향하면서 따라오면 더 확실하게 상승한다.

 양봉에 이어 이전 봉의 종가에서 양봉이 연속되고
상향 5분선 지지받으면 매수하라

시초가 약간 갭 상승 후 20선 상향하며 연속 상승하는 경우 ②

시초가에 약간 갭 상승한 양봉이 출현하고 그 봉의 종가에서 양봉이 연속되면서 상향 5분선의 지지를 받으면 매수하라. 10, 20선도 뒤따라 상향하면 상승이 이어진다.

■ 도지 출현 후 수직 상향하는 5분선의 지지를 받는
■ 양봉 출현 시 매수하라

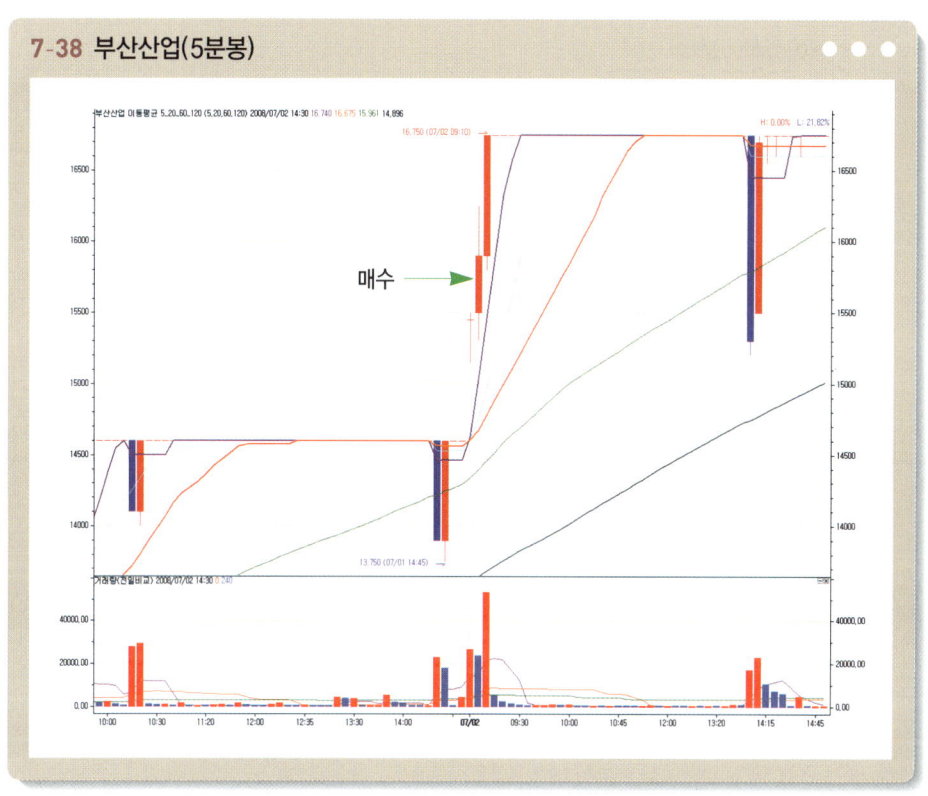

7-38 부산산업(5분봉)

시초가 약간 갭 상승 후 20선 상향하며 연속 상승하는 경우 ③

시초가에 약간 갭 상승한 도지가 출현한 후 장대양봉이 출현하고 상향하는 5분선에 의해 지지를 받으면 신속히 매수하라. 상한가에 안착하면 바로 손실제한주문을 걸어두라.

▌ 장대양봉 직후 단봉 2개가 이어지며 수직 상향 5분선에
▌ 지지되면 매수하라

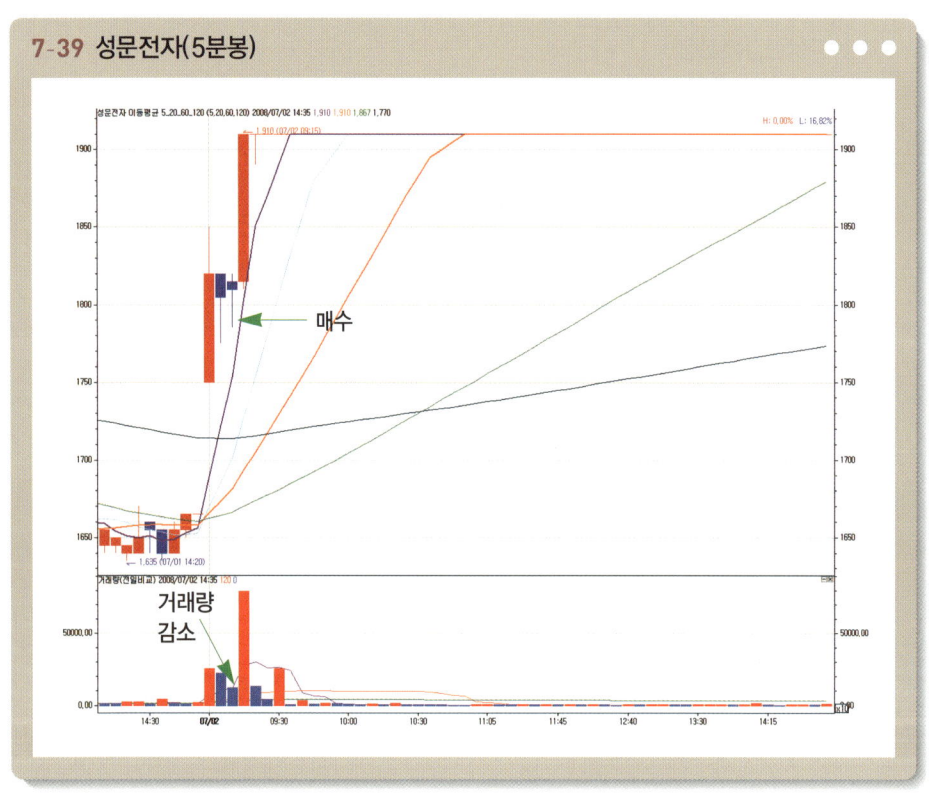

시초가 약간 갭 상승 후 20선 상향하며 연속 상승하는 경우 ④

시초가에 약간 갭 상승한 장대양봉이 출현한 후 그 몸통의 2분의 1 이상에서 도지가 출현하면 매수하라. 도지에서 거래량이 적어지면 다음에 장대양봉이 출현한다.

단양봉 출현 시 상향 5분선의 지지를 받으면 매수하라

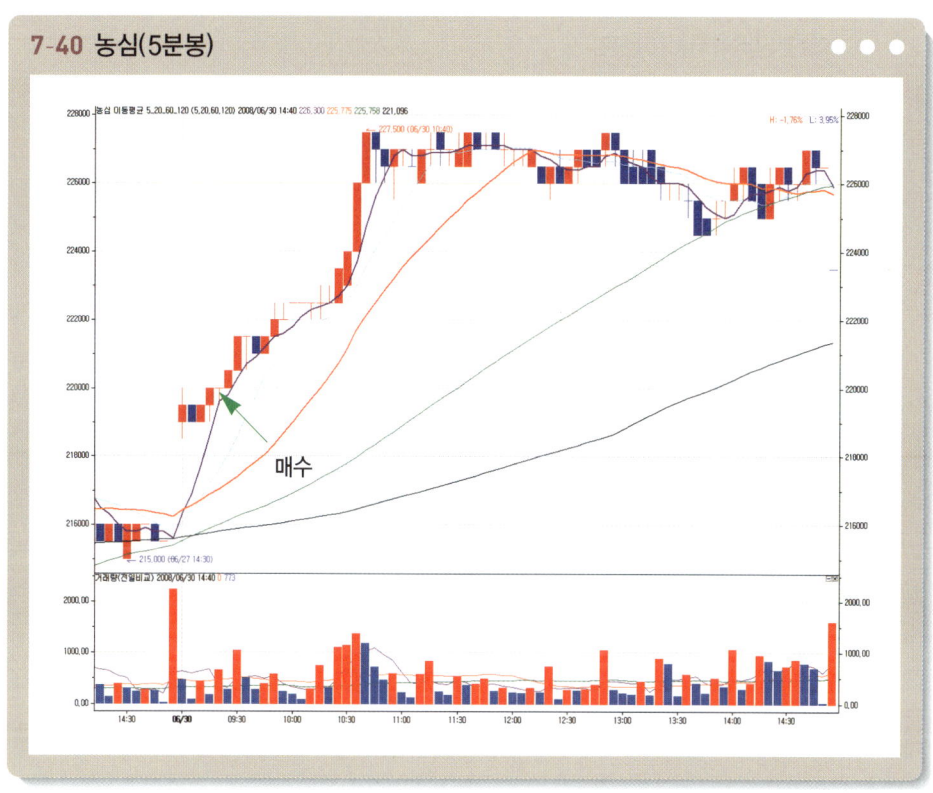

시초가 약간 갭 상승 후 20선 상향하며 연속 상승하는 경우 ⑤

시초가에 약간 갭 상승한 단양봉이 출현하고 단봉이 연속되면서 상향 5분선에 지지되면 초기에 매수하라. 10선과 20선이 상향하는가도 확인하라.

모든 이동평균선이 상향 시작하고 여기에 지지를 받으며 장대양봉이 출현하면 매수하라

시초가 보합에서 20선 상향하며 연속 상승하는 경우 ①

모든 이동평균선이 수렴했을 때 시초가 보합에서 장대양봉이 출현하면 매수하라. 모든 이동평균선이 수렴된 후 상향으로 돌아서면 급등한다.

음봉과 밑꼬리 출현 뒤 상향 5분선의 지지를 받으며 장대양봉이 출현하면 매수하라

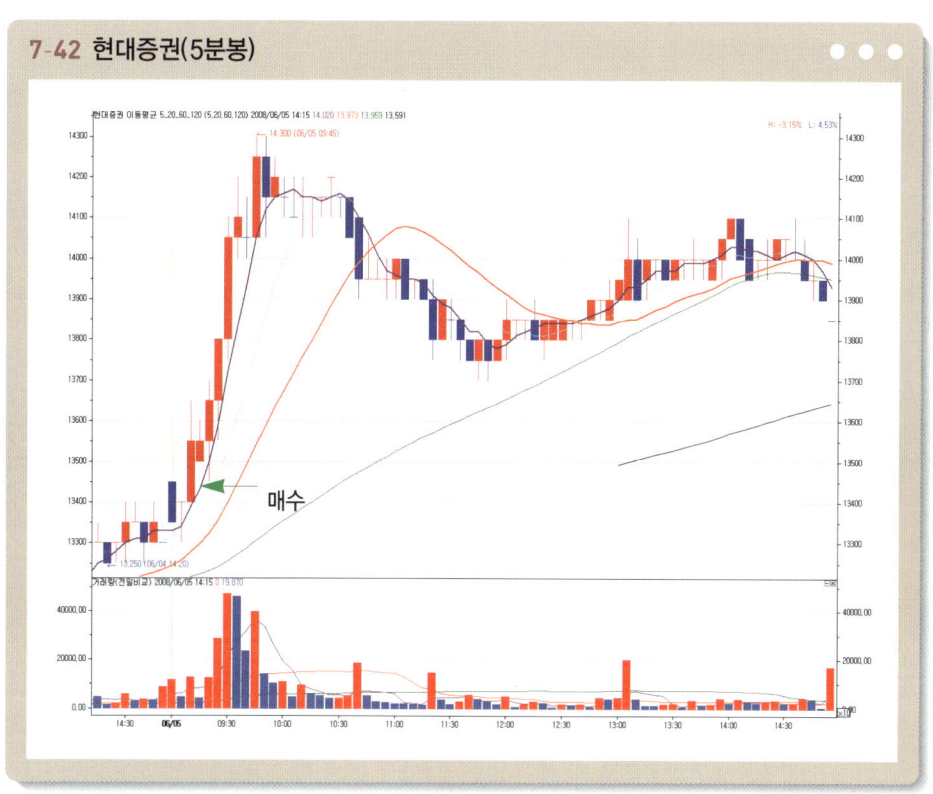

시초가 보합에서 20선 상향하며 연속 상승하는 경우 ②

시초가 보합에서 음봉이 출현하고 밑꼬리가 이어진 후 이동평균선의 지지를 받는 장대양봉이 출현하면 초기에 매수하라. 이 장대양봉을 5, 20, 60선이 상향하면서 지지하면 급등한다.

도지와 단양봉 출현 뒤 상향 5분선의 지지를 받으며
장대양봉이 출현하면 매수하라

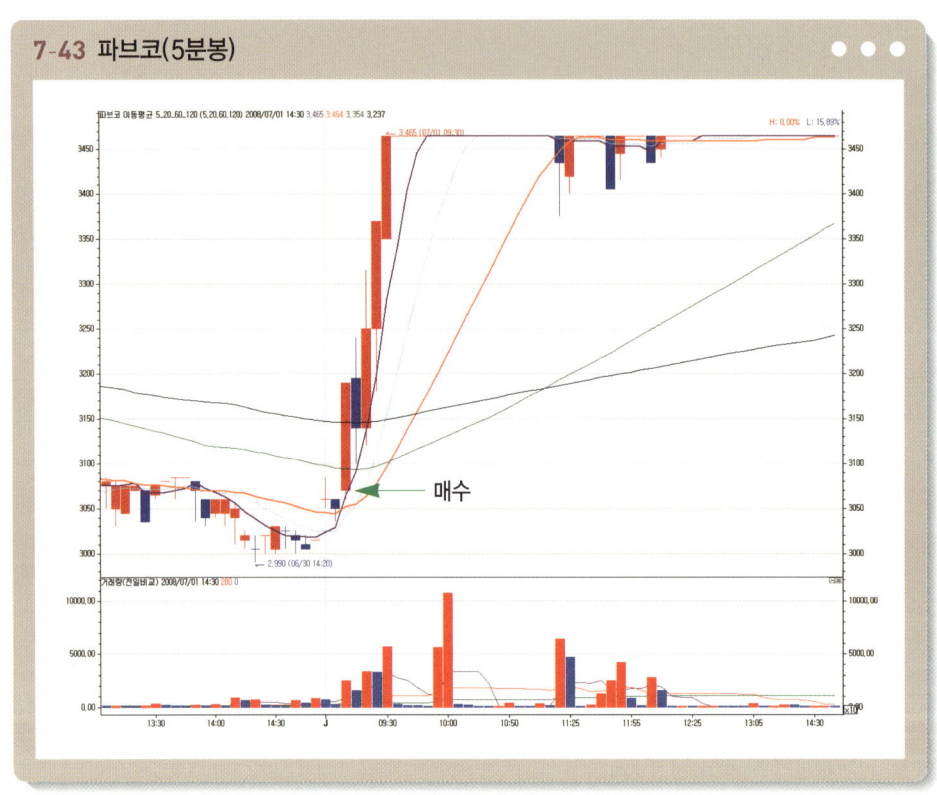

시초가 보합에서 20선 상향하며 연속 상승하는 경우 ③

상승 초기 보합에서 도지와 단양봉에 이어 장대양봉이 출현하면 초기에 매수하라. 이후 음봉이 출현한다면 다음과 같은 조건을 갖추는지 확인하라. 첫째 거래량이 감소하는가와 둘째 5분봉이 완성되었을 때 이전 장대양봉 몸통의 2분의 1 이상에서 지지되는가이다. 이 조건을 갖출 때 상승한다.

시초가 크게 갭 하락 후 장대양봉이 출현하면 주저 말고 매수하라

시초가 5% 이상 갭 하락 후 반등하는 경우 ①

다우 지수가 폭락하면 그날 코스피 지수도 크게 갭 하락하는 경우가 대부분이다. 이 때는 폭락 시점에서 장대양봉이 출현하면서 반등이 되는지를 먼저 확인하라. 코스피가 반등하면 급반등 종목이 속출하는데 제일 빨리 급반등하는 종목을 주시하다 장대양봉이 출현하면 주저 말고 매수하라.

시초가 크게 갭 하락 후 역망치가 출현하면
주저 말고 매수하라

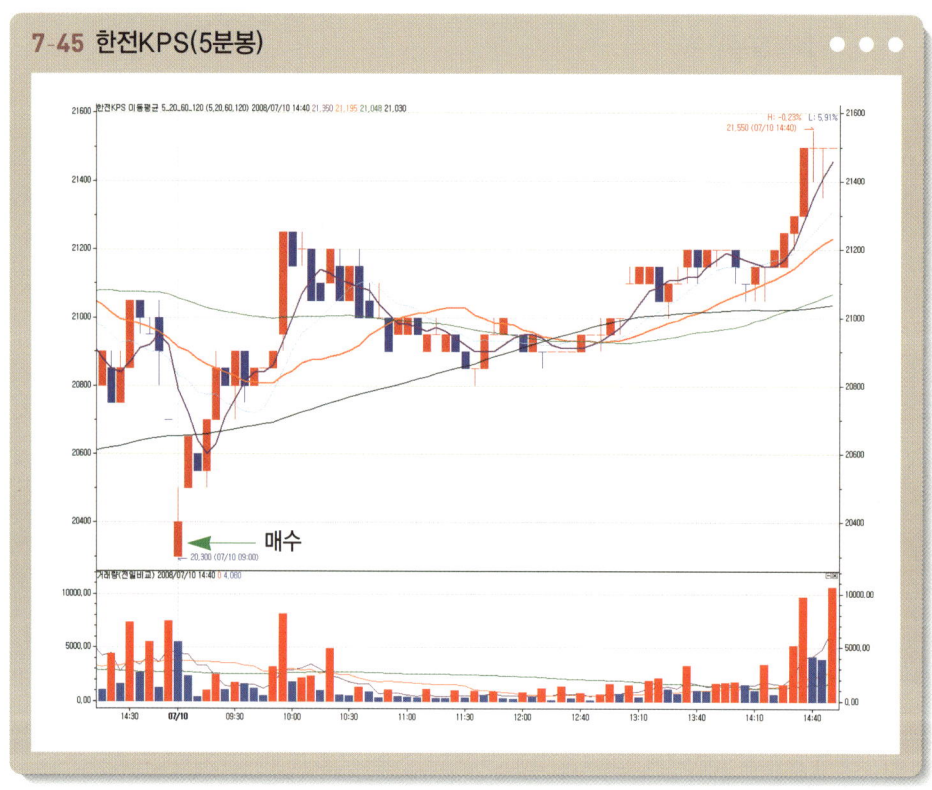

시초가 5% 이상 갭 하락 후 반등하는 경우 ②
큰 폭으로 갭 하락한 시점에서 양봉 역망치가 출현하면 1차 매수하고 다음에 장대양봉이 출현하면 초기에 2차 매수하라.

■ 시초가 크게 갭 하락 후 도지가 출현하면
■ 주저 말고 매수하라

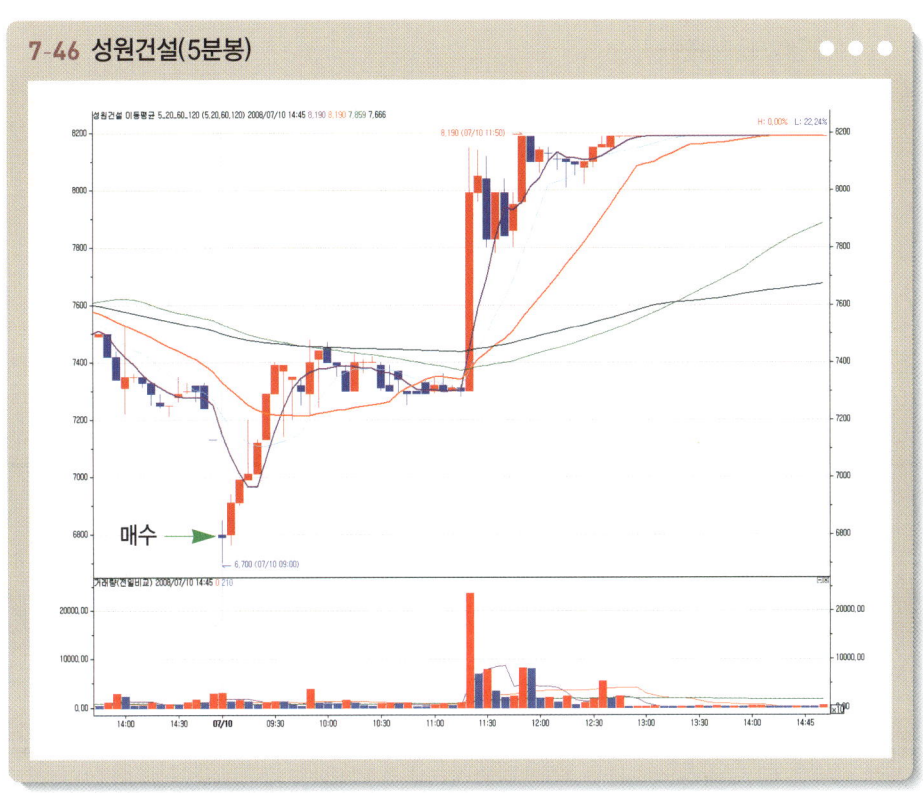

시초가 5% 이상 갭 하락 후 반등하는 경우 ③

크게 갭 하락한 후 도지가 출현했다는 것은 매도세가 다했다는 뜻이므로 주저 말고 매수하라. 다음 양봉이 출현하면 2차 매수하라.

시초가 크게 갭 하락 후 긴 밑꼬리가 출현하면 주저 말고 매수하라

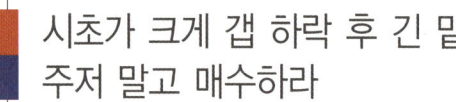

7-47 삼성SDI(5분봉)

갭 하락 밑꼬리 매수

시초가 5% 이상 갭 하락 후 반등하는 경우 ④

큰 폭으로 하락한 시점에서 밑꼬리가 출현했다는 것은 저가에 매수세가 유입됐다는 뜻이다. 이후 상승하므로 주저 말고 매수하라.

시초가 크게 갭 하락 후 쌍바닥이 출현하면 주저 말고 매수하라

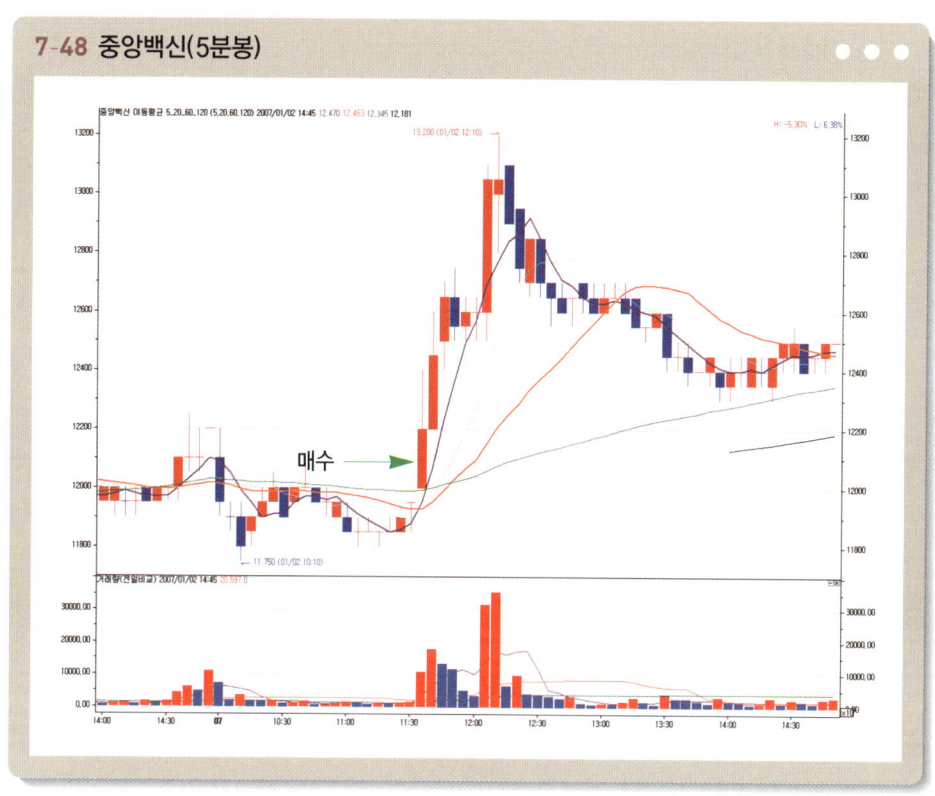

시초가 5% 이상 갭 하락 후 반등하는 경우 ⑤

하락으로 시작하여 쌍바닥이 완성되었을 때 2차 저점에서 주가와 20선이 골든크로스되고 장대양봉이 출현하면 주저 말고 매수하라.

시초가 크게 갭 하락 후 상승반전형이 출현하면 주저 말고 매수하라

7-49 현대증권(5분봉)

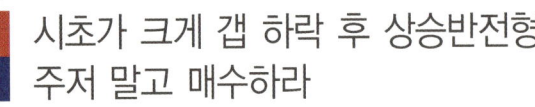

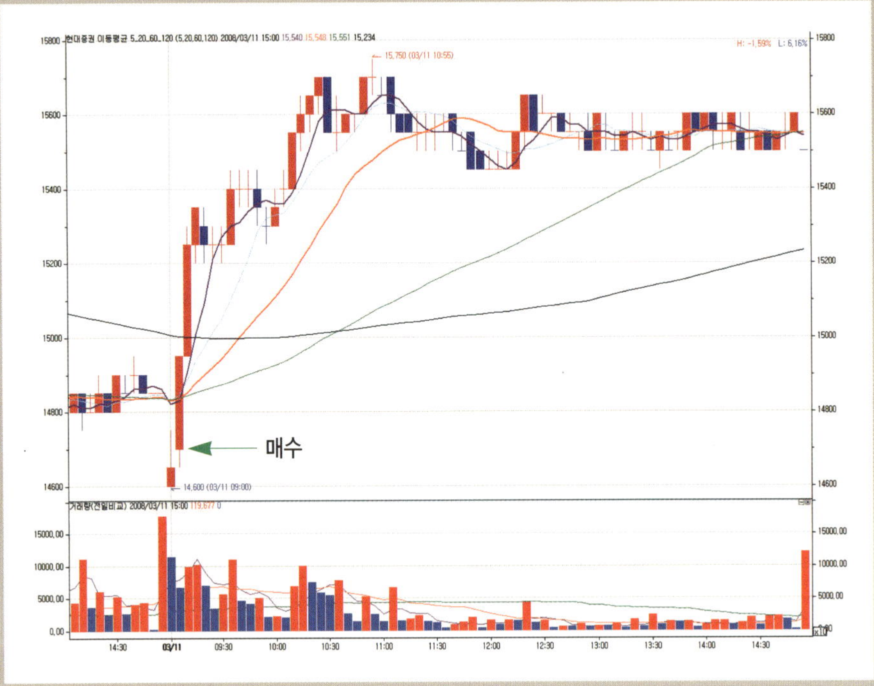

시초가 5% 이상 갭 하락 후 반등하는 경우 ⑥

갭 하락 시점에서 첫 번째 역망치가 출현하면 1차 매수 시점이다. 다음에 망치가 출현하면 확신을 갖고 2차 매수하라. 역망치와 망치 마주보기는 전형적인 상승반전형이다.

시초가 크게 갭 하락 후 단봉 횡보하다 장대양봉이 출현하면
주저 말고 매수하라

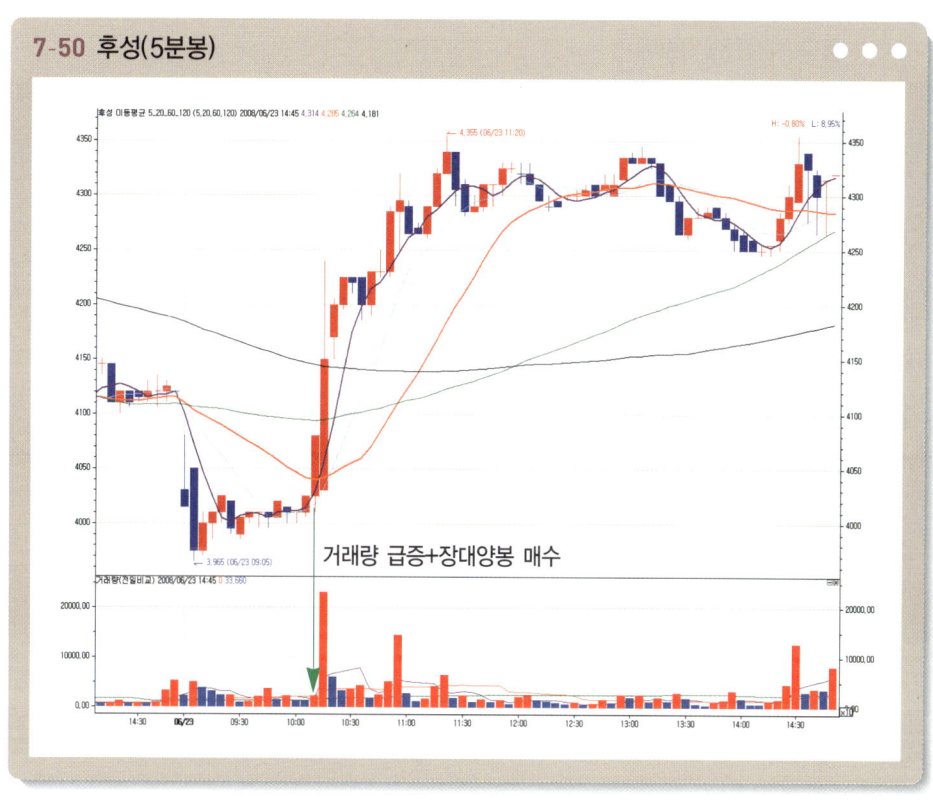

시초가 5% 이상 갭 하락 후 반등하는 경우 ⑦

시초가에 큰 폭으로 갭 하락한 후 장대음봉이 출현하고 단봉이 연속되면 매매하지 말고 기다려라. 매매 시점을 노리다가 주가와 20선을 골든크로스 시기는 장대양봉이 출현하면 매수하라.

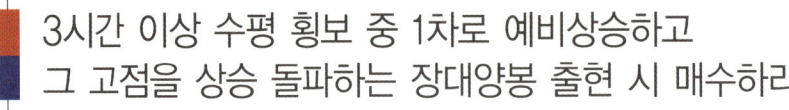

3시간 이상 수평 횡보 중 1차로 예비상승하고
그 고점을 상승 돌파하는 장대양봉 출현 시 매수하라

오전에 횡보하거나 하락하다 오후에 상승하는 경우 ①

장 시작 이후 오전 내내 수평 횡보하다 중간에 1차 예비상승하고 다시 수평 횡보하는 종목을 눈여겨보라. 오후 들어 1차 예비상승 고점을 상승 돌파하는 장대양봉이 출현하면 신속히 매수하라.

■ 3시간 이상 수평 횡보 중 1-2차 예비상승하고
■ 그 고점을 상승 돌파하는 장대양봉 출현 시 매수하라

오전에 횡보하거나 하락하다 오후에 상승하는 경우 ②

오전 내내 수평 횡보하면서 2차까지 예비상승하고 오후 들어 2차 예비상승 고점을 상승 돌파하는 장대양봉이 출현하면 신속히 매수하라.

시초가 갭 하락 후 반등한 상태로 3시간 이상 수평 횡보 중 장대양봉 출현 시 매수하라

오전에 횡보하거나 하락하다 오후에 상승하는 경우 ③

장 시작하면서 갭 하락 장대음봉이 출현하였지만 약간 반등하여 그 상태로 3시간 이상 수평 횡보하는 종목을 눈여겨보라. 시간이 지나면서 이동평균선이 수렴하여 힘이 응축되고 그 시점에서 장대양봉이 출현하면 상승하므로 매수하라.

■ 시초가부터 하향하다 5·20선, 5·60선 골든크로스
■ 발생하면 매수하라

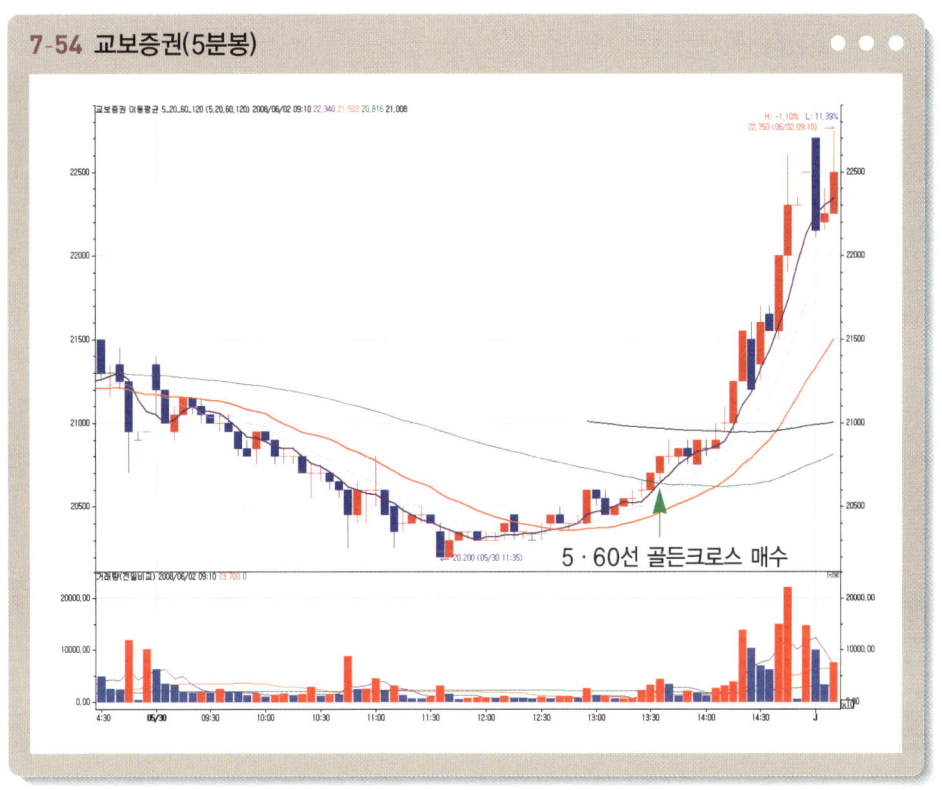

7-54 교보증권(5분봉)

오전에 횡보하거나 하락하다 오후에 상승하는 경우 ④

시초가부터 완만하게 하향하다가 시간이 지나면서 수평 횡보하던 이동평균선들이 서로 가까워지기 시작한다. 그 시점에서 5·20선, 5·60선 골든크로스가 발생하면 매수하라. 20·60선까지 골든크로스되면 상승에 가속도가 붙는다.

■ 시초가에 수직 하락한 후 3시간 이상 횡보하다
■ 이동평균선 수렴 시점에서 장대양봉이 출현하면 매수하라

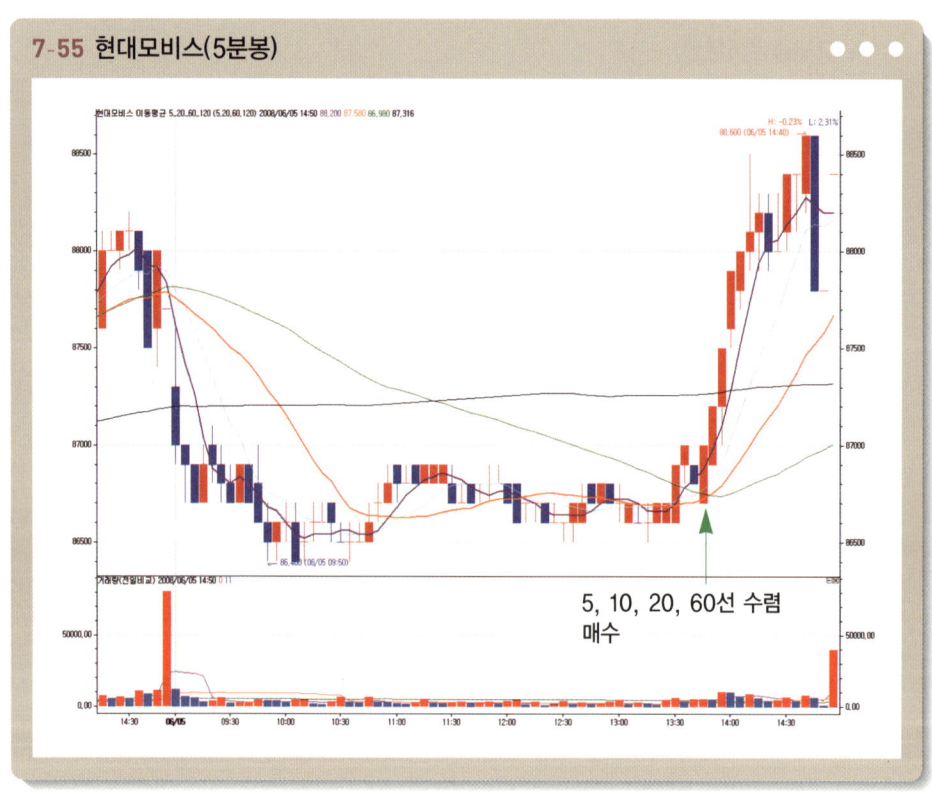

오전에 횡보하거나 하락하다 오후에 상승하는 경우 ⑤

장대음봉으로 출발하며 수직으로 하락한 후 3시간 이상 수평 횡보하는 종목을 주시하라. 그러다가 이동평균선이 모두 수렴하고 5·20·60선을 골든크로스시키는 장대양봉이 출현하면 매수하라.

시초가 갭 상승 위꼬리 뒤 3~4시간 동안 3차 하락한 후 첫 장대양봉 출현 시 매수하라

오전에 횡보하거나 하락하다 오후에 상승하는 경우 ⑥

시초가에 갭 상승했지만 위꼬리가 출현하면서 밀려 3시간 이상 하락하는 종목을 찾아라. 3차까지 하락한 끝에 장대양봉이 출현할 때와 주가와 20선이 골든크로스할 때 매수하라.

시초가부터 횡보하다 120선까지 이동평균선이 수렴하고 첫 장대양봉 출현 시 매수하라

오전에 횡보하거나 하락하다 오후에 상승하는 경우 ⑦

3시간 이상 횡보하는 동안 위에서 120선까지 내려와 수렴하면 모든 이동평균선이 한곳에 모이게 된다. 이동평균선이 한곳에 모였다는 것은 힘이 응축되어 있다는 뜻이다. 이 시점에서 장대양봉이 출현하면 상승이 시작되므로 매수하라.